Die Verwaltung

des

General-Gouvernements

im Elsaß

Ein Beitrag zur Geschichte des Völkerrechts

von

Dr. Edgar Löning

Professor der Rechte an der Universität zu Straßburg

Straßburg
Verlag von Karl J. Trübner.
1874

Die Verwaltung

des

General-Gouvernements im Elsaß.

Meinem Vater

Dr. Carl Friederich Löning

gewidmet.

Vorrede.

Die vorliegende Schrift ist aus einer Reihe von Aufsätzen entstanden, die der Verfasser zuerst in der Revue de Droit international et de Législation comparée (Jahrgänge 1872 und 1873) veröffentlicht hat. Sie waren zunächst bestimmt, den gehässigen und parteiischen Schilderungen französischer Publizisten entgegen zu treten und auf Grund einer genauen und aktenmäßigen Darstellung der Verwaltung des Generalgouvernements im Elsaß eine wissenschaftliche Erörterung wichtiger völkerrechtlicher Fragen zu geben. Da diese Aufsätze auch in der Heimath einiges Interesse erweckt zu haben scheinen, entschloß sich der Verfasser sie in umgearbeiteter und erweiterter Gestalt einem größern Leserkreise vorzulegen. Er hofft damit einen Beitrag zu liefern zu der Geschichte des Völkerrechts im 19. Jahrhundert, zugleich aber auch einen Beitrag zur Geschichte des großen Krieges und der Vereinigung von Elsaß-Lothringen mit dem Vaterlande.

Straßburg, im Januar 1874.

Inhalt.

Die Wissenschaft des Völkerrechts hat sich schon mehrfach mit dem großen Krieg von 1870 und 1871 beschäftigt. Von deutscher, französischer und neutraler Seite hat man sich bestrebt, die Vorkommnisse des Kriegs, insoweit sie das Völkerrecht berühren, festzustellen, und zu untersuchen, ob und in wie weit die kriegführenden Staaten sich bei ihren Handlungen an die Vorschriften des Völkerrechts gehalten haben. Bei diesen Untersuchungen hat sich denn herausgestellt, daß die Bestimmungen des positiven Völkerrechts über den Krieg und die aus ihm entspringenden Verhältnisse nur allzu häufig an Unsicherheit und Unklarheit leiden und daß sie in gar vielen Punkten hinter den Anforderungen zurückbleiben, welche die humane Gesinnung des neunzehnten Jahrhunderts zu stellen geneigt ist. Es ist erklärlich, daß von Seiten des Volkes, welches von der furchtbaren Geißel des Krieges am härtesten getroffen worden ist, diese Forderungen der Humanität mit den Forderungen des geltenden Völkerrechts verwechselt und jede, auch die nur scheinbare Verletzung jener als eine Verletzung des Völkerrechts bezeichnet und als Barbarei angeklagt werden. Der Sieger kann es ruhig mit ansehen, wenn der leidenschaftliche

Unmuth über die Niederlage den Besiegten zu einer ungerechten Beurtheilung der Kriegsführung verleitet. Dazu kommt, daß bei der Beurtheilung der Thatsachen vielfach ungenaue und einseitige, von Parteisucht und bitterm Haß gefälschte Berichte zu Grunde gelegt werden, daß nur die Leiden und das Elend, welches der Krieg für die besiegte Bevölkerung mit sich führt, in's Auge gefaßt werden, daß aber die harte Nothwendigkeit, in welcher sich auch der Sieger gar häufig befindet, nicht berücksichtigt wird. Die Gefahren, welche aus einer derartigen Behandlung des Völkerrechts für die Wissenschaft entstehen, sind von weitreichender Bedeutung. Das Völkerrecht droht zu einem Werkzeug der politischen Parteileidenschaft zu werden. Seine Grundlagen werden dadurch untergraben und wenn seine Autorität bisher schon eine vielfach schwankende und unsichere gewesen ist, so würde es hierdurch jedes Ansehen einbüßen. Hiergegen anzukämpfen, darf sicherlich als eine wichtige Aufgabe der Wissenschaft bezeichnet werden. Es handelt sich darum, auf Grund einer genauern Feststellung der Thatsachen zu prüfen, ob die bisher von der Praxis und der Wissenschaft als geltend anerkannten Vorschriften des Völkerrechts zur Anwendung gekommen sind, nicht aber durch willkührliche Annahmen eine Anklage oder eine Vertheidigung um jeden Preis zu führen. Allerdings ist es auch die Aufgabe der Wissenschaft an der Fortbildung des Völkerrechts mitzuarbeiten. Dies kann aber nicht dadurch geschehen, daß ohne Rücksicht auf die Bedingungen und Verhältnisse des Kriegs dem Feldherrn eine weichherzige Milde zugemuthet wird, sondern nur dadurch, daß aus den wirklichen Verhältnissen selbst und den Bedürfnissen des Kriegs die Folgerungen gezogen werden, die mit dem letzten Zwecke des Kriegs verträglich sind.

Diesen Grundbedingungen der Wissenschaft des Völkerrechts

werden die Arbeiten von Rolin-Jaecquemins und von Bluntschli[1] über die völkerrechtlichen Erscheinungen des deutsch-französischen Krieges in hohem Maaße gerecht, und selbst derjenige, der nicht mit allen Resultaten, zu denen sie gelangen, übereinstimmen kann, wird ihnen das Zeugniß nicht versagen, daß sie die von der Wissenschaft geforderte Unpartheilichkeit zu bewahren gewußt haben. Nach diesen beiden, den ganzen Krieg umfassenden Arbeiten könnte es als überflüssig erscheinen, noch einzelne besondere Verhältnisse, die durch den Krieg von 1870/71 entstanden sind, einer nochmaligen Untersuchung zu unterwerfen. Indessen wird die Rechtfertigung einer solchen Arbeit doch wohl dann gegeben sein, wenn sie sich auf Aktenstücke stützt, die bisher nicht allgemein bekannt waren, und wenn die Fragen, die dabei zur Erörterung kommen müssen, von allgemeinem wissenschaftlichen Interesse sind, denen aber in umfassenden Darstellungen bisher nur eine kurze Besprechung gewidmet worden ist. Die nachfolgende Abhandlung glaubt jene beiden Bedingungen erfüllen zu können. Die rechtlichen Verhältnisse, welche sich aus der Besetzung einer Provinz durch den Feind ergeben, sind so mannigfacher Art und von so hervorragender Wichtigkeit sowohl für die Bevölkerung als auch für den occupirenden Staat die Wirkungen, die hieraus entspringen und die keineswegs mit dem Abschluß des Friedens ihr Ende erreichen, greifen so tief in den Rechtszustand des Landes ein, daß eine nähere

[1] Rolin-Jaecquemins, La guerre actuelle dans ses rapports avec le droit international in der Revue de droit international, II, p. 643-718; III, p. 288-385. — Bluntschli, Völkerrechtliche Betrachtungen über den französisch-deutschen Krieg 1870—1871, in dem Jahrbuch für Gesetzgebung, Verwaltung und Rechtspflege des deutschen Reichs, herausgegeben von Holtzendorff, Bd. I, S. 271—342.

Darstellung und Untersuchung der Aufmerksamkeit auch eines größern Kreises von Lesern würdig sein dürften. Da die meisten der einschlägigen Fragen in den bisherigen Werken über Völkerrecht eine eingehende Behandlung nicht gefunden haben, und meist nur oberflächlich berührt worden sind, so wird es keiner Entschuldigung weiter bedürfen, daß die nachfolgende Darstellung an einzelnen Stellen über den Kreis ihrer unmittelbaren Aufgabe hinausgreift und die Fragen von einem umfassendern Gesichtspunkte aus erörtert. So werden wir denn im ersten Kapitel die allgemeinen Grundsätze der Besetzung eines feindlichen Gebiets durch einen kriegführenden Staat zu untersuchen haben und erst auf Grund der gewonnenen Resultate die Einzelnheiten der Verwaltung des Generalgouvernements im Elsaß während des Kriegs von 1870—1871 in's Auge fassen können.

Kapitel I.

Allgemeine Grundsätze.

Nachdem die Schlachten von Weißenburg und Wörth, von Mars-la-Tour und Gravelotte geschlagen waren, einen Monat nach Ausbruch des Kriegs, befanden sich die französischen Landestheile, welche heute das Reichsland Elsaß-Lothringen bilden, in der unbestrittenen, thatsächlichen Gewalt des deutschen Heeres, mit Ausnahme der Festungen und der größern südlichen Hälfte des Bezirks Ober-Elsaß. Im Laufe der Monate September und Oktober fielen Straßburg und Metz sowie die kleinern befestigten Städte des Landes, das Ober-Elsaß konnte der militärischen Herrschaft und der Civilverwaltung unterworfen werden und in dem gesammten Gebiete leisteten nur noch die unbedeutenden Festungen Pfalzburg und Bitsch Widerstand. Pfalzburg capitulirte am 12. Dezember 1870; die kleine, uneinnehmbare Bergveste Bitsch kam erst mit dem Friedensschluß in die Hände der Deutschen. Schon durch Cabinetsordre des Königs von Preußen vom 14. August 1870 aus dem Hauptquartier Herny hatte derselbe als Oberbefehlshaber der deutschen Armeen bestimmt, daß die occupirten Gebiete des Elsasses unter die Verwaltung eines General-

Gouverneurs im Elsaß gestellt werden. Zum General-Gouverneur wurde Graf Bismarck-Bohlen ernannt. Dem Generalgouvernement im Elsaß wurden durch Cabinetsordre vom 21. August 1870 aus dem Hauptquartier zu Pont-a-Mousson die Arrondissements Saarburg, Chateau-Salins, Saargemünd, Metz und Diedenhofen zugewiesen. Endlich wurde durch Cabinetsordre vom 7. November 1870 bestimmt, daß die bisher dem Departement der Vogesen zugehörigen Kantone Schirmeck und Saales, soweit sie im Quellgebiet des Breuschflusses liegen, mit dem Departement Niederrhein vereinigt und dem Generalgouvernement im Elsaß einverleibt werden. Mit dem 15. Dezember 1870 trat diese Verbindung in Wirksamkeit[1]. Damit war die territoriale Zusammensetzung des Generalgouvernements vollendet. Ein halbes Jahr lang stand dieses Gebiet unter der völkerrechtlichen Gewalt der deutschen Mächte, die, so lange durch den Frieden die Abtretung des Landes an das deutsche Reich nicht stattgefunden hatte, dasselbe als Feindesland besetzt hielten. Wenn wir von den Belagerungen der Festungen absehen, so hatte das Land aufgehört, der Schauplatz kriegerischer Ereignisse zu sein. Schon bald nach der Bildung des Generalgouvernements im Elsaß zeigte es sich, daß die Abtretung der in ihm vereinigten Landestheile an Deutschland als Grundbedingung des Friedensschlusses von deutscher Seite aufgestellt werde. In den Ver-

[1] Bekanntmachung des Präfekten des Niederrheins vom 7. Dezember 1870. (Verordnungen und Amtliche Nachrichten für Elsaß-Lothringen, aus der Zeit vom Beginn der Occupation bis Ende März 1872, herausgegeben von dem Oberpräsidialbüreau. Straßburg 1872, S. 86. Die in der Folge erwähnten Verordnungen und Bekanntmachungen sind in dem obenerwähnten Wiederabdrucke der Erlasse aus der Zeit der Besetzung enthalten, soweit nicht etwas anderes bemerkt ist.)

handlungen, welche der Kanzler des Norddeutschen Bundes mit Jules Favre am 21. September 1870 führte, erklärte dies Graf Bismarck ausdrücklich. Bei seinem Einzug in das eroberte Straßburg, verkündete der Generalgouverneur, daß „diese Stadt und dies Land, so Gott will, deutsch bleiben werden [1].“ Wenn auch der Bundeskanzler in seiner Depesche vom 27. September 1870 besonders hervorhebt, daß er in den Unterredungen mit Jules Favre keineswegs darauf verzichtet habe, je nach den Opfern, welche die Fortsetzung des Krieges in der Folge auferlegen werde, noch anderweitige Bedingungen für den Abschluß des Friedens zu stellen, so durfte doch als feststehend angenommen werden, daß das Generalgouvernement im Elsaß diejenigen Gebietstheile zusammenfassen sollte, welche Deutschland zu behalten die Absicht hatte.

Für die Verwaltung dieses besetzten Gebietes galt es nun zunächst die Grundsätze festzustellen, nach welchen die Regierungsgewalt organisirt und geführt werden sollte. Es geschah dies in den von dem Bundeskanzler und dem Kriegsminister entworfenen Instruktionen für den Generalgouverneur vom 21. August 1870, und in der Instruktion für den Civilkommissar beim Generalgouvernement vom 26. August 1870, welche letztere durch den Erlaß des Bundeskanzler-Amtes vom 3. September 1870 ergänzt worden ist [2].

Bevor wir die Organisation der Verwaltung und die Verwaltung des Landes selbst darstellen, wird es erforderlich sein

---

[1] Proklamation des Generalgouverneurs vom 8. Oktober 1870. Dieselbe ist in den Verordnungen und Amtlichen Nachrichten nicht enthalten und einem besondern Drucke entnommen.

[2] Diese Instruktionen sind nicht veröffentlicht worden. Auch dem Verfasser standen nur Auszüge aus denselben zu Gebote.

zu prüfen, welchen Charakter die Gewalt hat, die ein kriegführender Staat über das von ihm besetzte feindliche Gebiet während des Krieges ausübt, welche Befugnisse nach dem positiven Völkerrecht der Gegenwart in dieser Gewalt enthalten sind und, ob und in welcher Weise dieselbe beschränkt ist. Es wird ferner die Frage zu erörtern sein, ob die Absicht des besetzenden Staates, die besetzten Gebiete beim Friedensschluß sich abtreten zu lassen, besondere Rechte oder besondere Pflichten für den Occupanten erzeugen kann.

So lange das Völkerrecht den Satz anerkannte, daß der kriegführende Staat in Feindesland alles zu thun befugt sei, was er in militärischer oder politischer Beziehung für vortheilhaft betrachtete, daß er ein unbeschränktes Verfügungsrecht über Personen und Sachen in Feindesland ausüben könne, war eine nähere Erörterung der Verhältnisse, welche aus der feindlichen Besetzung eines Theiles des Staatsgebietes während des Krieges entspringen, für das Völkerrecht ohne weiteres Interesse. Die wenigen, mehr zufälligen Bemerkungen, die sich über diesen Gegenstand in der ältern Literatur des Völkerrechts vorfinden, sind durchweg unklar und verworren. Meist wird die feindliche Besetzung (occupatio bellica) mit der Eroberung (occupatio imperii) verwechselt. Wenn auch von einzelnen, wie z. B. von Vattel[1], der begriffliche Unter-

---

[1] Vattel, Droit des gens, III, ch. 13, § 197, 212. Noch schärfer findet sich die Unterscheidung der beiden Begriffe aufgestellt bei Strecker Dissertatio de modo adquirendi per occupationem bellicam. Erf. 1762. § 18 (Schorch, Opusc., p. 40): « Solidum et firmum jus in res occupatas hostiles per futuram pacem et hostis renunciationem adeoque per conventionem demum occupans consequitur; interea possidentur tantum ac defenduntur. »

schied zwischen Besetzung und Eroberung aufgestellt wird, so werden doch die daraus sich ergebenden Folgerungen nur ungenügend gezogen. Noch verwirrender wirkte die Anwendung von privatrechtlichen Begriffen und Bestimmungen, die sich auf den Besitz und die Occupation von herrenlosen Sachen beziehen, auf die völkerrechtlichen Verhältnisse einer kriegerischen Besetzung. Es fehlt durchaus an einem festen Prinzip und demgemäß sind denn auch die Urtheile über einzelne Ereignisse fast allein von den politischen Ansichten der Verfasser bestimmt. Sie ruhen auf Erwägungen der Politik oder gehen aus dem Gefühl des Mitleids hervor, sie sind nicht auf die Prinzipien des Rechts gegründet. Insbesondere aber war es die obenangegebene Verwirrung, welche einer klaren Erkenntniß sich entgegenstellte. Die Vermengung von Besetzung und Eroberung findet sich schon bei Hugo Grotius, der durch eine dauernde feindliche Besetzung (possessio firma) auch Grund und Boden in das Eigenthum des Feindes übergehen läßt[1]. An einer andern Stelle scheint allerdings Grotius in schärferer Weise Besetzung und Eroberung zu unterscheiden. Er wirft die Frage auf, welchen Gehorsam die Bewohner dem Feinde, der noch nicht durch langen Besitz oder Vertrag das Land sich angeeignet hat, sondern dasselbe nur besetzt hält, zu leisten verpflichtet sind[2]. Indessen ergibt der Zusammenhang, daß er an der angeführten Stelle nicht von dem Falle der Besetzung durch einen feindlichen Staat handelt, sondern von dem Falle, in welchem eine legitime Staatsregierung durch einen Rebellen verdrängt worden ist.

Auch die Nachfolger von Grotius, sowie die ganze Schule

[1] H. Grotius, De Jure belli et pacis, III, c. 6, § 4.

[2] A. a. O. I, c. 4, § 15, 16.

des 18ten Jahrhunderts haben nur oberflächlich die Frage behandelt. Bynkershöck hat zwar in seinen Quæstiones Juris Publici ein Kapitel: Quousque extendatur immobilium possessio, bello quæsita[1]. Indessen auch er vermengt darin fortwährend die eigentliche Eroberung mit der bloßen kriegerischen Besetzung. Selbst noch Klüber[2] kann sich von der Begriffsverwirrung nicht befreien und seine ganze Darstellung des Rechts der Eroberung läßt den Leser im Zweifel, ob er nur von der Besetzung oder von wirklicher Eroberung spricht, oder aber ob er beide gleichzustellen beabsichtigt. Eine genauere Untersuchung und damit eine endgiltige Scheidung der Begriffe der kriegerischen Besetzung und der Eroberung verdankt die Wissenschaft des Völkerrechts den bekannten Streitfragen, welche nach der Wiederherstellung des Kurfürstenthums Hessen im Jahre 1814 über die rechtliche Giltigkeit der von Napoleon und König Jerome getroffenen Verfügungen über kurhessische Staatskapitalien und Staatseigenthum sich entspannen. Von den vielen über diese Streitigkeiten erschienenen Schriften haben namentlich die von Pfeiffer dauernden Werth. Sein Recht der Kriegseroberung in Beziehung auf Staatskapitalien hat wohl für immer jene Begriffsverwechselung beseitigt[3], und nachgewiesen, wie verschiedenartig die aus der einen und die aus der andern Thatsache entspringenden Verhältnisse sind. Dagegen sind die Schriften Pfeiffers, wie

---

[1] Bynkershöck, Quæstiones juris publici, I, c. 3.

[2] Klüber, Droit des gens, § 255 u. ff. Aehnlich Salfeld, Völkerrecht, § 137. Schmelzing, Systematischer Grundriß des europ. Völkerrechts, § 474. Schmalz, das europäische Völkerrecht, S. 267.

[3] B. W. Pfeiffer, Das Recht der Kriegseroberung in Beziehung auf Staatscapitalien. Cassel 1823, § 10, 11, 39, 42.

überhaupt die der damaligen Zeit, noch befangen in der privatrechtlichen Anschauungsweise, nach welcher die kriegerische Besetzung eines feindlichen Gebietes nur als eine einzelne Gattung der gewöhnlichen Occupation herrenloser Sachen betrachtet wurde und in Folge davon die privatrechtlichen Grundsätze der Occupation herrenloser Sachen auf die völkerrechtliche Occupation angewandt wurden. Zwar war schon im 18ten Jahrhundert gegen diese Anschauung die Einwendung erhoben worden, daß die kriegerische Besetzung und die Eroberung nur die Rechte, die bisher dem Feinde zugestanden haben, auf den Eroberer übertrügen, daß die Sachen ja gar nicht herrenlos seien [1], aber man konnte sich aus den Banden des römischen Rechts, wornach Sachen, die dem Feinde gehören, als herrenlos betrachtet werden, nicht befreien [2]. Obgleich das moderne Völkerrecht längst nicht mehr auf dem Standpunkt des römischen Rechts stand, so sollten doch seine Bestimmungen noch giltig sein und man versuchte in der künstlichsten Weise, das moderne praktische Völkerrecht mit dem Buchstaben des römischen Gesetzes zu vereinen. Erst die neuere Wissenschaft

[1] So sagt z. B. Glafey in seinem Vernunft- und Völkerrecht (1723) IV, c. 3, § 131: „Da kann ich nicht sagen, daß die Sachen meiner Feinde res nullius, dergleichen doch die modi originarii erfordern, seien, weil Niemand das Recht selbige zu occupiren, hat, als ich, der ich mit dem Feinde kriege. Ich kann aber auch nicht sagen, daß der Feind das Eigenthum auf mich transferire, sintemal ich solch Recht nicht mit des Feindes Willen, sondern immediate ex lege bekomme, weil es sonst schlüpferich um mein Recht stehen würde; dieweil aber auch dieses ein modus derivativus heißt, wenn einer sein Lehngut vermöge der Gesetze seinem Vetter par force und wider Willen überlassen muß, so stehe ich weiter nicht an, die occupationem bellicam ad modos derivativos zu zählen."

[2] Vgl. z. B. Pfeiffer a. a. O., § 4, 10.

des Völkerrechts hat diesen Standpunkt verlassen und versucht, ohne Anlehnung an das römische Privatrecht, die Befugnisse und Verpflichtungen, die aus der kriegerischen Besetzung eines feindlichen Gebietes sich für den besetzenden Staat und für die Bewohner ergeben, nach den Prinzipien des Völkerrechts festzustellen. Das verkehrte und erfolglose Bemühen, Stellen des Corpus juris über die Besitznahme und den Eigenthumserwerb von herrenlosem Gute auf die Verhältnisse von heutigen Staaten, die im Kriegszustande sich befinden, anzuwenden, bedarf keiner Widerlegung. Das einzig Interessante dabei ist nur der Umstand, daß noch im 19ten Jahrhundert gelehrte und tüchtige Männer mit gesundem Menschenverstande einem solchen Bemühen sich hingeben konnten. Der erste, der nicht nur die beiden Verhältnisse der kriegerischen Besetzung und der Eroberung scharf von einander getrennt behandelte, sondern auch beide Verhältnisse rein nach völkerrechtlichen Grundsätzen beurtheilte, war Karl Salomo Zachariä in seinen vierzig Büchern vom Staate[1]. Die von ihm vertretenen Ansichten haben sich nicht als stichhaltig erwiesen, sie sind auch gegenwärtig allgemein aufgegeben; indeß kommt ihm das Verdienst zu, die privatrechtliche Anschauung, die lange Zeit hindurch eine klare Erkenntniß verhindert hatte und deren nachtheilige Folgen, wie wir sehen werden, in der Praxis auch heute noch nicht völlig verschwunden sind, wissenschaftlich wenigstens beseitigt zu haben. Zachariä folgend hat dann Heffter[2] dem modernen Völkerrecht zu einem, wenn auch allerdings noch nicht ganz geklärten Ausdruck verholfen. Er sagt: „Bis zur vollständigen Besiegung

[1] K. S. Zachariä, Vierzig Bücher vom Staat (2te Ausgabe), Bd. V, S. 118—131.

[2] Heffter, Das europäische Völkerrecht der Gegenwart, § 131.

der bekriegten Staatsgewalt (debellatio, ultima victoria) findet lediglich die thatsächliche Beschlagnahme der Rechte und des Vermögens der inzwischen suspendirten bisherigen Staatsgewalt statt. Der Sieger darf zu seiner Schadloshaltung alle Vortheile benutzen, welche das bisher bestehende Staatsverhältniß darbietet, soweit sie thatsächlich realisirt werden können; er darf sich in den Besitz der Staatseinnahmen setzen, ja er darf Anstalten treffen, welche dazu dienen, um sich das eroberte Gebiet bei der künftigen Beendigung des Kriegs zu sichern; ein Mehreres aber, namentlich eine vollkommene Subrogation des eingedrungenen Feindes in die Staatsgewalt des Andern vermag juristisch nicht sofort gefolgert werden."

Wie man sieht, finden sich auch in dieser Darstellung noch viele Unbestimmtheiten und Unklarheiten. Die Rechte, welche dem eingedrungnen Feinde in Bezug auf das von ihm besetzte Gebiet zustehen, sind keineswegs auf ein bestimmtes Prinzip zurückgeführt, noch im einzelnen genau präcisirt. Während Heffter an der angeführten Stelle die bloße kriegerische Occupation der vollständigen Besiegung entgegenstellt, nimmt er an einem andern Orte (§ 185) zwischen diesen beiden Zuständen noch eine Mittelstufe an. In diesem letztern Verhältniß soll dem Sieger das Recht zustehen, eine selbstständige provisorische Verwaltung zu beginnen, „indem er, wenn auch fürs erste ohne die bestimmte Absicht, das eroberte Land seiner Herrschaft zu unterwerfen, sich der einzelnen Hoheitsrechte bemächtigt und deren Verwaltung ganz oder theilweise von seinem Willen abhängig macht."

So wenig genügend und so lückenhaft auch diese Auseinandersetzung ist, so stimmen doch seit Heffter die Schriftsteller über Völkerrecht in folgenden Sätzen überein:

1) Die feindliche Besetzung eines Landes während der Dauer

des Krieges ist ein von der Eroberung des Landes völlig verschiedenes Verhältniß. Für beide gelten verschiedene völkerrechtliche Bestimmungen.

2) Während der Besetzung eines Gebiets durch den Feind ist die bisherige Staatsgewalt suspendirt.

3) Die bisherige Staatsgewalt ist aber nur suspendirt und geht nicht auf den besetzenden Feind in vollem Umfange über. Der letztere ist nicht Träger der Staatsgewalt geworden.

Im Wesentlichen mit diesen von Heffter aufgestellten Sätzen übereinstimmend, sind die amerikanischen Kriegsartikel der Vereinigten Staaten aus dem Jahre 1863. Art. 3, derselben bestimmt: „Kriegsrecht in einem feindlichen Lande besteht in der Suspension der Straf- und Civilgesetze, der innern Verwaltung und Regierung in dem occupirten Gebiet durch die militärische occupirende Autorität und in der Substitution der Kriegsregeln und Gewalt sowohl, als auch in dem Erlaß von allgemeinen Gesetzen, soweit diese Suspension, Substitution und Gesetzgebung von der militärischen Nothwendigkeit erfordert wird. Der Befehlshaber der feindlichen Streitkräfte kann verkünden, daß die Handhabung aller Civil- und Strafgesetze fortgesetzt werde, sei es im Ganzen, sei es nur zum Theil, wenn nicht die militärische Autorität andere Anordnungen trifft." Und Artikel 6 lautet:

„Alle Civil- und Strafgesetze sollen in den feindlichen Plätzen und Gebieten, die unter dem Kriegsrecht stehen, ununterbrochen gehandhabt werden, wenn die Handhabung nicht durch den Befehl der occupirenden militärischen Macht unterbrochen oder gehemmt wird. Aber alle Funktionen der feindlichen Regierung — legislativer, executiver oder administrativer Art — mögen sie einen allgemeinen, provinziellen oder einen lokalen

Charakter haben — hören unter dem Kriegsrecht auf oder werden nur fortgesetzt mit ausdrücklicher Genehmigung oder, wenn es nothwendig erscheint, unter der Theilnahme der feindlichen Macht, die von dem Gebiet Besitz ergriffen hat [1]."

Diese Bestimmungen entsprechen fast durchweg den von Heffter aufgestellten Ansichten. Auch sie leiden an Unbestimmtheit in der Begrenzung der dem occupirenden Feinde zustehenden Befugnisse. Auch sie erkennen an, daß durch die einfache Besetzung des Gebietes oder eines Theiles des Gebietes ein Uebergang der Staatsgewalt nicht stattfindet, daß aber dem occupirenden Feinde bis zu einem gewissen Grad das Recht zustehe, die Staatsgewalt auszuüben. Die Grenze wird nur in der militärischen Nothwendigkeit gefunden, d. h. es wird dem Feinde überlassen, soweit in der Ausübung der Staatsgewalt zu gehen, wie er will. Denn er hat selbstverständlich allein darüber zu entscheiden, was die militärischen Bedürfnisse erheischen, was nicht.

Mit größerer Genauigkeit sucht Bluntschli [2] die Folgen zu bestimmen, welche durch die Besitznahme des feindlichen Gebietes entstehen. Er scheint zwar die amerikanischen Kriegsartikel als einen im großen Ganzen richtigen Ausdruck des modernen Völkerrechts anzuerkennen. Aber er sucht doch, die dem Feinde zustehenden Rechte in Bezug auf die Gesetzgebung und die Verwaltung des besetzten Gebietes näher zu begrenzen. Er sagt: „die Kriegsgewalt kann allgemeine Verordnungen erlassen, Einrichtungen treffen, die Polizeigewalt und Steuerhoheit ausüben, soweit solches durch das Bedürfniß der Kriegsführung

[1] Abgedruckt bei Bluntschli, das Völkerrecht (2te Auflage.), S. 483 u. ff.

[2] Bluntschli, Völkerrecht, S. 306.

geboten ist oder durch die Bedürfnisse des besetzten Gebiets und seiner Bewohner erfordert wird. — Sie hat sich bis zu definitiver Regelung der Staatsverhältnisse solcher gesetzgeberischen Acte möglichst zu enthalten, durch welche die Verfassung geändert wird und darf die hergebrachte Rechtsordnung nur aus dringenden Gründen außer Wirksamkeit setzen. Die Kriegsgewalt ist wesentlich Nothgewalt und provisorische Gewalt. Daher sind ihre Anordnungen durch die Nothwendigkeit bedingt und beschränkt und nicht berufen, die dauernden Grundlagen des öffentlichen Rechts zu verändern. Schon deßhalb soll sie die bestehende Verfassung und Gesetzgebung möglichst wenig anfassen und ihre Wirksamkeit nur hindern, wo das militärische Bedürfniß es erfordert." —

In dem Jahrbuch für Gesetzgebung, Verwaltung und Rechtspflege des deutschen Reichs von Holtzendorff stellt Bluntschli [1] folgende Sätze auf: „In Folge der Besitznahme ist die feindliche Macht berechtigt: 1) nicht zu dulden, daß die feindliche Staatsgewalt fortfahre, in diesem Gebiete politische Macht auszuüben; 2) ihrerseits die Staatsautorität auszuüben, soweit es nöthig ist, zur Sicherheit der Armee und Aufrechthaltung der Ordnung; 3) dagegen ist die besetzende Kriegsmacht nicht berechtigt, das besetzte Gebiet als definitiv erworbenen Theil des eigenen Staates zu behandeln und die Bewohner desselben als ihre Unterthanen zu betrachten." —

Bluntschli will demnach die besetzende Kriegsmacht in der Ausübung der Gesetzgebung und Verwaltung dadurch beschränkt wissen, daß nur ausnahmsweise eine Aenderung des bestehenden öffentlichen Rechts gestattet sein soll. Selbst die Wirksamkeit der bestehenden Verfassung soll nur insoweit gehemmt werden

[1] Jahrgang 1871, S. 307.

dürfen, als das militärische Interesse es erfordert [1]. In dem neuesten Werke über Kriegsrecht von Morin werden die Ansichten Bluntschli's zu Grunde gelegt, aber in einer Weise ausgedehnt und übertrieben, welche der gesammten bisherigen Praxis und Theorie des Völkerrechts widerspricht. Wie in dem ganzen Werke Morins, so macht auch bei dieser Frage der Verfasser sich seine eigene Theorie zurecht, um mittels derselben den Nachweis liefern zu können, daß die Deutschen während des Krieges von 1870 und 1871 in allem, was sie gethan und was sie unterlassen haben, der unausgesetzten Verletzung des Völkerrechts sich schuldig gemacht haben. Morin will nach den verschiedenen Funktionen der Regierungsgewalt unterscheiden. Er gesteht zwar zu, daß das Kriegsrecht Anwendung finden könne auf die Einwohner der besetzten Landestheile, auch die polizeilichen Maßregeln zum Schutze der Armee soll der besetzende Feind zu treffen berechtigt sein. Auch wird ihm die Befugniß nicht abgesprochen, Steuern zu erheben. Aber das öffentliche und das Privatrecht muß er unangetastet lassen.

[1] Eine der Sache nach unbeschränkte, nur durch die provisorische Dauer der Besetzung begrenzte Staatsgewalt schreibt Travers Twiß der besetzenden Kriegsmacht zu. Er sagt: « A belligerant Nation in taking possession of the property of the Enemy acquires possession of the rights which are incident to the property: for instance, if a belligerant Nation takes possession of an Enemy's territory, it takes possession not merely of the soil and the movable property upon it, but of the sovereignty over it, and may exercise the latter during such time as it remains in possession of the territory... A victorious Nation enters upon the public rights of the vanquished Nation, and the National domain and the National treasure pass to the victor. » — Travers Twiß, The law of Nations, vol. II. On the rights and duties of nations in time of war. (1863), p. 122, 126.

Nur wenn absolute Nothwendigkeit vorliegt, im militärischen Interesse an einigen Punkten eine Aenderung vorzunehmen, soll dies erlaubt sein. Der Feind darf deßhalb nicht die Gesetzgebung ändern, wenn dies nicht durch die Sorge für die Sicherheit der Armee geboten ist. Das öffentliche Recht muß bestehen bleiben, also darf sich der Feind nicht in die innere Politik des Landes einmischen. Nach allen diesen Richtungen haben aber die Preußen nach Morins Ansicht dem Völkerrecht Hohn gesprochen. Sie haben sich unterstanden, in Rheims und Versailles Zeitungen herauszugeben und darin auch die französischen Verhältnisse zu besprechen; also sich in die innere Politik des Landes eingemischt! Ja, sie haben sogar französische Bürger in den besetzten Landestheilen gehindert, ihre politischen Rechte auszuüben. Sie haben das Völkerrecht verletzt, indem sie sich bei der Erhebung der Steuern nicht an die bestehenden französischen Gesetze gehalten haben, sondern für die Steuererhebung besondere Bestimmungen erließen, indem sie das Tabaksmonopol aufhoben u. s. w. Ja sogar die Aufhebung der Zollgrenze nach Deutschland hin scheint Herr Morin in seinem blinden Deutschenhaß für eine Verletzung des Völkerrechts zu erklären. Nach ihm darf ferner die Rechtspflege durch die einheimischen Gerichte von dem Feinde nicht gehindert werden. Der Feind darf die Gerichtsorganisation nicht abändern, die Einwohner ihrem natürlichen Richter nicht entziehen. Den feindlichen Kriegsgerichten wird zwar eine Zuständigkeit zuerkannt, aber daneben soll die Zuständigkeit des einheimischen obersten Gerichtshofes über das vom Feinde besetzte Gebiet nicht suspendirt sein; ja dem Gesetzgeber soll sogar die Pflicht obliegen, durch ein Gelegenheitsgesetz (loi de circonstance) das besetzte Gebiet, wenn der Feind die Thätigkeit der einheimischen Gerichte in demselben stört oder erschwert, der Zuständigkeit des benachbarten Gerichts zu unterstellen, das außerhalb des Machtbereichs des Feindes seinen Sitz hat. — Mit einem Worte: Hr. Morin will nicht anerkennen, daß durch die Besetzung eines Theils des französischen Gebiets durch das deutsche Heer die Autorität der französischen Staatsgewalt suspendirt werden kann, und da die deutschen Mächte in ihrer Kriegsführung diese neue und eigenthümliche Theorie des Herrn Morin nicht beobachtet haben, so sind sie selbstverständlich einer schweren Versündigung gegen das Völkerrecht schuldig und als Barbaren zu bezeichnen[1].

Weder die Wissenschaft noch auch die Fortentwicklung des

---

[1] Achille Morin, Les Lois relatives à la guerre selon le droit des gens moderne, I, II, Paris 1872. Die angeführten Behauptungen Morins, siehe Bd. II, S. 382—410. Das Werk Morins kann auf wissenschaftlichen Werth keinen Anspruch erheben. Es ist nichts weiter als ein äußerst breites und weitläufiges Pamphlet gegen Deutschland, dazu bestimmt, den Nationalhaß zu befriedigen und Verläumdungen gegen Deutschland zu verbreiten. Wenn es in vorliegender Abhandlung überhaupt Berücksichtigung gefunden hat, so geschah dies theils, um an einzelnen Beispielen das ebengefällte Urtheil zu rechtfertigen, theils weil das Werk im Auslande Verbreitung gefunden und wegen der angesehenen Stellung des Verfassers, der Rath am Cassationshof zu Paris ist, vielfach als glaubwürdig betrachtet wird. So hat es insbesondere das neueste Handbuch des Völkerrechts von Calvo (Le Droit international théorique et pratique, 2 vol. Paris 1872) beeinflußt. Obgleich dessen Verfasser Südamerikaner ist, so ist sein Buch doch, soweit es den deutsch-französischen Krieg behandelt, ganz im französischen Sinne geschrieben. Der Verfasser hat zwar vielfach deutsche Werke citirt, scheint aber doch, wie gerade aus den Citaten hervorgeht, der deutschen Sprache nicht mächtig zu sein und nur aus französischen Quellen geschöpft zu haben, insbesondere aus Morin. Ueber Morin vergl. übrigens den trefflichen Aufsatz von Rolin-Jaecquemyns: De la manière d'apprécier au point de vue du droit international les faits de la dernière guerre, in der Revue de droit international; IV (1872).

praktischen Völkerrechts können durch derartige Theorien gefördert werden. Sie tragen zu deutlich auf der Stirne geschrieben, daß sie nicht einer objektiven, vorurtheilsfreien wissenschaftlichen Untersuchung entstammen, sondern Erzeugnisse sind eines nationalen Hasses, dem es nicht möglich ist, die wirklichen Verhältnisse klar zu erkennen, ja der nicht einmal dieser Erkenntniß nachstrebt. —

Es kann nicht Aufgabe der Wissenschaft des Völkerrechts sein, ideale Voraussetzungen aufzustellen und von ihnen ausgehend Anforderungen zu erheben, welche bei dem gegenwärtigen Zustand des europäischen Staatensystems von keinem Staate erfüllt werden können. Wie das Privatrecht den Inbegriff der Normen enthält, welche die rechtliche Ordnung der Verhältnisse der Privatpersonen untereinander bestimmen, so ist das Völkerrecht der Inbegriff der Normen, welche die rechtliche Ordnung der Verhältnisse der Staaten untereinander bestimmen. So wenig nun ein Privatrecht möglich und in seinen Bestimmungen durchführbar ist, welches nicht für den einzelnen Menschen, so wie er seiner Natur nach ist, angemessen erscheint, sondern die Menschen als ideale, von jedem Egoismus freie Wesen annimmt, so wenig ist ein Völkerrecht durchführbar, das dem wirklichen Staate keine Berechtigung gibt; sondern ihm in scheinbarer Philosophie einen idealen Staat unterzuschieben bemüht ist. Noch ist der Krieg ein nothwendiges und deßhalb erlaubtes Mittel des Völkerrechts, um Streitigkeiten zwischen selbstständigen Staaten zum Austrage zu bringen. Es nützt nichts, diese Nothwendigkeit des Kriegs — mag sie auch eine traurige sein — abläugnen zu wollen, oder für das Kriegsrecht Regeln aufzustellen, welche dem unmittelbaren Zweck des Kriegs, der in der Besiegung des Gegners besteht, widersprechen. Ist der Krieg nothwendig und erlaubt, so müssen auch alle diejenigen

Mittel erlaubt sein, durch welche allein jener Zweck des Kriegs erreicht werden kann. Aber nur diejenigen Mittel sind erlaubt, die zur Erreichung des Zweckes nothwendig sind. Der Fortschritt des modernen Völkerrechts besteht darin, alle diejenigen Mittel, die zur Erreichung dieses Zweckes nicht nothwendig sind, sondern die nur einer barbarischen Grausamkeit entspringen, oder die nur zur Erreichung eines andern Zweckes, wie zur Bereicherung, zur Befriedigung der Rachsucht u. s. w. dienen, als völkerrechtswidrig zu verbieten. Von diesem, gegenwärtig allgemein anerkannten Grundsatze ausgehend, dessen nähere Erörterung nicht hierher gehört, wird es nicht schwer sein, die Befugnisse, welche dem Feinde, der ein Gebiet kriegerisch besetzt hält, zustehen, genauer zu bestimmen. Hieraus werden sich auch die Verhältnisse ergeben, in welchem die Bewohner des besetzten Gebiets zu dem eindringenden Feinde und zu ihrer heimathlichen Staatsregierung stehen, sowie die gegenseitigen Verpflichtungen, die daraus entspringen.

In vollem Umfang muß der Satz festgehalten werden, daß die Staatsgewalt durch die kriegerische Besetzung eines Landestheils durch den Feind innerhalb dieses Gebiets suspendirt wird. Der eindringende Feind kann es im Interesse seiner Selbsterhaltung, der Sicherheit seines Heeres, der Durchführung seiner Maßregeln nicht dulden, daß in dem von ihm besetzten Gebiet die einheimische Staatsgewalt in irgend einer Weise sich zu bethätigen fortfährt. Mit dem Augenblick der Besetzung ist das besetzte Gebiet der Einwirkung der Staatsgewalt und ihrer Organe entzogen. Die von diesem Augenblick an erlassenen Gesetze treten, so lange die feindliche Besetzung dauert, nicht in Kraft; die von der einheimischen Regierung gegebenen Befehle können nicht mehr zur Ausführung gelangen; die Einwohner dürfen keine Leistungen mehr, welcher Art sie auch seien, an sie machen. Die Autorität jeder Behörde, der administrativen sowohl wie der gerichtlichen, die nicht innerhalb des besetzten Gebiets ihren Sitz hat, ist suspendirt. Daß der Sieger, der das feindliche Gebiet besetzt hält, durch die Verhältnisse gezwungen ist, diesen Standpunkt einzunehmen, ist einleuchtend. Indem er, um den Feind zu schwächen, das Gebiet thatsächlich seiner Gewalt unterwirft, ist es ja gerade sein Zweck, dieses Gebiet der Autorität der einheimischen Staatsregierung zu entziehen. Eine Fortdauer der Verbindung des besetzten Landestheils mit dem unbesetzten würde also direkt dem Zwecke der Besetzung widersprechen. Aber auch die einheimische Staatsregierung ist durch das Völkerrecht oder, wenn man lieber will, durch die Natur der Verhältnisse verpflichtet, diese zeitweise Suspension der Staatsgewalt in den besetzten Gebietstheilen anzuerkennen. Zu den wichtigsten Fortschritten, die das moderne Kriegsrecht gegenüber dem der frühern Jahrhunderte gemacht hat, gehört es, daß der Krieg nicht mehr geführt wird gegen die friedlichen Einwohner des feindlichen Landes, sondern gegen den feindlichen Staat. Der Staat steht dem Staate, nicht der Bürger dem Bürger gegenüber. Der friedliche Angehörige des feindlichen Staats ist im In- und Auslande nicht Kriegspartei, nicht völkerrechtlicher Feind, wie König Wilhelm in seiner Proklamation vom 11. August 1870 sagte: „Ich führe Krieg mit den französischen Soldaten, nicht mit den französischen Bürgern.“ Dieses Prinzip ist aber nur durchzuführen, wenn von beiden Seiten die Folgerungen, die sich daraus ergeben, anerkannt werden. Seine Beobachtung kann nicht von dem Feinde verlangt worden, der einen Landestheil besetzt hält, wenn nicht auch der einheimische Staat alle Folgerungen des Grundsatzes anerkennt. Die wichtigste dieser Folgerungen besteht aber darin, daß die Einwohner sich auch friedlich verhalten und gegen das feindliche Heer keine Feindseligkeiten ausüben. Sie müssen sich der thatsächlichen Gewalt des eindringenden Feindes unterwerfen, die einheimische Staatsregierung muß diese Unterwerfung des besetzten Gebiets unter den Feind anerkennen und darf nicht versuchen, neben der thatsächlichen Gewalt des Feindes ihre Autorität zur Geltung zu bringen. Sie würde dadurch die friedlichen Einwohner durch moralischen Zwang oder durch Furcht vor späterer Strafe nöthigen, gegen den Occupanten in feindseliger Weise aufzutreten oder ihm Widerstand zu leisten und damit ihrerseits die Folgerungen, die sich aus jenem angeführten Grundsatz ergeben, nicht anerkennen. Sie würde die Bewohner der besetzten Landestheile in eine unerträgliche Lage versetzen, wenn sie die Ausführung der von ihr erlassenen Befehle unter Strafandrohung verlangen würde. Der Gegner müßte zu Gegenmaßregeln der äußersten Härte greifen. Die Befolgerung der von der einheimischen Regierung erlassenen Gebote wird von dem Feinde, der die Gewalt in der Hand hat, mit schweren Strafen bedroht, und die Nichtbefolgung derselben von der heimischen Regierung, die früher oder später wieder in Besitz der Gewalt gelangen kann, wird ebenfalls mit Strafen belegt [1].

---

[1] Schon Grotius hat dies eingesehen, wenn er den Satz auch in anderer Weise begründet: De Jure belli et pacis, I, 4, § 15, sagt er: « Et quidem dum possidet invasor actus imperii, quos exercet, vim habere possunt obligandi, non ex ipisus jure quod nullum est, sed ex eo quod omnino probabile sit, eum qui jus imperandi habet, sive is est populus ipse, sive rex sive senatus, id malle, interim rata esse quæ imperat, quam legibus judiciisque sublatis summam induci confusionem. » Uebrigens bezieht sich diese Stelle zunächst auf den Fall einer innern Empörung.

Die strengen Strafgesetze, welche im Generalgouvernement Elsaß gegen diejenigen erlassen wurden, welche zu der französischen Armee sich zu begeben suchten, hatten vor allem ihren Grund in den Umtrieben der französischen Werber, welche namentlich im obern Elsaß viele junge Leute veranlaßten, sich dem französischen Heere anzuschließen. Wir werden in einem späteren Kapitel diese Gesetze noch zu besprechen und zu beurtheilen haben. Auch das Dekret der Regierung von Tours vom 19. November 1870, über die Ausübung der gerichtlichen Polizei in den vom Feinde besetzten Gebieten verletzt unzweifelhaft den oben angegebenen Grundsatz und würde die deutsche Autorität berechtigt haben, Repressalien dagegen zu ergreifen[1]. Die

[1] Décret sur l'exercice de l'action publique dans les localités isolées par l'invasion. — Le Gouvernement de la Défense nationale, considérant que le cours de la justice criminelle est interrompu dans les circonscriptions judiciaires, civiles et militaires, dont les chefs-lieux sont envahis par l'ennemi et dont les parquets ne peuvent procéder régulièrement aux actes d'information, de saisie et d'arrestations prescrits par la loi, décrète: Art. 1er. Les officiers ou agents de la police judiciaire locale pourron transmettre leurs procès-verbaux et conduire le délinquan devant les autorités civiles ou militaires de l'un des arrondissements libres les plus voisins. — Art. 2. Nonobstant l'art. 23 du Code d'instruction criminelle, ces autorités seront compétentes pour décerner des mandats, procéder à l'information même par visite sur les lieux et traduire les délinquants devant les juridictions dont relèvent les magistrats saisis de l'affaire... — Art. 3. Lorsque, par suite de l'envahissement de l'ennemi, une partie d'une circonscription judiciaire se trouve privée de communication avec son chef-lieu, les commandants de gendarmerie des circonscriptions voisines sont chargés d'établir, avec la contrée isolée, des communications exceptionnelles aussi régulières que le permettra la sécurité des militaires, dont ils sont responsables.

Beamten der gerichtlichen Polizei wurden darin angewiesen, die Protokolle über Vergehen und Verbrechen, die in den besetzten Landestheilen verübt werden, an das nächste Gericht einzusenden, das sich in dem noch unbesetzten Gebiet befindet. Ferner sind die Verbrecher vor dieses Gericht zu führen, dessen Zuständigkeit auf diese Fälle ausgedehnt wird. Befindet sich ein Theil eines Gerichtsbezirks in den Händen des Feindes, so werden die Kommandanten der Gensdarmerie der benachbarten Kantone beauftragt, die Verbindung mit den vom Feinde besetzten Gebieten aufrecht zu erhalten. — Durch ein derartiges Gesetz wird zweifelslos der Feind, der diese Gegenden besetzt hält, veranlaßt und berechtigt, mit Strenge gegen diejenigen einzuschreiten, welche diese Bestimmungen zur Ausführung zu bringen suchen. Selbst wenn, wie Morin (a. a. O. Bd. II., S. 413) meint, dieses Gesetz durch seine Nützlichkeit sich auszeichnen sollte, so wird der etwaige Nutzen nicht in die Wagschale fallen gegenüber den Nachtheilen, die durch die veranlaßten Gegenmaßregeln der Bevölkerung zugefügt werden können. Das betreffende Gesetz ist übrigens, was Elsaß-Lothringen betrifft, nicht zur Anwendung gekommen und dort überhaupt schwerlich bekannt geworden.

Die von einigen Schriftstellern in neuester Zeit aufgestellte Behauptung, es sei völkerrechtswidrig, wenn der Sieger die Gerichte nicht fort functioniren lasse oder ihre Thätigkeit an bestimmte Bedingungen knüpfe, oder gar ihre Verbindung mit den übrigen Gerichten des Staats, insbesondere mit dem obersten Gerichtshof unterbreche, erscheint völlig haltlos[1]. Es liegt kein Grund vor, in Bezug auf die Ausübung der Rechtspflege

[1] Insbesondere gehören zu ihnen Morin (a. a. O., Bd. II, S. 413) und Calvo (a. a. O., Bd, II, S. 160 u. ff.)

andere Grundsätze anzunehmen, als in Bezug auf die innere Verwaltung. Wie die gesammte Staatsgewalt, so ist auch die Justizhoheit suspendirt, so lange die feindliche Besetzung des Gebiets dauert. Wir werden in einem spätern Kapitel besprechen, in welcher Weise für eine geordnete Rechtspflege während der kriegerischen Besetzung Sorge zu tragen ist. Jedenfalls aber kann es nicht eine völkerrechtliche Verpflichtung des Occupanten sein, die einheimischen Gerichte in ungestörter Thätigkeit Recht sprechen zu lassen. Er kann vielmehr, je nach den Verhältnissen, entweder ihnen bestimmte Bedingungen auferlegen oder sie völlig suspendiren, jedenfalls aber wird er jede Verbindung mit den Gerichten des noch unbesetzten, seiner Gewalt nicht unterworfenen Gebiets untersagen. Auch die Gerichte müssen die völkerrechtliche Gewalt des Occupanten anerkennen[1].

Die Suspension der einheimischen Staatsgewalt hat selbstredend auch zur Folge, daß alle Gesetze, welche sich auf die Ausübung der Staatsgewalt beziehen, nicht zur Anwendung kommen können. Durch die kriegerische Besetzung eines Theiles des Staatsgebiets wird die Verfassung und werden alle Gesetze, die in untrennbarer Verbindung mit der Verfassung stehen und sich nur als Ausführungsgesetze zu derselben darstellen, in dem besetzten Gebiete unausführbar.

Wird demnach durch die Occupation die Autorität der einheimischen Staatsgewalt während der Dauer der Occupation provisorisch aufgehoben, so handelt es sich nun darum, die Gewalt, welche dem Feinde, der das Gebiet besetzt hält, während des Krieges zusteht, näher zu bestimmen. Darüber herrscht gegenwärtig keine Verschiedenheit der Ansichten, daß die Staats-

[1] Vgl. über diese Fragen auch weiter unten Kapitel V und VI.

gewalt nicht in ihrem ganzen Umfang auf ihn übergegangen ist. Das besetzte Gebiet ist von dem bisherigen Staatsverband weder staatsrechtlich noch völkerrechtlich getrennt; die Einwohner sind Bürger des Staats geblieben, ein Wechsel der Souveränität hat nicht stattgefunden. Eine Rechtsnachfolge des Occupanten in die Befugnisse und Verpflichtungen des bisherigen Staatsoberhauptes kann nicht angenommen werden. Denn das bisherige Staatsoberhaupt hat seine Rechte auf dieses besetzte Gebiet keineswegs verloren, sondern es ist nur zeitweise an der Ausübung dieser Rechte verhindert, die nach der Beendigung der Besetzung entweder sofort wieder in voller Ausdehnung von ihm ausgeübt werden oder in einem Friedensschluß an den Sieger übertragen werden. Ebenso wenig wie die Rechte sind die Verpflichtungen auf den Occupanteu übergegangen. Oeffentlichrechtliche oder privatrechtliche Ansprüche an den Staat können nicht an den Occupanten gestellt werden, auch wenn sie in dem besetzten Gebiete ihren Sitz haben und sich speziell auf dasselbe beziehen. Die einheimische Staatsgewalt ist nur suspendirt, nicht aufgehoben. Die Occupation ist eine Thatsache von rein provisorischem Charakter und bis zur Beendigung des Krieges kann sie sich nicht in eine Eroberung im rechtlichen Sinne des Wortes verwandeln. Das besetzte Gebiet ist nur provisorisch der Gewalt des Feindes unterworfen, bleibt aber ein Theil des Staates, seine Bewohner bleiben Bürger des Staats[1]. Diese oberste Gewalt, welche der Feind über das be-

[1] In einem Urtheil vom 23. Frimaire des Jahres V hatte der Pariser Cassationshof die Ansicht ausgesprochen, daß der Theil des französischen Staatsgebiets, der von dem Feinde besetzt sei, nicht mehr als zu Frankreich gehörig betrachtet werden könne, und zwar in dem Sinne, daß die auf jenem Gebietstheil begangenen Gesetzesverletzungen angesehen werden müßten, als seien sie

setzte Gebiet ausübt, ist keine staatsrechtliche, sondern eine völkerrechtliche. Sie hat nicht die Aufgabe, die verschiedenen Zwecke des Staats in diesem Gebiete zu erfüllen, sondern sie hat zunächst nur einen kriegerischen Charakter. Die Besetzung des feindlichen Gebiets erfolgt nicht, weil der Feind in diesem Gebiet das Staatsoberhaupt sein will, sondern sie erfolgt, weil der Feind für seine Kriegsführung sie für nothwendig hält. Die Ausübung der höchsten Gewalt in dem besetzten Gebiet hat zunächst zu den Zwecken der Kriegsführung zu geschehen. Ihr Prinzip ist also nicht das Interesse des Staatsgebiets und seiner Bewohner, über die sie herrscht, sondern das Interesse des feindlichen Staats; sie ist keine Staatsgewalt, sondern eine höchste Gewalt, die ihrem Ursprung und ihrer Aufgabe nach der Staatsgewalt entgegengesetzt ist, die allein in dem Völkerrecht ihre Begründung und ihre Begrenzung findet. Aus dem Völkerrecht ergeben sich die Grundsätze über die Ausübung dieser Gewalt und ihre Schranken.

1) Der Krieg wird geführt zwischen den Staaten, als solchen, nicht zwischen dem einen Staate und den friedlichen Bürgern des andern Staats. Er hat nur zum Zweck die Besiegung des feindlichen Staats, nicht die Schädigung und Bedrückung der einzelnen Bürger dieses Staats. Demnach muß auch die Besetzung eines Gebietstheils des feindlichen Staats nur diesen Zweck verfolgen, nicht die willkürliche und schrankenlose Unterjochung der Bewohner des besetzten Gebiets. In ihnen muß der Feind Rechtspersönlichkeiten anerkennen, deren Rechte er nur soweit beschränken darf, als der oben angegebene Zweck es

---

im Auslande begangen worden. Aber diese Ansicht ist später von dem Cassationshof selbst aufgegeben worden und wird heute allgemein für irrig erkannt.

gebietet und denen er, da durch ihn die Ausübung der einheimischen Staatsgewalt gehindert ist, Rechtsschutz und Sicherheit zu gewähren verpflichtet ist, soweit er sie zu geben im Stande ist. Demnach sind auch durch die feindliche Besetzung nur die Staatsverfassung und diejenigen Gesetze, welche sich auf die Ausübung der Staatsgewalt beziehen, suspendirt, da die Staatsgewalt selbst suspendirt ist. Das gesammte übrige öffentliche Recht dagegen und das Privatrecht bleiben in Giltigkeit. Da durch den Uebergang der Souveränität selbst das bestehende Recht nicht aufgehoben wird, so geschieht dies um so weniger durch den blos provisorischen Zustand einer kriegerischen Besetzung, sofern deren eigner Zweck dies nicht mit sich bringt.

2) Der Feind hat während und für die Zeit der Occupation das Recht der Gesetzgebung; er kann sowohl bestehende Gesetze aufheben und abändern, als er auch neue Gesetze erlassen kann. Es folgt dies eben einfach daraus, daß ihm die höchste Gewalt in dem besetzten Gebiete zusteht. Schon indem er bei dem Einrücken in das Land den Kriegszustand verkündet, macht er von dem Recht der Gesetzgebung Gebrauch. Selbst vor dem Ausbruch des Krieges kann er Gesetze erlassen mit der Bestimmung, daß sie in dem von ihm während eines Krieges besetzten Gebiete eines feindlichen Staats mit dem Beginn der Occupation in Kraft treten sollen. So bestimmt z. B. das deutsche Militärstrafgesetzbuch § 161: „Ein Ausländer oder Deutscher, welcher in einem von deutschen Truppen besetzten ausländischen Gebiete gegen deutsche Truppen oder Angehörige derselben, oder gegen eine auf Anordnung des Kaisers eingesetzte Behörde eine nach den Gesetzen des deutschen Reichs strafbare Handlung begeht, ist ebenso zu bestrafen, als wenn diese Handlung von ihm im Bundesgebiet begangen wäre.“ Auch hieraus geht her-

vor, daß die Gewalt des Occupanten nicht auf eine Rechtsnachfolge in die einheimische Staatsgewalt zu gründen ist. Es würde bei einer solchen Annahme jedenfalls einer nochmaligen Verkündung derjenigen Gesetze bei der Besetzung bedürfen, welche von dem besetzenden Staate schon früher in Friedenszeiten für den Fall der Occupation eines feindlichen Gebietes erlassen worden sind. Diese Gesetze aber treten in dem eben occupirten Gebiet sofort mit dem Augenblicke der Occupation in Kraft, weil sie auf der völkerrechtlichen Autorität des besetzenden Feindes begründet sind.

Wie die Gesetzgebung, so steht auch die vollziehende Gewalt der besetzenden Kriegsmacht auf allen Gebieten der Verwaltung und der Rechtspflege zu. Aber sowohl die Gesetzgebungsgewalt wie die vollziehende Gewalt sind dadurch beschränkt, daß die höchste Gewalt, die dem Occupanten zusteht, nur eine provisorische und völkerrechtliche ist und daß trotz derselben das besetzte Gebiet von dem alten Staatsverband nicht losgelöst ist. Wie der Grund und die Aufgaben der kriegerischen Besetzung nur provisorisch sind, so können auch die Gesetze, die der Feind erläßt, nur provisorische Geltung haben und sind ihrer Bestimmung nach nur für die Dauer der kriegerischen Besetzung gegeben. Wird das besetzte Gebiet später von dem Feinde geräumt, so treten die von ihm erlassenen Gesetze von selbst wieder außer Kraft. Wird dagegen im Frieden dem Occupanten die Souveränität über das besetzte Gebiet abgetreten, so kann diese Erwerbung der Staatsgewalt eine rückwirkende Kraft auf alle von ihm während des Krieges vorgenommenen Akte und erlassenen Gesetze äußern. Dieselben werden aus provisorischen, für die Dauer des Krieges gegebenen definitive, wie die völkerrechtliche Gewalt, der sie entsprungen, durch Abtretung der Souveränität zu einer wirklichen Staatsgewalt wird. Im Zweifelsfalle, wenn keine ausdrückliche Bestimmung getroffen wird, muß sogar angenommen werden, daß die während der Occupation erlassenen Gesetze auch nach Abtretung des Gebietes in Kraft bleiben, weil nach wie vor der Abtretung derselbe Herrscherwille die Gesetzgebung ausübt[1]. So sind denn auch die während der Occupation des linken Rheinufers im Jahre 1814 von den verschiedenen General-Gouverneuren erlassenen Gesetze, soweit sie nicht ausdrücklich aufgehoben worden sind, noch heute in Geltung. So zweifelt Niemand daran, daß die von dem Generalgouverneur im Elsaß erlassenen Verordnungen noch heute gesetzliche Kraft besitzen.

Aber bei der Ausübung des Gesetzgebungsrechts darf der Occupant niemals außer Acht lassen, daß er eine wahre Staatsgewalt über das Land nicht besitzt; er darf vor allem nicht solche Gesetze geben, wodurch er die Anerkennung einer ihm zustehenden Souveränität von Seiten der Bewohner in Anspruch nehmen würde. Er darf folglich dem Lande keine neue Verfassung geben und es beruht auf einer völkerrechtlichen Verletzung des Unterschieds zwischen kriegerischer Besetzung und Eroberung, wenn z. B. Frankreich in den Revolutionskriegen sofort nach Besetzung eines Gebiets die bestehende Verfassung für aufgehoben erklärte und die Republik einführte[2]. — Aus demselben

[1] Halleck (International Law. San-Francisco 1861) sagt ganz richtig: «This confirmation of the conquest has, so far as ownership is concerned, a retroactive effect, confirming the conquerors title from the date of the conquest, and therefore, making definitively valid his acts of ownership — alienation included — during the military occupation,» p. 815. — Vgl. auch Calvo, a. a. O., II, S. 299.

[2] Dekret vom 17. Dezember 1792: Dans les pays qui sont ou seront occupés par les armées de la République, les généraux proclameront sur-le-champ, au nom de la nation

Grund darf der Occupant die Bewohner des besetzten Landes zu keiner Handlung zwingen, wodurch dieselben sich des Hochverraths und des Landesverraths gegen ihr Vaterland schuldig machen würden. Alle seine Gesetze und Anordnungen müssen davon ausgehen, daß, wenn die Staatsgewalt auch suspendirt ist, die Bewohner doch noch Bürger des Staats sind, das besetzte Gebiet doch noch Theil des Staatsgebiets ist. Demnach darf der Feind die Bewohner nicht nöthigen, ihm den Unterthaneneid zu schwören, er darf sie nicht nöthigen, in sein Heer einzutreten u. s. w. Das Verhältniß ist analog demjenigen, in welchem sich die in einem Staate domizilirten Fremden gegenüber der Regierung dieses Staats befinden. Sie können zu all denjenigen Leistungen herangezogen werden, welche nicht den Unterthanenverband zur nothwendigen Voraussetzung haben. In demselben Maße sind die Bewohner des besetzten Gebiets der Gewalt des Feindes unterworfen; sie sind verpflichtet, dessen Anordnungen Gehorsam zu leisten, aber nur soweit diese Anordnungen nicht eine Anerkennung des Feindes als Souverän des Landes verlangen.

3) Da der Feind nicht Souverän des besetzten Gebietes ist, da die Staatsgewalt nicht auf ihn übergegangen ist, so ist er auch nicht Vertreter des Staats. Weder die Rechte noch die Pflichten eines solchen hat er auszuüben. Er ist vielmehr nur Träger einer völkerrechtlichen Gewalt, deren Zweck ein eigenthümlicher und deren Dauer eine beschränkte ist. Da der Zweck in der Schwächung und Besiegung des feindlichen Staates besteht, so kann er des Vermögens des Staats sich bemächtigen

française, la souveraineté du peuple et la suppression de toutes les autorités établies, des impôts ou contributions existantes, etc.....

und dasselbe insoweit zu seinem Nutzen verwenden, als dies mit dem provisorischen Charakter seiner Herrschaft verträglich ist. Demnach fällt ihm das bewegliche Staatseigenthum zu, er kann Forderungen sowohl solche, welche auf öffentlichrechtlichem Titel, wie solche, die auf privatrechtlichem Titel beruhen, beitreiben, sofern sie sich auf das besetzte Gebiet beziehen. Aber in Bezug auf das unbewegliche Vermögen (dem durch die kriegsrechtliche Sitte auch einzelne bewegliche Sachgesammtheiten wie Kunstsammlungen, Bibliotheken, Archive u. s. w. gleichgestellt worden sind) steht ihm nur ein Nutzungsrecht, nicht das Eigenthum zu. Er kann in giltiger Weise weder eine Veräußerung von Grund und Boden vornehmen noch das Land mit Schulden belasten. Andererseits ist er aber auch nicht verpflichtet, für die Schulden des Staats einzutreten oder Ausgaben zu leisten, welche auf dem Staatsbudget beruhen oder von der Regierung bewilligt worden waren. Der Feind ist eben nicht in die Staatsgewalt succedirt, sondern er übt nur die höchste Gewalt kraft eines rein völkerrechtlichen Besitztitels aus, und hat nur die aus diesem Besitztitel sich ergebenden Pflichten zu erfüllen.

4) Wie weit und auf welchem Gebiete der staatlichen Thätigkeit der Feind sein Recht der provisorischen Gesetzgebung und der Verwaltung innerhalb der ebenangegebenen Grenzen ausüben soll, ist eine Frage, deren Beantwortung von den thatsächlichen Verhältnissen des jedesmaligen Falles abhängig zu machen ist. Prinzipiell aber ist kein Gebiet hiervon auszuschließen und es ist gänzlich grundlos, wenn in neuester Zeit die Behauptung aufgestellt worden ist, daß während der Zeit der Besetzung der Feind völkerrechtlich nicht befugt sei, die privatrechtlichen und strafrechtlichen Gesetze abzuändern[1].

[1] So sagt Calvo, a. a. O., II, S. 160: «Le droit interna-

Ist die Besetzung des Landes nur von kurzer Zeitdauer und vorübergehend, so wird der Feind in der Regel sich begnügen, diejenigen Anordnungen zu treffen, welche durch die unmittelbaren Bedürfnisse des Krieges hervorgerufen, und die insbesondere zur Sicherheit seiner Armee nothwendig sind. Zieht sich dagegen die Besetzung in die Länge, so wird dem Feind nicht nur das Recht, sondern auch die Pflicht zustehen, im Interesse der Bevölkerung und zu ihrem Schutze thätig zu werden. Auch diese Pflicht ist eine Folgerung aus dem Grundsatz, daß der Krieg zwischen Staat und Staat geführt wird, daß dagegen die friedlichen Bürger nicht als Feinde behandelt werden. Da die einheimische Staatsgewalt suspendirt ist, und jeder Versuch, sie auszuüben, mit Strafe bedroht ist, so würde, wenn der besetzende Feind seine Thätigkeit nur im Interesse seines Heeres ausübte, sehr bald eine völlige Lösung aller staatlichen und gesellschaftlichen Ordnung innerhalb des besetzten Gebiets eintreten. Der Feind aber, der von den Bewohnern des besetzten Gebiets eine Unterwerfung fordert, ist damit auch verpflichtet für die Sicherheit der Personen und des Eigenthums Sorge zu tragen. Er wird die Rechtspflege zu wahren haben; er wird in bald größerm, bald geringerem Umfange auf allen Gebieten der Verwaltung thätig werden müssen. Indem er zunächst allerdings in seinem eigenen Interesse die höchste Gewalt im

tional ne reconnaît pas à l'occupant la faculté de changer les lois civiles et criminelles des territoires sur lesquels se trouvent ses troupes.» Es steht dies nicht nur im Widerspruch mit der allgemeinen Praxis in den Kriegen der modernen Staaten, sondern auch mit der übereinstimmenden Ansicht der Autoritäten der Völkerrechtswissenschaft. Auch die Rechtsprechung der Gerichte, insbesondere der französischen Gerichte, hat dem Occupanten ein Recht, die für die Zeit der Occupation bestehenden Gesetze abzuändern und neue Gesetze zu erlassen, zuerkannt.

Lande ausübt und Gehorsam für diese Gewalt verlangt, ist er auch verpflichtet, die öffentliche Ordnung im Lande aufrecht zu erhalten und die dringendsten Bedürfnisse der Bevölkerung zu befriedigen.

5) Aus den bisher entwickelten Sätzen ergeben sich auch die Pflichten der Bevölkerung des besetzten Gebiets gegenüber dem besetzenden Feinde und gegenüber dem eigenen Vaterland. Sie dürfen, da sie noch dem bisherigen Staate angehören und seine Bürger sind, keine Handlung begehen, die Hochverrath oder Landesverrath in sich schließt, und wenn der Feind sie zu einer solchen in rechtswidriger Weise zwingen sollte, so ist der Heimathsstaat berechtigt und verpflichtet, Repressalien zu ergreifen. Wenn z. B. Bewohner des besetzten Gebiets genöthigt werden, in das feindliche Heer einzutreten, so wäre der Heimathsstaat berechtigt, die Kriegsgefangenen oder die noch auf seinem Gebiete wohnenden Angehörigen des feindlichen Staats ebenfalls zu nöthigen, in sein Heer einzutreten. — Mit dieser Einschränkung aber besteht die völkerrechtliche Verpflichtung der Bewohner, dem besetzenden Feinde Gehorsam zu leisten und seine höchste Gewalt anzuerkennen. Auf Grund dieses Gehorsams und auf Grund des vom Feinde gewährten Schutzes der öffentlichen Sicherheit und Ordnung entsteht eine provisorische Rechtsgemeinschaft zwischen dem Feinde und den Bewohnern des besetzten Landes, deren Verletzung mit schweren Strafen geahndet werden muß. Hiernach wird es auch nicht schwer sein, die vielerörterte Frage zu beurtheilen, ob eine unter der Besetzung des Feindes stehende Bevölkerung berechtigt sei, im Interesse des heimathlichen Staats eine Empörung gegen den Feind zu machen[1].

[1] Vergl. z. B. Brocher, Les principes naturels du droit de la guerre in der Revue de droit international, V (1873), p. 334 u. ff., und Calvo a. a. O., II, S. 165 u. ff.

Von dem Standpunkt des Völkerrechts aus ist die Frage mit derselben Entschiedenheit zu verneinen, wie von dem Standpunkte des Staatsrechts aus die Frage, ob eine Bevölkerung zu einer Revolution gegen die bestehende Staatsregierung berechtigt sei. In der Empörung gegen den besetzenden Feind wie in der Revolution gegen die Regierung ist ein Rechtsbruch enthalten. Die eine wie die andere jedoch können durch die politische Nothwendigkeit nicht nur moralisch gerechtfertigt, sondern auch geboten sein. Wie aber die Regierung, die eine Revolution niedergeschlagen hat, berechtigt ist, mit der ganzen Strenge der Gesetze gegen diejenigen Personen vorzugehen, die sich an diesem Rechtsbruch betheiligt haben, so ist auch der Feind, gegen den eine Empörung versucht worden ist, berechtigt, mit allen Mitteln die Empörung niederzuschlagen und gegen einen neuen Ausbruch derselben sich zu schützen. Wer sich an der Empörung betheiligt hat, hat damit aufgehört „friedlicher Bürger" zu sein und hat das Recht verwirkt, als solcher behandelt zu werden.

6) Steht nach dem Völkerrecht dem Feinde, der einen Gebietstheil besetzt hat, innerhalb der angegebenen Beschränkungen die höchste Gewalt, das Recht der Gesetzgebung und der Vollziehung zu, so muß auch der einheimische Staat später, wenn die Besetzung aufgehört hat, und die Staatsgewalt wieder in Wirksamkeit getreten ist, diese vom Feinde vorgenommenen Handlungen, die sich in Uebereinstimmung mit dem Völkerrechte befinden, als rechtsgiltige Handlungen annehmen. Die von dem Feinde erlassenen Gesetze verlieren zwar ihre Giltigkeit, da sie nur für die Zeit der Occupation gegeben worden sind. Aber die unter ihrer Herrschaft vollzogenen Rechtsgeschäfte, die Verwaltungsakte, die gefällten Urtheile bleiben bestehen und können nicht ohne Rechtsverletzung aufgehoben werden. So lange der Grundsatz von dem Völkerrecht aufgestellt wurde, daß der Krieg

der Zustand völliger Rechtlosigkeit zwischen den kriegführenden Staaten sei und alle Angehörigen des feindlichen Staats als Feinde zu behandeln seien, müßte allerdings die Nichtigkeit aller während der Occupation vorgenommenen Handlungen und erlassenen Verfügungen nach der Vertreibung des Feindes angenommen werden. In dieser Erklärung der Nichtigkeit lag die Wiederherstellung des rechtlichen Zustandes, der durch die Occupation nur thatsächlich gestört worden war, nicht aber eine rechtliche Aenderung erlitten hatte. Wird aber dieser Grundsatz verworfen, dann muß auch anerkannt werden, daß die von dem Feinde innerhalb des Völkerrechts vorgenommenen Handlungen zu Rechte bestehen [1]. Die unter der Herrschaft der von dem Occupanten gegebenen Gesetze und Beordnungen abgeschlossenen Verträge zwischen Privatpersonen sowohl als die Verträge zwischen den feindlichen Behörden und Privatpersonen, sofern diese letztere durch einen solchen Vertrag sich nicht des Hoch- oder Landesverraths schuldig gemacht haben, behalten auch später noch ihre Giltigkeit. Die Urtheile, welche die von dem Feind eingesetzten oder unter seiner Autorität fungirenden Gerichte gefällt haben, müssen als rechtkräftige Urtheile betrachtet werden [2].

[1] Die ältere Ansicht von der Ungiltigkeit und völligen Nichtigkeit aller während der Zeit der Occupation vorgenommenen Handlungen u. s. w. des Occupanten wird auch gegenwärtig noch vertheidigt von Delisle, Traité de l'interprétation juridique, I, p. 134, und von Brockhaus in Holtzendorffs Encyclopädie, III, S. 251.

[2] Es liegt außer unserer Aufgabe, an dieser Stelle näher auf die Lehre von dem sogenannten Postliminium einzugehen. Doch sei erwähnt, daß die im Texte als richtig bezeichnete Ansicht schon in der französischen Deklaration vom 20. April 1763 sanctionirt worden ist. Dieselbe bezieht sich auf die während des siebenjährigen Kriegs von England besetzten Inseln Martinique und

Nur die von dem Occupanten im Widerspruch mit dem Völkerrecht vorgenommenen Handlungen können als ungiltig erklärt und in ihren Folgen, soweit dies überhaupt noch möglich ist, vernichtet werden.

7) Schließlich bleibt uns noch übrig die Frage zu erörtern, ob dadurch, daß der Feind die Absicht hegt, die besetzten Provinzen zu behalten und in dem Friedensschluß auf ihrer defini-

---

Guadeloupe und erklärt in Art. 1: «Tous les actes faits et passés à la Martinique et à la Guadeloupe, sous l'autorité des rois George II et III de la Grande-Bretagne, soit par les notaires et les huissiers, même les jugements rendus tant en première instance que sur les appels au Conseil supérieur, seront bons et valables.» Auch die französische Rechtsprechung hat in fast constanter Praxis sich für diese Grundsätze ausgesprochen. Im Widerspruch hiermit steht allerdings das französische Gesetz vom 28. Frimaire des Jahres VIII, welches die während der feindlichen Besetzung von Valenciennes gesprochenen Urtheile für ungiltig erklärt. Den Grundsätzen der Deklaration von 1763 folgen dagegen die Urtheile der Appellhöfe von Bordeaux vom 21. Januar 1820 und von Bastia vom 3. Januar 1824, sowie die Urtheile des Cassationshofs von Paris vom 6. April 1826, 13. Juni 1826 und vom 6. Januar 1873. — In dem gleichen Sinne ist auch das sehr ausführlich motivirte Urtheil des Appellhofs von Lüttich vom 4. Februar 1819 gehalten. — Bei Erörterung dieser Fragen wird von den meisten Schriftstellern nicht genau unterschieden zwischen den Handlungen, welche eine revolutionäre Regierung, die sich in einem Theile des Landes festgesetzt hat, vornimmt, und denjenigen Handlungen, welche der Feind in Folge der Occupation vornimmt. Die Revolution ist ein Verbrechen, und, wenn sie niedergeschlagen wird, müssen ihre Handlungen als verbrecherische bestraft und so viel wie möglich rückgängig gemacht werden. Dagegen ist der occupirende Feind nach dem Völkerrecht befugt, gewisse staatliche Hoheitsrechte auszuüben, und, wenn er sich innerhalb der von dem Völkerrecht gezogenen Grenzen hält, so begeht er keine Rechtsverletzung.

tiven Abtretung zu bestehen, die Rechte, welche dem Occupanten durch die einfache Besetzung zukommen, verändert werden können. Aus der Frage allein ergibt sich schon von selbst die Antwort. Die bloße Absicht der einen Partei kann unmöglich rechtliche Wirkungen hervorbringen, sie kann keine neuen Rechtsverhältnisse erzeugen. Der Feind, der mit einer noch so großen Sicherheit glaubt, darauf rechnen zu können, den besiegten Gegner in dem Friedensschluß zu einer Abtretung des Gebietes zu zwingen, hat, so lange der Frieden nicht geschlossen oder die völlige Vernichtung des Gegners erfolgt ist, keine andern Rechte als diejenigen, die aus der Occupation sich ergeben. Er hat die obenangegebenen Beschränkungen zu beobachten, er kann ohne Verletzung des Völkerrechts die Einwohner nicht zum Eintritt in sein Heer zwingen oder sie als Unterthanen behandeln. Zweifellos wird die Absicht des Occupanten, das besetzte Land zu behalten, auch thatsächlich in der Verwaltung des Landes sehr bedeutende Wirkungen ausüben. Jedoch darf nicht verkannt werden, daß in der Occupation eines feindlichen Gebiets nicht schon der Erwerb der Staatsgewalt liegt.

Dieser Grundsatz ist auch von der deutschen Kriegsmacht während des Kriegs von 1870 und 1871 in Bezug auf Elsaß und Lothringen anerkannt worden. Seit den Schlachten von Metz nnd Sedan stand der einmüthige Wille des deutschen Volkes fest, daß Elsaß und Deutsch-Lothringen der Preis des schwer errungenen Sieges sein müssen. Dieser Wille fand in dem Bundeskanzler seinen starken Vertreter und Vollzieher. Aber nichtsdestoweniger hat die deutsche Regierung anerkannt, daß bis zum Friedensschluß rechtlich diese Gebiete zu Frankreich gehörten und ihre Bewohner französische Staatsbürger waren und blieben. In der einen oder der andern Proklamation, die während des Krieges erlassen wurden, mag allerdings die staats- und völkerrechtlich noch bestehende Verbindung mit Frankreich außer Acht gelassen worden sein. So ist dies z. B. geschehen in der Proklamation des Generalgouverneurs vom 8. Oktober 1870 an die Bewohner Straßburgs, in der erklärt wird, daß „die Stadt Straßburg, nachdem sie sich den siegreichen deutschen Waffen hat ergeben müssen, unter Beseitigung der französischen Herrschaft mit Deutschland von Neuem verbunden sei." Aber derartige Proklamationen, die meist in der Eile gemacht werden, und die mehr dem Gefühle, als staats- und völkerrechtlichen Gedanken Ausdruck zu geben bestimmt sind, können nicht als Beweis für eine Verletzung des Völkerrechts gerechnet werden, insbesondere, wenn sie nicht von dem obersten Kriegsherrn, sondern nur von einem General erlassen werden. In allen ihren Handlungen hat die Regierung von Elsaß-Lothringen während des Kriegs die strengste Beobachtung der völkerrechtlichen Grundsätze gezeigt und erst nach Abschluß des Friedens solche Akte vorgenommen, welche die definitive Loslösung des Landes von Frankreich zur Voraussetzung haben. Diese Loslösung und die Verbindung mit dem deutschen Reich sind allerdings auch schon während des Krieges vorbreitet worden. Es geschah dies insbesondere dadurch, daß die deutsche Regierung suchte, soviel wie nur immer möglich, die Lasten, welche der Krieg dem Lande auferlegt hatte, zu erleichtern, und die Wunden, die er geschlagen, zu heilen, Bemühungen, die sicherlich keine Verletzung des Völkerrechts enthalten. Dagegen sind die Bewohner keineswegs von allen Leistungen befreit worden, zu denen sie als Bürger eines feindlichen Staats nach Kriegsrecht verpflichtet waren, während die deutsche Regierung in völlig korrekter Weise die Wahlen zu der Nationalversammlung in Bordeaux in dem ganzen, von ihr besetzten Gebiete hat vornehmen lassen. Auf beides werden wir in spätern Kapiteln noch zurückzukommen haben.

Nachdem wir in dieser Weise die allgemeinen Rechtssätze festgestellt haben, welche sich aus der kriegerischen Besetzung eines Theils des feindlichen Staatsgebiets ergeben, und die Verhältnisse, welche daraus entspringen, entwickelt haben, können wir nun im Folgenden übergehen zur Erörterung der einzelnen völkerrechtlichen Fragen, welche bei der Verwaltung des Generalgouvernements im Elsaß während des Krieges zu Tage getreten sind. Unsere Betrachtungen beschränken sich auf das Generalgouvernement im Elsaß, weil uns hierfür allein das Material in genügender Weise zu Gebote steht und weil wir in Bezug hierauf allein aus eigener Kenntniß zu urtheilen im Stande sind. Diese Beschränkung wird aber auch wissenschaftlich gerechtfertigt sein, da im Generalgouvernement Elsaß allein die Verwaltung eine ausgedehntere Thätigkeit zu entwicklen in der Lage war und die Occupation hier fast alle Wirkungen, welche nach dem Völkerrecht aus ihr entstehen können, hervorgebracht hat. Allerdings ist zuzugeben, daß in diesem Gebiete, dessen Vereinigung mit Deutschland von Anbeginn an beabsichtigt war, die deutschen Heerführer mit größerer Vorsicht und größerer Schonung zu Werke gegangen sind, als in den weiter im Innern Frankreichs gelegenen Gebietstheilen. Dort mag Manches vorgekommen sein, was sich mit den Grundsätzen des Völkerrechts nicht in Uebereinstimmung bringen läßt. Insbesondere als der Kriegsschauplatz ein immer größeres Gebiet umfaßte, als durch die andauernden Kriegsmühen und die strenge Kälte das deutsche Heer auf eine harte Probe gestellt wurde, war es nicht möglich, jeder Ausschreitung von Seiten der Soldaten oder einzelner Offiziere vorzubeugen oder auch nur in allen derartigen Fällen Bestrafung eintreten zu lassen. Bei jedem großen Krieg werden Ausschreitungen, die bald in Angriffen und Mißhandlungen von Personen, bald in Verletzungen des Eigenthums bestehen, vorkommen, wie in jedem Staate Verbrechen vorkommen. In einem Heere, das aus mehr als einer Million Menschen besteht und ein halbes Jahr im Feindesland Krieg führt, werden selbstredend die guten wie die schlimmen Leidenschaften der Menschen stärker entwickelt und machen sich mit größerer Heftigkeit geltend als unter einer friedlichen Bevölkerung.

Wenn aber, gestützt auf Berichte, deren Unwahrheit auch in Frankreich allgemein anerkannt ist, ein angesehener Jurist, wie Herr Morin, in einer unerhörten Weise die deutsche Heerführung einer fortwährenden, absichtlichen Verletzung des Völkerrechts anklagt und das deutsche Volk mit Schmähungen überhäuft, wie sie etwa gegen eine Verbrecherbande erlaubt wären, so mag dies Verfahren als ein Ausbruch tiefen patriotischen Schmerzes und gekränkten Hochmuths bezeichnet werden, aber Anspruch auf Wissenschaftlichkeit hat es nicht und ist bei einem Mitglied des höchsten Gerichtshofs des Landes in keiner Weise entschuldbar. Das Werk Morins mag den Franzosen zu einer augenblicklichen Befriedigung ihres leidenschaftlichen Hasses dienen, aber es kann sie nur weiter treiben auf der verderblichen Bahn, auf welche sie durch Selbstverblendung und Uebermuth geführt worden sind [1].

[1] Die Quellen aus welchen Hr. Morin seine Kenntniß des Verfahrens der deutschen Armee mit Vorliebe schöpft, sind la Petite Presse und le Petit Moniteur! Die von Hrn. Morin gebrauchten Phrasen grenzen vielfach geradezu an das Komische, z. B. wenn er Bd. I, S. 206 ausruft: « Un sens paraît manquer à beaucoup d'Allemands qui cultivent avec délices *la fourberie, les mathématiques du carnage et la psychologie du bombardement*. Chez ce peuple de Borusses il y a, paraît-il, deux morales et deux sortes de consciences, puisque les publicistes et les professeurs enseignent ce qui est vraiment moral, tandis que dans les camps on pratique comme moyens moraux les ruses perfides, l'espionnage traître et la terreur froidement combinée. »

Kapitel II.

Die Organisation der Landesverwaltung.

Wie wir schon oben angeführt haben, wurde das Generalgouvernement im Elsaß durch die Kabinetsordres des Königs von Preußen als Oberbefehlshaber der deutschen Heere vom 14. und 21. August 1870 gebildet. Der zum Generalgouverneur ernannte Graf von Bismarck-Bohlen trat mit einer Proklamation vom 30. August 1870 sein schwieriges und verantwortliches Amt an[1].

[1] Die Proklamation lautet: „Bewohner des Elsasses! Nachdem die kriegerischen Ereignisse die Occupation eines Theiles von Frankreich durch die hohen verbündeten deutschen Mächte herbeigeführt haben, ist die kaiserlich französische Staatsgewalt in diesem Gebiete außer Wirksamkeit gesetzt und die Autorität der deutschen Mächte an deren Stelle getreten. Zur Handhabung derselben in den Departements des Ober- und Niederrheins, so wie in dem neugebildeten Departement der Mosel, bestehend aus den Arrondissements Metz, Thionville und Saargemünd, Salzburg und Saarburg, ist der Unterzeichnete in der Eigenschaft eines Generalgouverneurs im Elsaß ernannt worden.

„Soweit die kriegerischen Operationen es gestatten, wird das Gesetz des Landes in Kraft bleiben, die regelmäßige Ordnung der Dinge wiederhergestellt und die unterbrochene Administration in allen ihren Zweigen wieder aufgenommen werden. — Die Religion der Einwohner, die Institutionen und Gebräuche des Landes, die Sicherheit der Person und des Eigenthums werden sich des kräftigsten Schutzes erfreuen, und es soll Alles geschehen, um der

Die Stellung und die Befugnisse des Generalgouverneurs waren durch die königliche Instruktion vom 21. August geregelt worden. Darnach sollte derselbe Befehlshaber aller Truppen im Generalgouvernement sein, soweit dieselben nicht besondern selbstständigen Corps, wie z. B. den Belagerungsarmeen von Straßburg und Metz angehörten. Nur das Belagerungskorps von Pfalzburg stand unter seinem Befehl. Er war ferner der Chef der Civilverwaltung und übte im Namen des Königs und kraft der ihm übertragenen Vollmachten alle diejenigen Rechte aus, welche dem in feindliches Gebiet eindringenden Staate in dem besetzten Gebietstheil zustehen. Demnach stand ihm das Recht zu, die bestehende Gesetzgebung, soweit ein Bedürfniß dies erforderte, und die nach den französischen Gesetzen dem Staatsoberhaupte vorbehaltenen Funktionen auszuführen. Wie wir im Verlaufe unserer Darstellung sehen werden, machte er

---

Bevölkerung die schweren, aber unvermeidlichen Lasten des Krieges zu erleichtern.

„Dieses Ziel wird jedoch nur erreicht werden können, wenn die Einwohner in ihrem eigenen Interesse der neuen Regierung mit Vertrauen entgegenkommen, wenn sie dieselbe in ihren Bemühungen unterstützen, wenn sie sich allen Maßregeln unterwerfen, welche das Gouvernement zu erlassen für gut finden wird, und zu deren Befolgung es den strengsten Gehorsam unnachsichtlich in Anspruch nehmen muß. Dem erhabenen Willen der deutschen Mächte entsprechend, wird der Generalgouverneur bestrebt sein, die Wiederherstellung geordneter Zustände rasch herbeizuführen, damit unter Gottes Beistand ein Jeder sich seinen friedlichen Beschäftigungen hingebend gleichzeitig zum allgemeinen Wohle beitragen könne. Er ist entschlossen, dieses hohe Ziel mit aller Schonung, aber auch mit aller Festigkeit zu verfolgen, welche die Größe seiner Aufgabe und die außerordentliche Natur der Umstände ihm zur Pflicht machen.

„Hagenau, den 30. August 1870. Der Generalgouverneur im Elsaß: Graf von Bismarck-Bohlen."

nach beiden Richtungen hin von der ihm übertragenen Gewalt Gebrauch. Wir werden mehrfach von ihm erlassene Gesetze zu besprechen haben. Vermöge der ihm verliehenen Vollmacht übte er das Begnadigungsrecht aus, er ertheilte auf Grund der Artikel 145 und Art. 164 des Code civil Heirathsdispensationen u. s. w.[1] Zur Leitung der Civilverwaltung wurde dem Generalgouverneur ein Civilkommissär in der Person des Regierungspräsidenten von Kühlwetter zur Seite gegeben, dessen Funktionen in der Instruktion vom 26. August und in dem Erlaß des Bundeskanzler vom 3. September 1870 näher angegeben sind. Derselbe soll nach letzterem Erlaß Sorge tragen 1) für die Erhebung der Steuern, 2) in Gemeinschaft mit den Intendanturen der einzelnen Heerkörper für die Einziehung der für das deutsche Heer von der Provinz zu beschaffenden Lieferungen, beziehungsweise der Geldabfindungen für diese Lieferungen, 3) er soll die allgemeine Verwaltung der Provinz leiten. In all diesen Funktionen soll er die den Ministern nach der franzö-

[1] Daß der Feind, der ein Gebiet besetzt hält, berechtigt ist, derartige Akte vorzunehmen, ist von dem Appellhof von Lüttich in Bezug auf die Ertheilung von Heirathsdispense ausdrücklich anerkannt worden. Der Generalgouverneur von Belgien hatte im Jahr 1814 vor Friedensschluß auf Grund des Art. 164 des Code civil einen Heirathsdispens ertheilt. Der Appellhof erachtet denselben im Urtheil vom 4. Februar 1819 für rechtsgiltig: «Attendu qu'on doit admettre que le conquérant a le pouvoir de porter des édits ou arrêts auxquels les peuples conquis sont obligés de se soumettre; qu'en 1814, époque à laquelle la dispense dont il s'agit a été accordée, les hautes puissances alliées avaient conquis la Belgique et que le gouverneur général avait été investi de tous les pouvoirs appartenant aux conquérants, et que toutes les dispositions législatives émanées des gouverneurs généraux et non légalement abolies régissent encore les peuples pour lesquels elles ont été portées, etc.»

sischen Gesetzgebung zustehenden Befugnisse ausüben. Ausgeschlossen von dieser Centralverwaltung, die durch den Generalgouverneur repräsentirt war, blieben jedoch das Post,- Eisenbahn- und Telegraphenwesen, welche den bezüglichen Generaldirektionen, die für das gesammte besetzte französische Gebiet eingesetzt waren, unterstellt wurden. Zur Verwaltung der einzelnen Departements wurden Präfekte ernannt, welche nach Maßgabe der französischen Gesetze ihr Amt zu verwalten hatten. Auch ihre Kompetenz gegenüber dem Civilkommissär sollte nach den Bestimmungen der französischen Gesetze abgegrenzt sein. Aus den 5 Arrondissements, Saarburg, Chateau-Salins, Saargemünd, Metz und Thionville, die bisher theils zu dem Departement der Murthe, theils zu dem der Mosel gehört hatten, wurde durch Erlaß vom 21. August das Departement Deutsch-Lothringen gebildet, dessen Präfekt Graf Henckel-Donnersmarck sein Amt den 31. August antrat. Am selben Tage trat der Präfekt des Nieder-Rheins Graf Luxburg in Funktion, während der Präfekt des Ober-Rheins, Baron von der Heydt, erst am 1. November 1870 sein Amt übernehmen konnte. Auch die Arrondissementseintheilung wurde zunächst beibehalten und die Stellen der Unterpräfekten mit deutschen Beamten besetzt. Sehr bald aber stellte sich die Nothwendigkeit heraus, die Zahl der Unterpräfekten zu vermehren und das Gebiet der Arrondissements zu verkleinern. Diese verkleinerten Arrondissements erhielten den Namen „Kreise", die Unterpräfekten den Namen „Kreisdirektoren" [1]. Daß die bisher zu dem Departement der Vogesen

[1] Die neue Kreiseintheilung erfolgte durch die Verordnungen vom 11. Dezember 1870, vom 11. und 24. Januar 1871. Die Bezeichnung „Kreisdirektor" stammt aus den Jahren 1813 und 1814, wo in den besetzten Gebieten sofort der französische Unterpräfekt in einen deutschen „Kreisdirektor" verwandelt wurde.

gehörigen Kantone Schirmeck und Saales, soweit sie im Quellengebiet des Breuschflusses liegen, mit dem Departement Nieder-Rhein durch die königliche Ordre vom 7. November vereinigt wurden, ist schon oben erwähnt worden.

Bei der weitern Organisation der Verwaltung kam zunächst das Verhalten der französischen Beamtenschaft in Frage. Oestreich hatte im Jahre 1866 bei dem Einrücken des Feindes in Böhmen alle seine Beamten, sowie die ganze Polizeimannschaft zurückgezogen und in Folge dessen war die ganze Civilverwaltung in Stillstand gerathen. Die Occupation durch die preußische Armee dauerte zu kurze Zeit, als daß es möglich gewesen wäre, eine neue Verwaltung in Gang zu setzen. Hierdurch war der Bevölkerung unzweifelhaft ein schwerer Schaden zugefügt worden. Man hat aus diesem Umstand geschlossen, daß es eine Pflicht der Beamten, wenigstens derjenigen, welche kein eigentlich politisches Amt bekleiden, sei, in ihrem Amte auszuharren und ihre Verwaltung im Orts- und Landesinteresse fortzuüben, wenn die feindliche Kriegsgewalt sie nicht daran hindere. Um so viel wie möglich der Bevölkerung die Lasten des Krieges zu erleichtern, sollen sie sich der Autorität der besetzenden Kriegsgewalt soweit fügen, als dieselbe völkerrechtlich begründet ist. In Uebereinstimmung mit diesen, namentlich von Bluntschli (Völkerrecht, S. 541) aufgestellten Sätzen hat der Civilkommissär in seiner Proklamation vom 30. August 1870 verkündet:

In der betreffenden Verordnung des Generalgouverneurs des Großherzogthums Berg, Justus Gruner, vom 3. Dezember 1813 heißt es in Bezug hierauf: „Namen und Formen sind an sich nicht wesentlich; aber da sie hier einen Theil der entehrenden Mittel ausmachten, um Deutsche zu Knechten von Fremdlingen herabzusetzen, so müssen sie jetzt um somehr weichen, als jedes brave Volk das Recht hat, in seiner Sprache regiert zu werden."

„Alle Behörden und Beamten bleiben in ihren Posten, Funktionen und in ihrem bisherigen Diensteinkommen, soweit ihr eigenes Verhalten eine Abweichung nicht nothwendig macht. Dies geschieht in der Voraussetzung, daß alle Beamten fortfahren, ihr Amt mit Treue und Gewissenhaftigkeit wahrzunehmen. Dieser Standpunkt begründet sich in der Natur der Dinge, aber auch im Interesse des Landes und seiner Bewohner, und findet in politischen Sympathieen kein Hinderniß. Die Amtspflicht ist eine Ehrenpflicht. Von den Beamten wird für die treue Erfüllung ihrer Amtsobliegenheiten kein anderes Pfand verlangt, als ihre Ehre und ihr Gewissen, die ihnen jede Handlung oder Unterlassung verbieten, welche das Interesse der jetzigen Landesverwaltung verletzt..... Das gemeinsame Ziel ist, durch eine geordnete Verwaltung für die Bewohner des Elsasses den Druck einer schweren Zeit möglichst zu erleichtern" [1]. Auch die Erfahrungen des Krieges von 1870—1871 haben dargethan, daß durch den Wegzug aller Beamten die Bevölkerung schweren Schaden erleidet. Indessen hat es sich auch andrerseits gezeigt, daß es für alle Staatsbeamte, auch wenn sie kein politisches Amt bekleiden, nur ausnahmsweise möglich

[1] Indem man die nicht politischen Beamten zu veranlassen suchte im Amte zu bleiben, glaubte man in erster Linie der Bevölkerung einen Dienst zu leisten. Es zeigt deßhalb von einem lächerlichen Mißverständniß, wenn Hr. Albert Dumont, in seiner kleinen Schrift: L'Administration et la Propagande prussienne en Alsace, 1871, p. 21, ausruft: « Ce sont là des services que vous pouvez demander les armes à la main, que vous pouvez exiger par le droit du plus fort; mais faire appel à l'honneur, c'est vraiment parler une langue que vous ne comprenez pas. L'honneur de la France est-il donc si différent de celui des autres nations? disait naguère M. de Bismarck; de l'honneur allemand, de cette *Ehrenpflicht* que vous invoquez? Mille fois oui! »

ist, auf ihrem Posten zu verharren. Sie haben in ihrer Stelle die Aufgabe, das Staatsinteresse zu wahren. Da nun aber der Feind die Gewalt über das Land innehält, so müßten sie, wenn sie bleiben, sein Interesse wahren und seine Befehle zur Ausführung bringen. Hierin liegt ein Widerspruch, der es in der That allen unmittelbaren Staatsbeamten mit ihrer Ehre unverträglich erscheinen läßt, sich der feindlichen Gewalt zu fügen. Wird für die Bevölkerung die Kriegslast dadurch um so drückender, so ist dies als Folge des Krieges hinzunehmen. Auch wird durch den Wegzug aller Beamten dem Feinde selbst ein sehr großer Schaden zugefügt. Er muß alle Organe zur Ausführung seiner Anordnungen neu schaffen; dieselben sind mit Land und Leuten unbekannt und werden sich erst nach längerer Zeit in ihre neue Aufgabe finden. Eine Pflicht im Amte zu bleiben, existirt jedenfalls für die Beamten nicht und deßhalb dürfen sie auch vom Feinde hierzu nicht gezwungen werden. Wohl aber sind sie verpflichtet, sich der Amtshandlungen zu enthalten, wenn sie sich dem Feinde nicht fügen wollen, und alle Urkunden oder sonstige Gegenstände, welche sie auf Grund ihres Amtes zu verwahren haben, an die neuen Gewaltinhaber auszuliefern [1].

In Elsaß-Lothringen haben alle höhere Beamte sofort nach der Besitznahme ihr Amt verlassen; von den untern Beamten sind viele im Dienst geblieben und erst als ein Dekret Gambettas vom 30. November 1870 ihnen bei Verlust ihrer Pensionsansprüche und ihrer Caution befahl, sofort den Dienst zu verlassen, hat sich eine große Zahl dadurch einschüchtern lassen und ihre Entlassung genommen [2]. Ist der Feind auch nicht berech-

[1] Verordnung vom 12. September 1870, Art. 4, 5, 8. Die bezüglichen Vergehen gehören vor die Kriegsgerichte.

[2] Hiernach ist die von Dumont gegebene Darstellung (S. 42)

tigt, gegen diejenigen Beamten, die ihr Amt aufgeben, mit Strafe einzuschreiten, so darf er doch gegen sie diejenigen Maßregeln ergreifen, die er nothwendig hält für seine Sicherheit. So ist er unzweifelhaft berechtigt, allen frühern Beamten, deren feindseligen Einfluß auf die Bevölkerung er fürchtet, den Aufenthalt in dem besetzten Gebiet zu versagen, sie auszuweisen. Dies geschah im Elsaß mit fast allen höhern Beamten. Man ist hierin vielfach über das Maß des unbedingt Nothwendigen hinausgegangen, und namentlich erfolgten im Monat Januar 1871, als im Elsaß in Folge des Bourbakischen Feldzugs eine große Aufregung herrschte, zahlreiche Ausweisungen früherer Beamten, deren Begründung im einzelnen Falle nicht immer stichhaltig erschien. Hierbei ist von den untern Organen der deutschen Verwaltung in übertriebenem Amtseifer auch Manches gesündigt worden. Jedenfalls aber steht es den Franzosen, die alle in Frankreich wohnenden Deutschen mit der größten Schonungslosigkeit ausgetrieben haben, schlecht an, in sittlicher Entrüstung über die deutsche Grausamkeit zu klagen [1]. Erscheint ein Beamter besonders gefährlich als Parteiführer, so kann der Feind ihn in Kriegsgefangenschaft nehmen, wie feindliche Offiziere, weil sie, wie diese, die Macht des Gegners verstärken und vergrößern, oder Schwierigkieten und Verlegenheiten bereiten können. Die offenbar aktive feindliche Gesinnung gibt Anlaß und

---

zu berichtigen. Daß die wenigen französischen Beamten, die im Amte geblieben sind, sich geweigert hätten, von deutscher Seite ihren Gehalt zu beziehen, ist eines der vielen Mährchen, die Hr. Dumont vorbringt. Wohl aber sind Fälle vorgekommen, daß Beamte, die ihren Gehalt von Frankreich schon bezogen hatten, ihn noch einmal von deutscher Seite in Empfang nahmen. Ueber die Richter und ihre Stellung werden wir später sprechen.

[1] Wie dies Hr. Dumont (S. 51, 52) thut.

Grund, sich dieser Feinde zu bemächtigen. Ein Fall dieser Art war die Gefangennahme des republikanischen Präfekten von Straßburg, Hrn. Valentin, der nach der Kapitulation zum Kriegsgefangenen gemacht und nach der Festung Ehrenbreitstein verbracht wurde. Die Maßregel war begründet, weil über ihn zuverlässige Berichte vorlagen, die ihn als einen tollkühnen Parteigänger schilderten, der vermöge seiner vielen Verbindungen im Lande durchaus geeignet sei, einen Guerillakrieg in den Vogesen zu führen. Die Art nnd Weise, wie Valentin während der Belagerung mit größter Lebensgefahr durch die deutsche Armee hindurch in die Stadt gedrungen war, bestätigte diese Mittheilungen, und da gerade zur Zeit der Kapitulation das Franktireurwesen um sich griff, so war die Gefangennahme Valentins nur eine Maßregel der einfachsten Vorsicht[1].

---

[1] Vgl. Bluntschli, Völkerrecht (§ 594). Morin, II, S. 230. Valentin hat gegen seine Gefangennahme protestirt und an den amerikanischen Gesandten in Berlin am 11. Oktober 1870 eine Beschwerde wegen Verletzung des Völkerrechts gerichtet. (Dieselbe ist abgedruckt bei Schneegans, La Guerre en Alsace, I, p. LIII.) Er sagt darin: «Au moment de la capitulation de Strasbourg, MM. les délégués de M. le général Uhrich ayant proposé un article spécialement destiné à admettre le préfet du Bas-Rhin à partager le sort de la garnison, cet article a été écarté sur l'affirmation de MM. les officiers allemands, qu'il était superflu et qu'il allait de soi-même que les garanties implicitement et explicitement stipulées en faveur de tous les employés civils du gouvernement français résidant à Strasbourg s'étendraient au préfet lui-même.» Die Unrichtigkeit dieser Darstellung ergibt sich schon daraus, daß in der Kapitulation weder implicitement noch explicitement von den Civilbeamten die Rede ist. In Art. 4 werden nur Bestimmungen getroffen über die Offiziere und Militärbeamten (officiers et les fonctionnaires ayant rang d'officiers de tous les corps de troupes de l'armée française). Daß der Präfekt

Was schließlich die Gemeindebeamten betrifft, so blieben dieselben ohne Ausnahme in ihrem Amte. Da sie nicht das Interesse des Staates, sondern das Interesse ihrer Gemeinden zu vertreten haben, und ihr Amt keinen politischen Charakter trägt, so muß es geradezu als die Pflicht der Gemeindebeamten bezeichnet werden, in so schwierigen Zeiten die Gemeinde nicht ohne Leitung zu lassen. Indem sie unter der Autorität der deutschen Regierung ihr Amt weiter führten, machten sie sich keiner Verletzung ihrer Pflichten gegen das Vaterland schuldig, sondern erfüllten nur die Aufgabe, zu der sie berufen waren. Die deutsche Regierung nahm sofort diejenigen Rechte in Bezug auf die Gemeinde-Verwaltung in Anspruch, welche nach der französischen Gesetzgebung der Regierung zustehen, ohne sich in die innern Verhältnisse der Gemeinde-Verwaltung mehr, als die Gesetze selbst es vorschrieben, einzumischen. In dem Berichte zu der Vorlage des Budgets der Stadt Straßburg für das Jahr 1872 erklärte der Maire von Straßburg (Juni 1871): „Was den gewöhnlichen Verwaltungsdienst betrifft, so haben zahlreiche und formelle Zusicherungen dem Lande Elsaß-Lothringen die communale Selbstständigkeit angekündigt. In der That hat sich seit acht Monaten die obere Verwaltungsbehörde nicht in das Detail unserer Verwaltung gemischt, mit Ausnahme der Aufnahme eines Anlehens bei der Bank, einer Maßregel, welche der Genehmigung des Präfekten des Nieder-Rheins unterbreitet wurde."

---

nicht zu den letztern gehörte, kann wohl keinem Zweifel unterliegen. Glaubwürdige Zeugen versicherten unmittelbar nach der Kapitulation dem Verfasser dieser Zeilen, daß bei den Verhandlungen über die Kapitulation von dem Präfekten überhaupt gar nicht die Rede gewesen ist. — Die Anordnung, den Präfekten Valentin zum Kriegsgefangenen zu machen, war direkt von dem Bundeskanzler ausgegangen.

Nach der Kapitulation der Stadt Straßburg lag der Fall vor, daß der Maire der Stadt in unregelmäßiger Weise zu dem Amte gelangt war. Während der Belagerung, nach Proklamirung der Republik, hatte der bisherige Maire Humann sein Amt niedergelegt (13. September 1870) und die Municipalcommission hatte eines ihrer Mitglieder zum Maire erwählt. Der commandirende General der Festung hatte zwar durch Beschluß vom 15. September diese Wahl genehmigt und den erwählten Herrn Küß zum Maire ernannt. Indessen erschien die Legalität dieser Ernennung doch zweifelhaft und nach der Kapitulation wandte sich der Maire an den Präfekten mit dem Ersuchen, diese Frage zu entscheiden. Graf Luxburg antwortete, die deutsche Regierung habe nicht zu untersuchen, auf welche Weise die Beamten, die sie vorfinde, zu ihrem Amte gelangt seien, sondern sehe alle diejenigen, welche sich im Augenblicke der Occupation im Amte befunden haben, als Träger des Amtes an.

Kapitel III.

Förderung der militärischen Zwecke.

Die nächste Aufgabe, welche der neuen Verwaltung, die im Elsaß unter dem Generalgouverneur eingesetzt worden war, oblag, bestand selbstredend darin, für die Bedürfnisse des Heeres Sorge zu tragen. So lange der Krieg währte, mußte dies das vorherrschende Interesse sein. Je mehr der Krieg sich in die Länge zog, je schwieriger die Versorgung eines Heeres von ungefähr einer Million Menschen wurde, das sich tief in Feindesland während eines strengen Winters befand, um so größere Anstrengungen erforderte es, dieser Aufgabe Genüge zu leisten. Die Darstellung der vielfachen Maßregeln und Einrichtungen, welche mit einer bewundernswerthen Ordnung in einander griffen und auf dem Gebiete der Heeresverpflegung als epochemachende Leistungen dastehen, wird unzweifelhaft ein außerordentlich interessantes Kapitel der Geschichte des großen Krieges bilden. An dieser Stelle haben wir indessen nur einige völkerrechtliche Fragen zu berühren, welche auch für die elsässische Verwaltung von Wichtigkeit wurden und zu manchen Schwierigkeiten Veranlassung gaben. Insbesondere war es nothwendig über das Recht, Requisitionen zu machen und Zwang zu Dienstleistungen gegen Landeseinwohner auszuüben, feste

Grundsätze aufzustellen, welche für die untern Behörden als Normen dienen konnten.

a) Das Recht, Requisitionen zu machen. Zu allen Zeiten und von allen Lehrern des Völkerrechts ist anerkannt worden, daß der kriegführenden Macht in dem von ihr besetzten Feindeslande das Recht zusteht, die Bedürfnisse des Heeres durch Auflegung von Lieferungen und durch Einquartierung und Verpflegung in den Häusern der Bewohner zu decken. Das Requisitionsrecht gibt dem Occupanten das Recht, die für militärische Zwecke nothwendigen beweglichen Gegenstände, die sich im Eigenthum von Privatpersonen befinden, sich anzueignen und die unbeweglichen nach seinem Bedürfniß zu benützen[1]. Es ist ein dem Feinde zustehendes Expropriationsrecht. Allgemein wurde bis in die neuere Zeit angenommen, daß diese

[1] Der Verfasser des neuesten Handbuchs des Völkerrechts, Calvo (Le Droit international, II, p. 188) behauptet, zuerst von allen Lehrern des Völkerrechts, den begrifflichen Unterschied zwischen Requisitionen und Contributionen festgestellt zu haben. Dieser Anspruch beruht nur auf der auch an vielen andern Stellen des Werks hervortretenden Flüchtigkeit des Verfassers. Schon längst sind beide Begriffe scharf von einander getrennt worden, wie jedes Lehrbuch des Völkerrechts zeigt. (Vgl. z. B. Bluntschli, § 653 und 654). Auch in der Praxis ist der Unterschied zwischen Requisitionen und Contributionen immer anerkannt worden. (Vgl. z. B. den französischen Kommissionsbericht über das französische Gesetz betreffend die Vergütung der Kriegsschäden, erstattet von Grevy in der Sitzung der Nationalversammlung vom 26. Mai 1871.) Auch die Angabe, die Calvo auf die Autorität von de Garden hin (Traité complet de diplomatie, II, p. 207) macht, daß das Requisitionsrecht zuerst von Washington in dem nordamerikanischen Befreiungskrieg zur Anwendung gebracht worden und von ihm der Name erfunden worden sei, ist durchaus falsch. Requisitionen sind gemacht worden, seitdem überhaupt Krieg geführt wird.

Lieferungen unentgeltlich zu geschehen haben, und daß weder der feindliche noch der heimathliche Staat zu einer Entschädigung der Bewohner verpflichtet seien. Auf dieses Recht der Requisition kann kein Staat selbst nicht innerhalb seines Gebiets, viel weniger aber im Feindeslande verzichten. Ist das Verpflegungswesen eines Heeres noch so sehr geordnet und vervollkommnet, so wird es, wenn der Krieg nicht in kurzer Zeit beendet wird, doch geradezu unmöglich sein, alle Bedürfnisse eines großen Heeres durch Mitführung oder Nachsendung der Vorräthe völlig zu befriedigen. Auch in dem Lande eines Verbündeten wird ein Heer ohne Requisitionen auf die Dauer nicht zu verpflegen sein. Im Falle die Armee aber in Feindesland steht, kommt hinzu, daß der vordringende Staat unter allen Umständen wenigstens behaupten wird, zu dem Kriege genöthigt worden zu sein, und sich deßhalb in einem gerechten Krieg zu befinden. Der Gegner, der den Krieg verursacht habe, sei auch mit Recht verpflichtet, alle Lasten des Krieges zu tragen und zunächst seien die Gemeinden und die einzelnen Bewohner des Landes für die Sünden ihrer Regierung haftbar. Sie seien deßhalb gehalten, die ihnen auferlegten Lasten zu tragen.

Sobald man überhaupt den Krieg als eine völkerrechtliche Institution zugibt, wird sich auch gegen diese Argumentation nichts einwenden lassen. Nur wird es sich fragen, ob die von den feindlichen Requisitionen in zufälliger Weise getroffenen einzelnen Gemeinden und Bewohner nicht einen Anspruch auf Vergütung dieser Leistungen haben. Bluntschli hält die Kriegsgewalt, welche in Ermangelung der angeordneten Lieferungen von Lebensmitteln, Kleidern, Waffen, Geräthschaften, deren das Heer dringend bedarf, auf dem Wege des Zwangs Abtretung von Privateïgenthum verlangt, zur angemessenen Entschädigung für verpflichtet. Andererseits hält er aber Re=

quisitionen ohne Entschädigung für gerechtfertigt, soweit diese Leistungen der Kriegssitte und Uebung gemäß als öffentliche Pflichten zu betrachten sind. Wie man sieht, wird es nach diesen Sätzen kaum möglich sein, zuvergütende und nicht zuvergütende Leistungen im praktischen Falle zu unterscheiden[1]. Morin sieht in jeder Requisition, für die der Feind nicht sofort eine Entschädigung zahlt, eine schwere Verletzung des Völkerrechts und findet in Folge dieser neuen Ansicht Gelegenheit, auszurufen: „Was Preußen betrifft, so trägt dasselbe weder dem Völkerrecht Rechnung, welches die Achtung des Privateigenthums vorschreibt, noch den Bedingungen des französischen Gesetzes, nach welchem die Requisition von Naturalien zur Bezahlung des Preises der requirirten Gegenstände verpflichtet. Preußen treibt den Mißbrauch des Requisitionsrechtes da, wo es ihm gut dünkt, bis zu den verdammenswerthesten Ausschreitungen[2]". Die von Morin gegen die barbarischen Preußen erhobenen Vorwürfe zeigen sich aber auch diesmal völlig grundlos. Ja, es existirt sogar in Frankreich gar kein Gesetz, welches den Bewohnern auch nur für die von den französischen Behörden selbst gemachten Requisitionen einen Anspruch auf volle Entschädigung gewährte. Vielmehr hat der französische

[1] Bluntschli, Völkerrecht, § 655: „Das Nothrecht des Kriegs rechtfertigt sogar den gewaltsamen Eingriff in das Privateigenthum, aber nur gegen Entschädigung, für welche nach natürlichen Rechtsgrundsätzen zunächst der Fiskus des Staats haftet, welcher diese Habe wegnimmt und für seine Interessen verwendet." Dagegen § 633: „Die herrschende Kriegsgewalt ist berechtigt, die durch die Kriegsführung nothwendig gewordenen Leistungen von der Bevölkerung... ohne Entschädigung zu fordern, soweit diese Leistungen der Kriegssitte und Uebung gemäß als öffentliche Pflichten anzusehen sind."

[2] Morin, Les lois relatives à la guerre, I, p. 390 u. ff.

Staat nur nachträglich in den einzelnen Fällen eine bestimmte Summe gewährt, um bis zur Höhe dieser Summe eine theilweise Entschädigung zu vertheilen[1]. Auch für die Vergütung der von den französischen Militär- und Civilbehörden während des Krieges von 1870 und 1871 erhobenen Requisitionen ist erst nachträglich durch das Gesetz vom 13. Juni 1871 Sorge getragen worden. Aber selbst wenn für die von den französischen Behörden erhobenen Requisitionen in Frankreich eine volle Entschädigung gefordert werden könnte, so wäre damit doch noch nicht bewiesen, daß der Feind ebenfalls keine Requisitionen ohne Vergütung machen könnte. Das praktische europäische Völkerrecht hat das Recht der unentgeltlichen Requisitionen bisher anerkannt, und ein Landesgesetz kann selbstverständlich das Kriegsrecht, nach welchem der Feind sich zu richten hat, nicht aufheben. Morin stellt zwar die kühne Behauptung auf: „Frankreich hat zu allen Zeiten vermieden, dem feindlichen Lande die Last des Unterhalts der Truppen, die es in das Feld sandte, aufzuwälzen[2]". Aber man kann wohl kaum eine Behauptung aufstellen, die in größerm Widerspruch mit den Thatsachen stünde, als die angeführte. Wir können es uns ersparen, Beispiele aus der französischen Praxis der letzten 100 Jahre anzuführen, die überall bekannt genug ist. Aber das amtliche Gutachten des französischen Kriegsministers aus dem Jahre 1821 sei ihm entgegengehalten, der über das Requisitionsrecht folgender-

[1] Dekret vom 16. August 1973, Gesetz vom 8. Frimaire des Jahres II, Gesetz vom 29. April 1815 und vom 23. April 1816. Vgl. Paul Collet, De la réparation des dommages causés par les invasions de 1814 et 1815, in der Revue critique de législation et de jurisprudence, 1872, p. 447-470.

[2] Morin, a. a. O., I, S. 425.

maßen urtheilt: „Bei seinem Eintritt in das Herzogthum Wilna setzte das Oberhaupt des französischen Staats, welches in eigner Person das Heer befehligte, eine Kommission ein, welche aus den angesehensten Einwohnern bestand und welche zur Aufgabe hatte, für die Verpflegung der französischen Armee Sorge zu tragen, sei es mittels Requisitionen von Naturalien, sei es auf jede andere Weise. Der französische Staatsschatz blieb diesen Requisitionen fremd; denn das Land war verpflichtet, die Armee zu ernähren [1]."

Die von Bluntschli aufgestellte Forderung, daß der Feind selbst für die von ihm requirirten Gegenstände Entschädigung zu zahlen habe, erscheint nicht begründet und nicht durchführbar. Der Feind geht von der Ansicht aus, daß der Krieg von dem Gegner ungerechter Weise begonnen oder hervorgerufen worden sei. Er erhebt deßhalb den Anspruch, daß der Gegner die Kosten des Krieges zu tragen habe. Folglich hat Letzterer auch die Entschädigungen zu zahlen für die Requisitionen, die der Feind in seinem Gebiete vorzunehmen genöthigt war. Ob der heimische Staat diese Verpflichtung der Vergütung anerkennt, ist dann allerdings eine Sache des innern Staatsrechts, nicht des Völkerrechts. Demgemäß liegt auch die Lücke, die hier auszufüllen ist, nicht auf dem Gebiete des Völkerrechts, sondern auf dem Gebiete des Staatsrechts. Es ist aber durchaus eine Forderung der Gerechtigkeit und Billigkeit, daß den Privaten und Gemeinden für die Leistungen, zu denen sie von dem occupiren-

[1] Auch in dem obenangeführten Kommissionsbericht der französischen Nationalversammlung wird es als ein unbestrittener Grundsatz des Völkerrechts anerkannt, daß der Occupant in einem feindlichen Lande Requisitionen ohne Vergütung erheben kann. — Die angeführte Aeußerung des französischen Kriegsministers bei Dalloz.

den Feind gezwungen wurden, eine Entschädigung gegeben werde. Der Schaden, den sie erlitten haben, ist nicht durch Zufall entstanden, den derjenige zu tragen hätte, der davon betroffen wird, sondern er ist durch den Krieg entstanden und der Krieg ist durch den Staat veranlaßt worden. Der Staat und in dem Staat die Gesammtheit des Volkes sind es, die die Verantwortlichkeit zu tragen haben; nicht der Einzelne. Und so soll auch nicht der Einzelne, sondern die Gesammtheit die von dem Krieg verursachten Schäden tragen. Es ist ungerecht, die Bewohner derjenigen Landestheile, die zum Kriegsschauplatz dienen mußten, allein leiden zu lassen. Von jedem Staate sollte gesetzlich das Prinzip anerkannt und ausgesprochen sein, daß für alle Kriegsleistungen, seien sie von dem Staate selbst oder von dem Feinde angeordnet worden, sowie für alle Beschädigungen, welche die Bewohnern durch Beschießung, Brandlegung zu militärischen Zwecken u. s. w. erlitten haben, von dem Staate eine Vergütung gewährt werde. Ist der betreffende Staat siegreich, so wird er die hierzu nöthigen Summen aus den von dem unterliegenden Feinde zu leistenden Kriegskosten entnehmen können. Unterliegt er selbst, dann wird er die Entschädigungen, auch wenn sie nach dem von Bluntschli aufgestellten Grundsatze der Feind bei den Requisitionen gezahlt hätte, diesem in den Kriegskosten zurückerstatten müssen. Die Verpflichtung des Staats aber, seinen Bürgern für die Kriegsleistungen Vergütung zu gewähren, ist ebenso begründet, wie seine Verpflichtung bei Expropriationen Entschädigung zu zahlen.

Dieser Verpflichtung des einheimischen Staats, die Vergütung zu leisten, wird nur die völkerrechtliche Pflicht des occupirenden Feindes entsprechen, über jede Requisition, die er vorgenommen hat, eine formelle Bescheinigung auszustellen, um eine spätere Vergütung zu ermöglichen.

In der Ausübung muß das Requisitionsrecht beschränkt sein durch die Bedürfnisse des Heeres, aber auch nur durch diese. So unzweifelhaft es ist, daß das Requisitionsrecht nicht mißbraucht werden darf, zur Bereicherung u. s. w. von Soldaten und Offizieren, und daß es dann, wenn dies geschieht, zu einer verbrecherischen Handlung benutzt wird, so unzweifelhaft kann es unter Umständen mit vollem Recht auf alle möglichen Gegenstände ausgedehnt werden, die zur Verpflegung und zum Transport der Truppen erforderlich sind. Diese Grundsätze sind von dem deutschen Heer im Kriege 1870/71 beobachtet worden. Daß manche Requisitionen ausgeschrieben wurden, die unnöthig oder übertrieben oder auch kleinlich waren, kann freilich nicht geläugnet werden. Aber allen gehässigen Anschuldigungen der Franzosen gegenüber darf behauptet werden, daß von Seiten der obersten Militärbefehlshaber alles geschehen ist, um das Requisitionswesen in den völkerrechtlichen Schranken zu halten. Die Armeebefehle des Königs und der einzelnen Generale, welche bei dem Einrücken in Frankreich erlassen wurden, schreiben allen Offizieren die größte Gewissenhaftigkeit bei Ausübung des Requisitionsrechts als Pflicht vor. Die Proklamation des Königs vom 11. August 1870 und die auf Grund derselben erlassenen Proklamationen der Oberbefehlshaber der einzelnen Armeen bestimmen: „Die Einwohner haben zu liefern, was zur Erhaltung der Truppen nothwendig ist. Das Maaß dieser nothwendigen Requisitionen ist genau angegeben. Diese Requisitionen dürfen von allen Befehlshabern von detachirten Corps ausgeschrieben werden. Außerordentliche Requisitionen, welche im Interesse der Armee für nothwendig befunden werden, können nur durch Generale und die deren Funktionen ausübenden Offiziere verfügt werden. *Unter allen Umständen darf von den Einwohnern nur ge-*

fordert werden, was zum Unterhalt der Truppen nothwendig ist, und werden hierfür amtliche Bons ausgestellt[1]".

Allerdings bildeten, selbst da wo diese Grundsätze genau beobachtet worden sind, die Requisitionen eine schwere Last für die Bevölkerung, eine Last, die eine nicht zu vermeidende Folge des Krieges war. Im Elsaß hatten in weitaus den meisten Gemeinden die Gemeinden die Tragung dieser Last auf sich genommen, so daß die Einzelnen nicht so schwer darunter zu leiden hatten. Für die Stadt Straßburg belief sich der Werth der von ihr geleisteten Requisitionen vom 27. September 1870 an bis zum Tage des Präliminarfriedens, dem 26. Februar

[1] Die königliche Proklamation vom 11. August ist häufig abgedruckt, z. B. bei Hahn, Der Krieg Deutschlands gegen Frankreich, S. 451. — Für die Leichtfertigkeit mit der Hr. Morin die schwersten Anklagen gegen die deutsche Kriegsführung erhebt, sei es erlaubt, ein weiteres Beispiel anzuführen. Band I, Seite 426, citirt er die Proklamation des Königs vom 11. August 1870, in welcher die Armeeführer angewiesen werden, über das Requisitionswesen besondere Bestimmungen zu treffen. Dies geschah in den von allen Oberbefehlshabern der Armeen erlassenen, im wesentlichen gleichlautenden Proklamationen, welche die angeführten genauen Bestimmungen enthalten. Dieselben sind in ihrem Inhalte nach abgedruckt in der Revue de droit international, II, p. 690. Sie mußten also Hrn. Morin bekannt sein. Trotzdem führt er sie nicht an, sondern schreibt: « Au lieu d'une loi ou ordonnance qui aurait fixé avec avertissements les droits respectifs, genre de réglementations où seraient quelques garanties, il n'y avait là qu'une permission dont abusaient les chefs de corps, pour imposer toutes prestations par voie de réquisition avec exécution militaire etc. » Hier wie überall in dem Werke zeigt es sich, daß das weitläufige, zweibändige Werk von Morin keine wissenschaftliche Arbeit, sondern nur ein von politischem Haß dictirtes und von kleinlicher Rachsucht erfülltes Pamphlet ist.

1871, auf die Summe von 500,000 Fr. Indessen sind diese wie alle andern Kriegsleistungen nach dem deutschen Gesetze vom 14. Juni 1871 vergütet worden, nach Maßgabe der über die Vergütung der Kriegsleistungen im Norddeutschen Bunde bestehenden gesetzlichen Bestimmungen. Die Vergütung erfolgte aus Reichsfonds. Die Entschädigung für die Kriegsleistungen war schon unmittelbar nach der Occupation des Landes in Aussicht genommen worden. Im Hinblick darauf war schon am 2. September 1870 an alle Maires eine Aufforderung von Seiten des Präfekten erlassen worden, alle Kriegsleistungen der Gemeinden und der Einzelnen genau zu verzeichnen und diese Verzeichnisse jeden Monat bei der Unterpräfektur einzureichen. Derartige Aufforderungen wurden mehrfach wiederholt, Formulare für diese Verzeichnisse gegeben; wiederholt wurde eingeschärft, daß Requisitionen nur gegen Ausstellung eines Bons durch den requirirenden Offizier geleistet werden sollen. Durch Gesetz vom 14. Juni 1871 wurde dann festgesetzt, „daß alle diejenigen Kriegsleistungen vergütet werden, welche von den Bewohnern von Elsaß-Lothringen im Laufe des letzten Kriegs auf Anordnung der deutschen Militärbehörden und gegen Anerkenntniß der letztern geleistet worden sind.“ Da trotz den Anweisungen viele Gemeinden ihre Ansprüche nicht durch militärische Anerkenntnisse belegen konnten, so übernahm es die Regierung, durch Correspondenz mit den betreffenden Truppentheilen nachträglich den Gemeinden solche Anerkenntnisse zu verschaffen. Es ist dadurch gelungen, eine große Zahl von Kriegsleistungen, deren Vergütung anfänglich nach dem Gesetze unzuläſſig erschien, zu belegen und zur Vergütung zu bringen.

Ueber die nach Maßgabe der gesetzlichen Bestimmungen zu gewährenden Vergütungen wurde für jeden einzelnen Fall durch eine Kommission endgiltig entschieden, welche vom Reichskanzler gebildet wurde. (Gesetz vom 14. Juni 1871, Art. 3.)

Die oben angeführten Sätze über Ausübung und Umfang des Requisitionsrechts sind aber nicht blos theoretisch anerkannt worden, sondern das Militärstrafgesetzbuch hat ihnen auch einen wirksamen strafrechtlichen Schutz gegeben. Jede Verletzung ist mit strengen Strafen bedroht. Das preußische Militärstrafgesetzbuch von 1845, das auf Grund des Art. 61 der Verfassung des Norddeutschen Bundes durch Verordnung vom 19. Dezember 1867 für das ganze norddeutsche Heer eingeführt und auch vom Großherzogthum Baden mit unwesentlichen Aenderungen durch Gesetz vom 14. Mai 1870 angenommen worden ist, war demnach für den weitaus größten Theil des deutschen Heeres während des Kriegs noch in Geltung. Darnach ist jede Aneignung von beweglichem Gute der Bewohner des feindlichen Staats ohne Erlaubniß des kommandirenden Generals mit strengem Arrest oder mit Festungsstrafe bis zu zwei Jahren, und nach Umständen zugleich mit Versetzung in die zweite Klasse des Soldatenstands bedroht (§ 146). Hat die Aneignung mit Androhung oder Ausübung von Gewalt stattgefunden, so tritt die Strafe der Plünderung ein, die in den schwersten Fällen in lebenslänglicher Festungshaft, ja in der Todesstrafe bestehen kann (§§ 148 und 149). Wer ohne dienstliche Befugniß Kriegsschatzungen oder Zwangsleistungen erhebt, ingleichen derjenige, welcher seine Requisitionsbefugnisse durch Mehrerhebung vorsätzlich überschreitet, soll mit Festungsstrafe bis zu drei Jahren, und wenn das Verbrechen mit Androhung oder Verübung von Gewaltthätigkeiten verbunden gewesen, mit Festungsstrafe bis zu zehn Jahren bestraft werden (§ 151). In schweren Fällen soll lebenslänge Festungshaft oder Todesstrafe eintreten. Daß der Thäter die Absicht gehabt hatte, sich selbst einen unerlaubten Gewinn zu verschaffen, gehört nicht zum Thatbestand des Verbrechens.

Die Erfahrungen des letzten Krieges haben indessen gezeigt, daß diese Strafbestimmungen zu hart und deßhalb auch nicht in allen Fällen zur Durchführung zu bringen sind. Im dringenden Nothfall muß es auch dem einzelnen Soldaten ohne besondere Erlaubniß gestattet sein, sich auf dem Wege der Requisition diejenigen Gegenstände zu verschaffen, die er zu seinem Unterhalte oder zur Krankenpflege unumgänglich nothwendig hat. Auch das Militärstrafgesetz kann nur dann sich im Leben einbürgern, wenn es die thatsächlichen Bedürfnisse des Kriegs berücksichtigt und der Nothlage, in der sich vielfach ein Heer in Feindesland befindet, Rechmung trägt. Das deutsche Militärstrafgesetzbuch vom 20. Juni 1872 hat deßhalb die Bestimmungen des preußischen Militärstrafgesetzes in einigen Punkten gemildert. Nach dem Vorgange des bayrischen Militärstrafgesetzes vom Jahre 1869 (§ 174) hat das deutsche Reichsgesetz in § 130 bestimmt, daß Plünderung nicht vorliegt, wenn die Aneignung nur auf Lebensmittel, Heilmittel, Bekleidungsgegenstände, Feuerungsmittel, Fourage oder Transportmittel sich erstreckt und nicht außer Verhältniß zu dem vorhandenen Bedürfnisse steht. Ob dies letztere der Fall ist oder nicht, ist eine Thatfrage, die nur der Richter unter Abwägung aller konkurrirenden Umstände beurtheilen kann. — Ferner ist nach § 129 die unbefugte Erhebung von Kriegsschatzungen oder Zwangslieferungen oder die Ueberschreitung des Maßes bei Requisitionen nur dann als Plünderung strafbar, wenn dies des eigenen Vortheils wegen geschieht. Im übrigen enthält das deutsche Militärstrafgesetzbuch in den §§ 127, 129, 130, 131 den preußischen analoge Bestimmungen, nur sind die Strafen dem ganzen Strafensystem des neuen Gesetzbuches gemäß bedeutend gemildert. Wir werden in dem Abschnitte VI auf das Militär- und Kriegsstrafrecht noch näher einzugehen haben.

b) Zwang zu persönlichen Leistungen. Ebensowenig wie die Lieferung von Gegenständen, die zum Unterhalt der Truppen dienen, kann ein Heer in Feindesland der persönlichen Dienste der Bewohner des Landes gänzlich entbehren. Insbesondere der Leistung von Fuhren zum Transport der Truppen, der Verwundeten, des Kriegsmaterials u. s. w. ist das Heer benöthigt, und da der occupirende Feind die höchste Gewalt im Feindeslande ausübt, so kann er auch, soweit die Nothwendigkeit ihn dazu drängt, die persönlichen Dienstleistungen der Einwohner in Anspruch nehmen.

Aber der Feind ist nicht Landesherr, der Unterthanenverband zwischen den Bewohnern des besetzten Gebiets und dem Staate dauert fort, und durch diesen Fortbestand der alten Staatsangehörigkeit, die auch der Feind anerkennen muß, ist er in dem Rechte, von den Einwohnern persönliche Leistungen zu verlangen, beschränkt. Er darf niemals außer Acht lassen, daß die Bewohner dem einheimischen Staate noch angehören, er darf deßhalb keine Dienste verlangen, die eine Verletzung ihrer Pflichten gegen das Vaterland in sich schlössen. Keine Dienste dürfen erzwungen werden, welche sich als unmittelbar feindselige Handlungen gegen das Vaterland darstellen und dem vaterländischen Heere Nachtheil bereiten. Zwang ist demnach nicht gestattet zum Eintritt in das feindliche Heer, zur Leistung von Spionendienste, zum Verrath von Plänen, zu Arbeiten bei einer Belagerung u. s. w. Auch zur Fortführung eines Staats-Amtes kann ein Zwang nicht angewandt werden. In den meisten Fällen werden die Pflichten, welche jedem Staatsbürger unter allen Umständen seinem Vaterlande gegenüber obliegen, sich nicht mit den Pflichten vereinigen lassen, die für ihn aus der

Verwaltung eines Staatsamtes unter der Autorität und zum Nutzen des Feindes entspringen würden. Es wird deßhalb dem Einzelnen überlassen bleiben müssen, für sich selbst zu entscheiden, ob und in wie weit er unter dem Feinde ein öffentliches Amt fortzuführen oder zu übernehmen im Stande ist, ohne seine Bürgerpflicht gegen sein Vaterland zu verletzen. Ein Zwang hierzu erscheint aber als Unrecht[1]. Ebenso halten wir die Anwendung von Zwang, um Einwohner des besetzten Landes zu nöthigen, Führerdienste zu thun, für unerlaubt. Denn wer dem feindlichen Heere als Führer dient, fügt damit dem Heere des eigenen Landes einen direkten Nachtheil zu. Dagegen geht Morin offenbar zu weit, wenn er (Band I, S. 419) den Satz aufstellt: „Der Einwohner und der Beamte des occupirten Gebietes haben eine Pflicht und einen Willen, welche zu brechen Niemand die Gewalt hat. Der gewaltthätige Zwang ist selbst dann ungerechtfertigt, wenn die Weigerung einen Dienst zu leisten mit Strafe belegt werden kann.“ In allen Fällen vielmehr, in welchen ohne Verletzung der Treue gegen das Vaterland ein Dienst geleistet werden kann, ist der Feind berechtigt, diese Dienstleistung nicht nur durch Androhung von Strafen zu fordern, sondern auch zur Erreichung seines Zweckes direkten persönlichen Zwang anzuwenden. So können Fuhren requirirt werden, und die Fuhrleute, welche böswillig ihr Fuhrwerk verlassen, können mit strengen Strafen bedroht werden[2].

[1] Wenn Rolin-Jaecquemins (Revue III, p. 334) dem Occupanten das Recht zuschreibt, Steuerbeamte und andere Beamte der technischen Verwaltungszweige zur Fortsetzung ihres Dienstes zu zwingen, so geht er meines Erachtens zu weit.

[2] Verordnung des Generalgouverneurs im Elsaß vom 30. Dezember 1870: „Zu militärischen Zwecken requirirte Fuhrleute, welche durch böswilliges Verlassen ihrer Fuhrwerke den Truppen Schaden zufügen, werden — insofern nicht das summarische kriegs-

Die Arbeit von Handwerkern kann verlangt werden, wenn sie nicht eine unmittelbar feindselige Handlung gegen das vaterländische Heer enthält. Der gegen Buchdrucker ausgeübte Zwang, die Proklamationen und andere Verkündigungen des Feindes zu drucken, ist nicht, wie Morin glaubt, eine Verletzung des Völkerrechts.

Bleiben Beamte freiwillig in ihrem Amte, so sind sie nun auch verpflichtet, alle Funktionen des Amtes zu erfüllen und den feindlichen Behörden Gehorsam zu leisten. So ist es auch völlig gerechtfertigt, wenn die Maires der Gemeinden angehalten worden sind, Mittheilung zu machen, wenn sich Freischaaren innerhalb der Gemeindegemarkung zeigten. Denn da sie in ihrem Amte geblieben sind, so haben sie auch die Pflicht, alles zu thun, was zur Aufgabe ihres Amtes gehört, insbesondere haben sie für die Aufrechthaltung der Ordnung und Sicherheit innerhalb des Orts Sorge zu tragen, also auch den Behörden von dem Erscheinen von feindlichen Banden Anzeige zu machen. Ist eine Eisenbahn, eine Brücke, eine Straße zerstört worden, so ist der Feind unzweifelhaft berechtigt, die Bewohner des Landes zur Wiederherstellung zu zwingen [1]. Ein

---

rechtliche Verfahren und Todesstrafe nach Maßgabe der Verordnung vom 21. Juli 1867 eintreten — mit Gefängniß bis zu fünf Jahren bestraft und von dem ständigen Kriegsgericht abgeurtheilt."

Für die Stadt Straßburg wurde durch Verordnung vom 12. Dezember 1870 bestimmt, daß jeder Fuhrherr, der den requirirten Wagen nicht oder nicht zu rechter Zeit schickt, mit einer Strafe von 100 Franken belegt werden soll. Hiervon soll zunächst die Miethe des Wagens bezahlt werden, der Rest aber der Armenkasse der Stadt anheimfallen. (Straßburger Zeitung vom 14. Dezember 1870.)

[1] Ueber die Strafen einer verweigerten Leistung werden wir weiter unten in Abschnitt V zu sprechen haben.

derartiges Requisitionsrecht kann eine Armee in Feindesland nicht entbehren.

In Elsaß-Lothringen war es, abgesehen von den Requisitionen von Fuhrleuten, nur selten nothwendig, persönliche Dienste zu erzwingen. Da alle persönlichen Leistungen, die erforderlich waren, nur gegen hohen Lohn in Anspruch genommen wurden, so weigerten sich die Arbeiter und Handwerker selten, die ihnen übertragenen Aufträge auszuführen. Von einigen französischen Schriftstellern ist die Fabel verbreitet worden, bei der Belagerung von Straßburg seien die Bewohner von den Deutschen gezwungen worden, an den Belagerungsarbeiten mitzuschaffen. Selbst auf der Tribüne des gesetzgebenden Körpers zu Paris ist diese Beschuldigung wiederholt worden. Sie ist, wie so viele andere, welche die Franzosen zur Erhitzung ihres Nationalhasses erfunden haben, eben nur eine Erfindung. Nur Fuhren sind bei der Belagerung von Straßburg requirirt worden[1].

Durchgängig war in dem deutschen Heere bei Offizieren und Beamten die Ansicht herrschend, daß während des Krieges von den Bewohnern des besetzten feindlichen Landes keine persönliche Leistung gefordert werden könne, welche ein ehrenhafter Mann nicht leisten dürfe. Niemand kann auch vom Feinde zu einer unehrenhaften Handlung gezwungen werden. Unserer Ansicht nach ist hiermit das gegenwärtige Völkerrecht ausgedrückt, wie es auch im Kriege von 1870/71 beobachtet worden ist. In einzelnen Fällen mag das Völkerrecht auch in Bezug

---

[1] Sitzung des gesetzgebenden Körpers vom 1. September 1870. — Mézières, Récits de l'invasion d'Alsace et Lorraine, Paris 1871. — Morin a. a. O., I, S. 430. Letzterer fügt hinzu: « Une telle contrainte ne se voit qu'en temps et en pays d'esclavage ; elle ne peut paraître licite qu'à ceux qui pratiquent le culte de la force. »

auf das Requisitionsrecht von einzelnen Offizieren durch Mißbrauch der militärischen Gewalt verletzt worden sein. Diese Verletzungen fallen aber den Einzelnen zur Last, nicht dem Heere und seinen Führern. Es waren eben Ausnahmen, wie sie bei einer Armee von solchem Umfange nie zu vermeiden sind.

In Elsaß-Lothringen sind nur sehr wenige Fälle solcher Ausschreitungen bekannt geworden.

Kapitel IV.

Das Kriegsstrafrecht.

So lange das Völkerrecht die Anschauung festhielt, daß die Bewohner des feindlichen Landes dem eindringenden Sieger auf Gnade und Ungnade ergeben seien und ihm über Eigenthum, Freiheit, Ehre und Leben derselben eine unbeschränkte Verfügung zustehe, bedurfte es keiner Bestimmungen über die Strafen, welche gegen diejenigen Personen verhängt werden sollen, die der feindlichen Armee nicht angehören, aber in einer oder der andern Weise dem besetzenden Heere Nachtheile bereitet hatten. Ihr Schicksal hing von der Laune des Siegers ab, der sie auch, wenn sie sich einer feindseligen Handlung nicht schuldig gemacht hatten, unterworfen waren. Selbst nachdem das Völkerrecht diese Periode der Barbarei überwunden hatte, dauerte es noch lange, ehe die Praxis und die Wissenschaft versuchten, bestimmte Rechtssätze über die gegen eine Armee in Feindesland verübten Handlungen und deren Bestrafung aufzustellen. Ein Heer in Feindesland hat selbstverständlich die erste Aufgabe, sich so viel wie möglich zu schützen. In den Mitteln, um diesen Zweck zu erreichen, war man nicht wählerisch. Den Soldaten, die täglich im Kampfe dem Tod ins Auge sehen, schien das Leben der Bürger nur geringen Werth zu besitzen.

Hinrichtungen auch von Unschuldigen zur Abschreckung erschienen nicht als unerlaubt und bei jedem, auch dem oberflächlichsten Verdacht erfolgte nach einem summarischen Verfahren, das keinerlei Garantien darbot, die Verurtheilung zum Tode [1]. Erst die neueste Zeit hat begonnen, diesen Mißbräuchen der rohen Gewalt Einhalt zu thun; sie hat den Versuch gemacht, bestimmte Grundsätze aufzustellen über das „Kriegsstrafrecht", d. h. das Strafrecht, das sich auf die gegen die Sicherheit der Armeen in Feindesland gerichteten Handlungen bezieht. In der Ausbildung dieses Kriegsstrafrechts wird unzweifelhaft ein wichtiger Fortschritt des Völkerrechts liegen. Die ruhige und friedliche Bevölkerung wird einen wirksamen Schutz gegen die

[1] Der Standpunkt des Völkerrechts in der zweiten Hälfte des 18ten Jahrhunderts vor den französischen Revolutionskriegen ergibt sich am klarsten aus der Proklamation, in welcher Großbritanien während des nordamerikanischen Kriegs folgende Sätze als allgemein anerkanntes Kriegsrecht verkündete: „1) Ein Heer, welches ein feindliches Gebiet besetzt, um dort Lebensmittel zu verlangen, Contributionen zu erheben und die Einwohner zu zwingen, den Requisitionen Genüge zu leisten, kann mit militärischer Execution vorgehen, verwüsten und zerstören. 2) Wenn der Feind, der sich in seinem eigenen Gebiete befindet, es vortheilhaft findet, den Krieg in die Länge zu ziehen, so ist es erlaubt, dessen Land zu verwüsten, um ihn dahin zu bringen, daß er bei dem Versuche sein Land zu beschützen, in eine Aktion sich einläßt. 3) Wenn man im Kriege dem Gegner nicht beizukommen vermag oder ihn nur dadurch zur Nachgiebigkeit zwingen kann, daß man sein Land dem Verderben preisgibt, so ist es erlaubt, sein Land zu verheeren. 4) Wenn die Einwohner selbst zu feindlichen Parteien werden — und dies geschieht im Falle eines Aufruhrs oder einer Empörung — so sind sie selbst die hauptsächlichsten Objekte der Feindseligkeiten, die man genöthigt ist, gegen sie vorzunehmen, um den Zweck des Krieges zu erreichen." — Vgl. Martens, Précis du droit des gens moderne de l'Europe, p. 316.

Willkühr und die Gewaltthätigkeit einzelner Offiziere erhalten. Das Recht wird an die Stelle des grausamen Zufalls zu treten haben. Die Aufgabe der Wissenschaft wird es sein, die richtigen Prinzipien aufzustellen und dadurch den Umschwung in den Anschauungen der Staaten und in den Gesetzen herbeizuführen. Die Wissenschaft wird aber dieses höchste Ziel nur erreichen können, wenn sie auf dem Grunde der thatsächlichen Verhältnisse stehen bleibt, und sich nicht in die nebelhaften Regionen eines idealen völkerrechtlichen Zustands verliert, wenn sie nicht vergißt, daß der Krieg eben immer Krieg bleibt und die Bestimmungen des Kriegsrechts in ihren Bedingungen und Voraussetzungen mit dem Zweck des Krieges nicht in Widerspruch stehen dürfen.

Wie viel auf dem Gebiete des Kriegsstrafrechts noch zu thun übrig bleibt, hat der Krieg von 1870—1871 an vielen schrecklichen Beispielen gezeigt. Aber es darf auch nicht verkannt werden, daß in diesem Kriege selbst schon ein Fortschritt sich anbahnte und daß auf Grund der im Kriege gewonnenen Erfahrungen das deutsche Militärstrafgesetzbuch vom 20. Juni 1872 diesem Fortschritt einen gesetzlichen Ausdruck gab. Bei der Wichtigkeit, welche dem Gegenstand zukömmt und bei der geringen Aufmerksamkeit, welche ihm bisher die Wissenschaft des Völkerrechts zugewandt hat, sei es gestattet, etwas ausführlicher auf ihn einzugehen, als es der unmittelbare Zweck, den sich die vorliegende Abhandlung gestellt hat, verlangen würde.

Die kriegführende Macht, welche einen Theil des feindlichen Staatsgebiets besetzt hält, hat in dem Interesse ihrer eigenen Selbsterhaltung und des letzten Zweckes der ganzen Kriegführung die Pflicht, für die Sicherheit des Heeres nach allen Richtungen hin Sorge zu tragen. Sie hat einerseits die Mittel zu ergreifen, um jeden Angriff auf das Heer oder die in Feindesland eingesetzten Behörden unmöglich zu machen und sie hat andererseits zu verhindern, daß aus dem besetzten Gebiete der feindlichen Armee eine Unterstützung durch Zuzug von Kriegsmannschaft, durch Verschaffung von Geldmitteln, von Kriegsmaterial, durch Mittheilung wichtiger Nachrichten u. s. w. zu Theil werde. Der unbedingten Nothwendigkeit, diesen beiden Aufgaben Genüge zu leisten, muß das Recht entsprechen, alle Handlungen, welche die Sicherheit der Armee bedrohen oder eine Unterstützung des Feindes bezwecken, zu verbieten und mit schweren Strafen zu belegen. Allerdings wurde es selbst nach den Erfahrungen der Napoleonischen Kriege noch in der ersten Hälfte dieses Jahrhunderts als ein Satz des Völkerrechts aufgestellt, daß dem eindringenden Feinde ein Strafrecht über die Bewohner des besetzten Landes nicht zustehe, daß Verbrechen, von Privatpersonen an Soldaten des feindlichen Heeres begangen, nicht nach Strafgesetzen und strafrechtlichen Grundsätzen beurtheilt werden könnten. Denn eine Armee des Feindes stehe in dem Gebiet, in welches sie eingedrungen sei, außerhalb des Gesetzes. Die feindliche Gewalt sei von dem Standpunkt des Gesetzes, welchem der Bürger allein zu gehorchen habe, eine rechtswidrige, gegen welche Jedermann das Recht der Vertheidigung mit allen zu Gebote stehenden Mitteln besitze. Am Feinde begehe Niemand ein Verbrechen, der demselben gewaltsamen Widerstand oder Ungehorsam entgegensetze. Ein kriegführender Feind stehe in einem völlig rechtlosen Zustande[1]. Von diesem Standpunkte aus muß man

[1] Selbst noch in diesem Jahrhundert haben diese Sätze nach den Befreiungskriegen einen Vertheidiger gefunden in dem bekannten Kriminalisten Tittmann, der in seiner Schrift: „Die Strafrechtspflege in völkerrechtlicher Rücksicht“ (Dresden 1817) den feind-

aber zu gleicher Zeit dem Feinde die Befugniß geben, ohne jegliche Rücksicht auf Gerechtigkeit und ohne jede Schonung gegen die Bewohner des Landes einzüschreiten. Sind die Soldaten der feindlichen Armee allen Angriffen der Bürger des Landes preisgegeben, gilt es nicht als Verbrechen auf jede Weise und mit jedem Mittel der feindlichen Armee Schaden zuzufügen, dann muß auch der Feind seinerseits die Befugniß besitzen, nach Willkür über Vermögen und Ehre, Leben und Tod der einzelnen Bürger zu entscheiden. Glücklicherweise steht das heutige praktische Völkerrecht auf diesem barbarischen Standpunkt nicht mehr. Dem Feinde, der das Land besetzt hält, steht die provisorische Ausübung der staatlichen Gewalt zu, die Bürger sind ihm zu Gehorsam verpflichtet; aber er darf keine Leistungen verlangen, die eine Verletzung der Pflichten, die sie noch ihrem Vaterlande schuldig sind, in sich schlössen. Wohl aber darf und muß der Feind verlangen, daß die Bewohner des besetzten Gebietes keine Handlungen vornehmen, welche seinem Heere Nachtheile bereiten, und keine Handlungen,

lichen Soldaten für vogelfrei erklärte. Gegen diese Anschauung trat mit Entschiedenheit Mittermaier auf (Neues Archiv des Criminalrechts, Bd. 1, S. 424, Anmerkung). Leider hat die französische Regierung noch im Jahre 1870 in einer amtlichen Erklärung den an einem einzelnen deutschen Soldaten von den Landesbewohnern verübten Meuchelmord als eine That des Patriotismus gepriesen und erklärt, die Municipalkommission von Soissons, welche sich erlaubt hatte, diesen Mord zu tadeln, und auf die schlimmen Folgen hingewiesen hatte, die dieser Mord für die Stadt haben müsse, sei der öffentlichen Verachtung preisgegeben. (Rolin-Jaecquemins in der Revue III, S. 315). Durch diese und ähnliche Erklärungen hat die französische Regierung eine Mitschuld auf sich geladen an den ebenso feigen wie rohen Verbrechen, die während und nach dem Krieg an einzelnen Deutschen in Frankreich verübt wurden.

welche eine Unterstützung des Gegners enthalten würden. Denn da die heimische Staatsgewalt über das besetzte Gebiet suspendirt ist, so muß auch jede Unterstützung, welche dieses Gebiet der Staatsgewalt gewähren könnte, untersagt sein und verhindert werden. Werden diese Bedingungen und die daraus folgenden Verpflichtungen der Bewohner des besetzten Gebiets zugegeben, dann muß auch die Verpflichtung des Feindes anerkannt werden, die seiner Gewalt unterworfenen Bewohner nicht als rechtlose Menschen zu behandeln und gegen sie nicht nach Laune und Willkühr zu verfahren, sondern er muß auch in ihnen die Rechtspersönlichkeit anerkennen. Nur nach einem geordneten Verfahren können dann über die friedlichen Bürger des besetzten Feindeslandes Strafen verfügt werden. Willkürliche Executionen, die nur vorgenommen werden, um der Bevölkerung Schrecken einzujagen, erscheinen dann als barbarische Verletzungen des Völkerrechts. Auch bei dem Verfahren gegen die Bewohner des besetzten Gebietes, die sich eines Verbrechens gegen die Sicherheit des Heeres schuldig gemacht haben, dürfen dann die obersten Grundsätze des Strafrechts nicht außer Acht gelassen werden. Kann das Völkerrecht auch den Krieg selbst nicht beseitigen, so muß es doch dahin streben, jede nutzlose und willkührliche Grausamkeit aus dem Kriege zu verbannen, und das Bereich der Willkühr, die das Eigenthum, die Ehre und das Leben der Bürger in unverantwortlicher Weise dem Zufall preisgibt, so viel wie möglich zu beschränken. Allerdings sind für die außerordentlichen Verhältnisse einer Besetzung eines Gebietes durch ein feindliches Heer auch außerordentliche Bestimmungen nothwendig. Nicht die gewöhnlichen Vorschriften des Strafrechts und des Strafverfahrens können zur Anwendung gelangen. Aber die Grundlagen, auf denen das Kriegsstrafrecht zu ruhen hat, sind zu untersuchen und die

Grundsätze, welche bei ihm zur Anwendung zu kommen haben, sind in höherm Maß, als dies bisher der Fall war, zu klären und festzustellen.

Nach dem Völkerrecht ist durch die Occupation eine, wenn auch nur provisorische, Rechtsgemeinschaft entstanden zwischen der feindlichen Kriegsmacht und den Bewohnern des besetzten Landes. Diese Rechtsgemeinschaft hat aber eigenthümliche Voraussetzungen. Sie beruht darauf, daß die Einwohner, obgleich sie Unterthanen des heimischen Staats geblieben sind, sich der Autorität des besetzenden Feindes unterwerfen, daß sie anerkennen, die Staatsgewalt sei suspendirt, und daß sie die Bedingungen der Existenz des Feindes, d. h. seine Sicherheit nicht gefährden. Nur unter diesen Voraussetzungen kann der Feind seinerseits ebenfalls diese Rechtsgemeinschaft anerkennen. Jede Verletzung dieser Voraussetzungen bildet deßhalb ein Verbrechen, das mit Strafe gebüßt werden muß. Durch die Strafe wird diese Rechtsgemeinschaft trotz der durch den Einzelnen verübten Verletzung aufrecht erhalten. Der Verbrecher, der durch seine Handlung diese Rechtsgemeinschaft zu vernichten suchte, muß durch die an ihm vollzogene Strafe die auf ihm ruhende Schuld büßen; durch die Strafe muß die Sicherung der Rechtsgemeinschaft bezweckt werden. Durch die Androhung der Strafe muß dem Angriff auf die Sicherheit der Rechtsordnung vorgebeugt, durch den Vollzug der Strafe der Verbrecher an der Wiederholung seines Angriffes verhindert werden. Da jeder Angriff die wichtigsten Interessen des Staats, der die Staatsgewalt inne hat, verletzt und die Grundlage der Rechtsordnung zu erschüttern droht, so muß auch die Strafe im Verhältniß zu dem Werthe des Interesses scharf sein, in den meisten Fällen sogar in der Todesstrafe bestehen.

Aeußert sich also einerseits die provisorische Rechtsgemeinschaft zwischen dem besetzenden Feinde und den Bewohnern des besetzten Gebietes in der Unterordnung der letztern unter die Autorität des Feindes, so hat sie andererseits die Wirkung, daß dem Feinde die Pflicht obliegt, der Bevölkerung vollkommene Sicherheit der Person und des Eigenthums zu gewähren und diese Sicherheit durch eine geordnete Rechtspflege zu bethätigen. Dem Kriegsstrafrecht entspricht also der Rechtsschutz, den die Bevölkerung beanspruchen kann.

Auch für das Kriegsstrafrecht muß der Grundsatz gelten, daß eine Handlung nur dann mit einer Strafe belegt werden kann, wenn diese Handlung vorher mit Strafe bedroht war. Die Bestimmungen des Kriegsstrafrechts müssen aber von dem besetzenden Feinde gegeben werden. Die einheimischen Gesetze können für diese Verhältnisse offenbar nicht maßgebend sein. Die einheimische Staatsgewalt kann nicht für die Rechtsgemeinschaft, in welche der Feind mit der Bevölkerung des besetzten Gebietes tritt, die geltenden Normen erlassen. Wohl aber kann und soll jeder Staat schon in Friedenszeiten durch seine Gesetze das von ihm anzuwendende Kriegsstrafrecht normiren. Da für keinen Staat der Fall, Krieg führen zu müssen, ausgeschlossen ist, so kann er auch schon vor dem Kriege die wichtigsten Bestimmungen des Kriegsstrafrechts erlassen. Hat es an sich schon viel Bedenkliches, ein Gesetz in demselben Augenblicke zu machen, indem es für einen einzelnen bestimmten Fall zur Anwendung kommen soll, so ist in Kriegszeiten, wo ganz andere Interessen die Seele des Menschen erfüllen, die Abfassung eines Spezialgesetzes mit um so größerer Gefahr verbunden. Es wird dann nur allzuleicht dem Ermessen der Einzelnen überlassen bleiben müssen, bei zufälliger Gelegenheit die ihm passend dünkenden Bestimmungen zu treffen. Die Gerechtigkeit und Zweckmäßigkeit dieser Bestimmungen hängen dann fast ausschließlich von der einzelnen Persönlichkeit ab. Die Garantien, die ein jedes Gesetz, das über Leben und Tod von Menschen entscheidet, darbieten soll, werden bei einem solchen Verfahren nur allzu leicht außer Augen gesetzt.

Die Strafen, welche das Kriegsstrafrecht androht, müssen streng und wirksam sein. Jedes Verbrechen bedroht in mehr oder minder hohem Grad die Sicherheit der Armee; d. h. das gefährdete oder verletzte Objekt ist für die Existenz der Autorität von dem höchsten Werthe, die schwerste Bedrohung ist also gerechtfertigt. Ferner aber ist die Neigung, Verbrechen zu begehen, bei den Verhältnissen, unter denen das Kriegsstrafrecht allein zur Anwendung kommt, meist größer und entschiedener als unter irgend welchen andern Verhältnissen. Ein Theil der Bevölkerung erkennt vielfach die Voraussetzungen der Gemeinschaft gar nicht an; die Handlungen an sich erscheinen vielen Menschen gar nicht als unmoralisch; ja gerade die edelsten Menschen können sie als durch den Patriotismus geboten erachten. Aus allen diesen Gesichtspunkten sind also die strengsten Strafen gerechtfertigt. In weitaus den meisten Fällen wird die Todesstrafe angedroht werden müssen. Alle Gründe, welche von der Wissenschaft und Politik gegen die Verhängung der Todesstrafe in Friedenszeiten angeführt werden können — über den Werth und die Stichhaltigkeit dieser Gründe haben wir uns hier nicht auszusprechen — sind für das Kriegsstrafrecht nicht anwendbar. Wie der Krieg, ist das Kriegsstrafrecht hart und unerbittlich. Wer sich den von ihm aufgestellten Bedingungen nicht fügt, hat das Recht verloren, vom Feinde geschont zu werden. Die Aufgabe, die das Kriegsstrafrecht zu erfüllen hat, besteht aber nicht allein darin, eine geschehene Rechtsverletzung zu sühnen, sondern im Kriegsstrafrecht ist der Zweck der Abschreckung durch Androhung von harten Strafen von sehr hoher

Bedeutung. Die moderne Strafrechtswissenschaft blickt mit großer Verachtung auf die frühern Abschreckungs- und Präventivtheorien herab. Wir wollen hier nicht untersuchen, ob die Wissenschaft bei dieser allgemeinen Verwerfung unserer ältern Theorien nicht allzusehr die thatsächliche Funktion, die das Strafgesetz im wirklichen Leben ausübt, übersieht und bei ihrem Bestreben, dem Recht zu strafen, eine philosophische Grundlage zu geben, den nächsten Zweck, den die Strafandrohung verfolgt, aus dem Auge verliert. Unserer Aufgabe genügt es, zu konstatiren, daß die Erfahrung unwiderleglich erwiesen hat, daß in Kriegszeiten in einem vom feindlichen Heere besetzten Gebiete durch die Androhung und den Vollzug von schweren Strafen von sehr vielen Verbrechen abgeschreckt worden ist. Das Strafrecht hat im Kriege durchaus die Aufgabe, abzuschrecken, erfüllt.

Zahlreiche Beispiele können aus dem Kriege 1870/71 angeführt werden, wo nur durch die Androhung der schwersten Strafen die Sicherheit einzelner Abtheilungen von Soldaten geschützt worden ist, die, getrennt von einem größeren Korps, mitten unter einer feindseligen und gereizten Bevölkerung einen wichtigen Posten besetzt zu halten hatten. Wie häufig ergiebt sich die Nothwendigkeit im Kriege, wenige Mann an einem Orte zurückzulassen, um die Verbindung zu ermöglichen, die Feldpost zu befördern oder zu beschützen u. s. w. Nur dadurch daß die Bevölkerung von der Gewißheit beherrscht wird, jeder Angriff auf die Truppe werde binnen kurzem blutig bestraft werden, ist ein Schutz gegeben. Es soll nicht geläugnet werden, daß auch bei Androhung von Strafen unter den geschilderten Voraussetzungen das Maß überschritten werden kann und manchesmal im letzten Kriege überschritten worden ist. Aber es darf auch nicht verkannt werden, daß ein solches Uebermaß in den angedrohten Strafen in den meisten Fällen hervorgerufen worden ist durch grausame und barbarische Verbrechen einzelner fanatisirter Einwohner[1].

Wenn demnach die Strafen, die das Kriegsstrafrecht androht, weit strenger sein müssen, als die Strafen des gemeinen Strafrechts, so ist doch zu verlangen, daß nicht für alle Verbrechen und Vergehen einzig und allein die Todesstrafe angedroht werde. Wenn die Todesstrafe auch im Kriege bei allen schweren Verbrechen als die einzig wirksame Strafe erscheint so darf sie doch nicht ausschließlich zur Anwendung gelangen. Auch im Kriegsstrafrecht muß eine Abstufung der Strafen nach der Schwere des Verbrechens existiren, wenn es auch im Kriege nicht möglich ist, die Strafe so genau dem Verbrechen anzupassen, wie dies in Friedenszeiten gefordert werden muß. Schon das rasche summarische Verfahren der Kriegsgerichte läßt dies nicht zu. Da aber auch der Zweck der Abschreckung viel mehr in den Vordergrund tritt, so ist durch denselben bedingt, daß die Größe der subjektiven Verschuldung des Thäters weniger genau geprüft werden kann. Dem Verbrechen muß die Strafe auf dem Fuße folgen, wenn sie ihren Zweck erreichen soll.

Auch die Strafmittel, welche das allgemeine Strafrecht kennt, reichen für den Krieg nicht aus. So wird die Strafe der Vermögenskonfiscation, trotz allem Bedenklichen, was mit ihr ver-

[1] Beispiele dieser Art werden angeführt von Gabriel Monod, Allemands et Français, Paris 1872, p. 51. Eine Reihe von ähnlichen Fällen unmenschlicher Grausamkeit, wie sie Monod erzählt, sind von dem Verfasser in genauester Weise festgestellt worden. Da es aber nicht darauf ankömmt, einzelne Schandthaten mitzutheilen und für sie dann eine ganze Nation verantwortlich zu machen — eine Methode, die wir Hrn. Morin überlassen wollen — so verzichten wir darauf, diese Fälle hier zu erzählen.

bunden ist, nicht ganz zu entbehren sein. Sie wird insbesondere in dem Falle zur Anwendung gebracht werden müssen, daß der Verbrecher sich geflüchtet hat. Da die Gewalt, welche der Feind über das besetzte Gebiet ausübt, nur eine vorübergehende und provisorische ist, so müssen ihm Mittel zu Gebote stehen, auch während dieser provisorischen Herrschaft Strafübel zu verhängen, die eine dauernde Wirkung haben. Auch den flüchtigen Verbrecher muß, wenn irgend möglich, eine Strafe ereilen können. Der Verbrecher muß wissen, daß er mit seinem ganzen Vermögen haftet und daß er, selbst wenn es ihm gelingt, sich persönlich der Machtsphäre des Feindes zu entziehen, schwer getroffen werden kann. Eine einfache Geldstrafe würde in solchem Falle nicht ausreichen, da für alle schwerere Verbrechen im Kriege Geldstrafen in keinem Verhältniß zu dem Verbrechen stehen. Hat sich der Thäter selbst der Strafe entzogen, so muß er wenigstens mit seinem gesammten Vermögen büßen. Die Strafe wird sich namentlich den wohlhabenden Klassen der feindlichen Bevölkerung gegenüber als sehr wirksam erweisen. Dagegen sollte das Niederbrennen von ganzen Ortschaften, wie es in dem deutsch-französischen Kriege einige Male, wenn auch sehr selten, vorgekommen ist, als ein der Vernunft und Gesittung widersprechendes Strafmittel niemals mehr angewandt werden. Es ist offenbar ein Rest der barbarischen Kriegsführung früherer Jahrhunderte. Auch wird dadurch kein Zweck der Strafe erreicht. Im Gegentheil wird durch eine derartige Maßregel die Sicherheit des Heeres in hohem Grade gefährdet. Eine auf das Aeußerste erbitterte Menschenmasse wird all' ihrer Habe und ihres Gutes beraubt, ihre Häuser werden vor ihren Augen niedergebrannt und so sieht sie sich fast gezwungen, auf jedem nur möglichen Wege Rache zu üben.

In dem Kriege 1870/71 wurde von deutscher Seite ein

Prinzip im Kriegsstrafrecht zur Anwendung gebracht, das von vielen Seiten Anfechtungen erfahren hat, das Prinzip der Verantwortlichkeit der Gemeinden für die in ihr begangenen Verbrechen. Der Grundsatz selbst ist keineswegs neu. Das römische Recht sowohl wie das Mittelalter haben die Verantwortlichkeit der Gemeinden für Friedensbruch bekanntlich systematisch durchgeführt. Noch heute findet sich dieselbe bei den arabischen Stämmen von Algier als Grundlage der Friedensbewahrung. In Frankreich bestand eine weitgehende Haftbarkeit der Gemeinden bis zur Revolution. Die Ordonnanz von Blois von 1579, Art. 196, verpflichtete die Einwohner jeder Gemeinde, wo ein Verbrechen begangen war, mit allem Fleiße die Uebelthäter zu verfolgen, um sie zu ereilen und zu Gefangenen zu machen, — bei Strafe schwerer Geldbuße, die zur Hälfte der Regierung, zur Hälfte den Beschädigten oder ihren Leuten zufallen soll[1]. Die Ordonnanz von 1670, Tit. 21, bestimmte, in welcher Weise den Gemeinden, Städten, Flecken und Dörfern der Prozeß gemacht werden sollte, welche einen Aufruhr, eine Gewaltthätigkeit oder ein anderes Verbrechen begangen hätten[2]. — Auch die neuere französische Gesetzge-

[1] « Les habitants de chaque communauté où un crime avait été commis sont obligés de poursuivre en toute diligence les malfaiteurs, pour les appréhender et les constituer prisonniers, si faire se pouvait... sous peine de grosses amendes, applicables moitié au gouvernement, moitié aux excédés ou leurs hommes. »

[2] « De faire le procès aux communautés des villes, bourgs et villages qui auraient commis quelque rébellion, violence ou autre crime. La condamnation pouvait exister en réparation civile et dommages-intérêts envers la partie, amende envers le roi et privation de priviléges communaux ou toute autre peine marquant publiquement la peine encore. »

bung hält das Prinzip der Verantwortlichkeit der Gemeinden noch fest. Das Dekret vom 13. Februar 1790 machte sogar die Nachbargemeinde ebenfalls verantwortlich, wenn dieselbe zur Unterdrückung des Auflaufs oder zur Verfolgung des Verbrechers keine Hilfe geleistet hat. Das noch heute giltige Gesetz vom 10. Vendemiaire des Jahres IV bestimmt (Tit. IV, Art. 1): „Jede Gemeinde ist verantwortlich für die Vergehen, die auf ihrem Gebiet begangen werden mit offenbarer Gewalt oder Gewaltthätigkeit, durch Zusammenrottungen oder Ansammlungen von bewaffneten oder unbewaffneten Personen, seien dieselben gegen Personen oder gegen das Eigenthum gerichtet; ebenso wie auch für den Schadenersatz, der in Folge dessen beansprucht werden kann[1]." Die Gemeinde ist aber nicht blos zum Schadensersatz verpflichtet, sondern wenn die Einwohner an den auf ihrem Gebiete begangenen Vergehen Theil genommen haben, so ist die Gemeinde auch gehalten, dem Staate eine Buße zu zahlen, die dem Betrag des Schadensersatzes gleichkömmt. Die Klage gegen die Gemeinde ist auch keine civilrechtliche, sondern eine strafrechtliche, wie daraus hervorgeht, daß die Gemeinde nicht wie zur Einlassung auf civilrechtliche Klagen, der Autorisation des Präfekturraths bedarf, um vor Gericht sich vertreten zu lassen. Auch bei einzelnen Forstvergehen ist die Gemeinde verantwortlich für die von ihren Einwohnern verübten Handlungen.

---

[1] « Chaque commune est responsable des délits commis à force ouverte ou par violence sur son territoire par des attroupements ou rassemblements armés ou non armés, soit envers les personnes, soit contre les propriétés, ainsi que des dommages-intérêts auxquels ils donneront lieu... Si les habitants de la commune ont pris part aux délits commis sur son territoire, la commune est tenue de payer à l'État une amende égale au montant de la réparation principale. »

In Deutschland hat man ebenfalls nach dem Vorbilde der französischen Gesetzgebung die Haftpflicht der Gemeinden für den bei Auflauf u. s. w. durch offene Gewalt verursachten Schaden an Personen und Sachen wieder eingeführt[1].

In einem geordneten Staate und in friedlichen Zeiten werden diese Gesetze nur in seltenen Fällen zur Anwendung gelangen. Die Haftpflicht der Gemeinde ist keine unbedingte. Sie ist nach den angeführten französischen und deutschen Gesetzen an mehrere Voraussetzungen geknüpft. Insbesondere ist die Gemeinde dann von ihrer Verantwortlichkeit befreit, wenn sie nachweisen kann, daß sie alles, was in ihrer Macht gelegen hat, gethan habe, um den Schaden abzuwenden. Aber selbst mit dieser Beschränkung erscheint es uns zweifelhaft, ob sich dieser Grundsatz der Verantwortlichkeit der Gemeinde bei unserm heutigen System der Gemeindeverfassung und Verwaltung rechtfertigen läßt. Durch die Verpflichtung der Gemeinde, den Schadensersatz und eine Buße zu leisten, werden selbstredend alle steuerzahlenden Bürger der Gemeinde getroffen. Die Pflicht aber für Ordnung in der Gemeinde Sorge zu tragen und allen Tumulten und Aufläufen vorzubeugen, liegt nicht auf dem einzelnen Bürger, sondern auf der Gemeindebehörde. Der Einzelne ist nur verpflichtet, den Anordnungen der Behörde Folge zu leisten, nicht aber selbstständig einzuschreiten. Erfüllt also die Gemeindebehörde ihre Pflichten nicht, so ist diese zu strafen, nicht aber die Gesammtheit der einzelnen Bürger. Im Mittelalter trat die Gemeinde als selbstständige, staatsähnliche Gemeinschaft dem Staate gegenüber, die Gemeindebehörden erschienen nur als die Vertreter und Beauftragten der Bürger-

[1] Preußen, Gesetz vom 11. März 1850. Bayern, Gesetz vom 12. März 1850. Braunschweig, Städte-Ordnung vom 19. März 1850 (§§ 165–173). Oesterreich, Gemeindegesetz (§ 37).

schaft, für die denn auch die gesammte Bürgerschaft einzutreten und die Verantwortlichkeit zu übernehmen hatte. In unsern Zeiten übt der Bürgermeister oder der Gemeinderath nur im Auftrage und unter beständiger Aufsicht der Staatsbehörde die Sicherheitspolizei aus. Die Einwohner der Gemeinde können deßhalb für die Handhabung der Sicherheitspolizei nicht mehr zur Verantwortung gezogen werden.

Anders aber liegen die Verhältnisse während des Krieges in Feindesland. Hier sind Ausnahmezustände vorhanden, welche Ausnahmegesetze rechtfertigen. Die Möglichkeit, daß überhaupt in dem vom Feinde besetzten Lande ein Rechtszustand aufrecht erhalten wird, beruht darauf, daß die Bewohner des Landes sich jeder feindseligen Handlung gegen das eindringende Heer enthalten. Diese Bedingung der Rechtsgemeinschaft herzustellen, liegt demnach ebenso sehr im Interesse des Feindes selbst wie in dem der Bewohner. Um diese Sicherheit aufrecht zu erhalten und das Vertrauen in dieselbe zu erzeugen, reichen die gewöhnlichen Mittel nicht aus. Nicht allein die Behörden, sondern die ganze Bevölkerung muß unter solchen Verhältnissen die Aufgabe als ihre eigene betrachten, die Bürgschaft und die Vorbedingung des bestehenden Rechtzustands zu sichern. Jeder Einzelne muß dafür verantwortlich gemacht werden, daß innerhalb des Gebiets der Gemeinde die Ruhe und Ordnung ungestört bleiben. Nur dadurch, daß jeder Einzelne an dieser Haftpflicht Theil nimmt, ist es zu erreichen, daß alle Vorsichtsmaßregeln, die erforderlich sind, ergriffen werden. Je feindseliger die Bevölkerung gesinnt ist, um so entschiedener muß diese Gesammthaft hervorgehoben und geltend gemacht werden. Ist ein Verbrechen begangen worden, z. B. Beschädigungen der Eisenbahnen oder der Telegraphenleitung, so ist es für den Feind oft äußerst schwierig, den Thäter ausfindig zu machen. Zu einer langen

Untersuchung fehlt die Zeit; die Bevölkerung wird natürlich soviel wie möglich jede Beihilfe zur Entdeckung des Thäters verweigern. In den meisten Fällen würden derartige Verbrechen ungestraft bleiben und die Folge davon wäre, daß die Sicherheit des Heeres auf das äußerste bedroht würde. Das einzig wirksame Mittel gegen diese Gefahren besteht darin, daß die ganze Bevölkerung verantwortlich gemacht wird, daß sie nicht blos zum Ersatz des Schadens verpflichtet wird, sondern daß auch schwere Strafen gegen sie angedroht werden.

Die im Jahre 1870 bei Beginn des Krieges erlassene Bestimmung: „Die Gemeinde, in deren Gebiet ein Verbrechen gegen die Sicherheit der Armeen von einer Person, die nicht zur französischen Armee gehört, begangen wird, ist zu einer Strafe zu verurtheilen, welche der Höhe ihres jährlichen Grundsteuerbetrags gleichkömmt", hat sich in vorzüglicher Weise bewährt. Unendlich viel Unglück ist dadurch, sowohl für die deutschen Soldaten wie für die französische Bevölkerung, verhütet worden. Die Gemeinden haben in ihrem eigenen Interesse alle Maßregeln getroffen, um die Sicherheit auf ihrem Gebiete aufrecht zu erhalten. Man kann sagen, die Möglichkeit, die Eisenbahnen und Telegraphen in dieser außerordentlichen Ausdehnung zu benutzen, ist zum guten Theil der Haftpflicht der Gemeinden für die auf ihrem Gebiete verübten Verbrechen zu verdanken. Es ist hierin ein großer Fortschritt des Kriegsstrafrechts zu erblicken. Allerdings werden auch Fälle vorkommen, in welchen es der Gemeinde trotz allen Anstrengungen nicht möglich gewesen ist, einem Verbrechen vorzubeugen. Aber es werden dies Ausnahmefälle sein; bei ihnen kann, wenn der Beweis hievon von Seiten der Gemeinde vollständig geliefert worden ist, ein Erlaß der Strafen und des Schadensersatzes gewährt werden, und dies hat auch im letzten Kriege häufig genug stattgefunden.

Doch kann die Verhängung der Strafe nicht davon abhängig gemacht werden, daß der Gemeinde eine eigene Verschuldung nachgewiesen werde. Auf eine weitläufige Untersuchung, die hierzu meist nöthig wäre, können sich die Kriegsgerichte nicht einlassen. Auch muß die Strafe, um wirksam zu sein, der That unmittelbar nachfolgen.

Durch einen Erlaß vom 14. Oktober 1870 war noch bestimmt worden, „daß in allen Fällen, in welchen durch absichtliche Beschädigung der Eisenbahn Personen verunglücken, der Thatbestand im Verein mit den Bahnbehörden genau festzustellen und den Verunglückten, beziehungsweise deren Familien nach Maßgabe der für Friedensverhältnisse bestehenden Normen eine Entschädigung zu verschaffen ist, welche aus den betreffenden Distrikten erhoben wird.“

Dagegen erscheint das Prinzip der Verantwortlichkeit der Gemeinden zu weit ausgedehnt, wenn, wie dies von der deutschen Kriegsleitung geschehen ist, auch die Gemeinde mit einer Strafe bedroht wird, welcher der Schuldige angehört, selbst wenn auf ihrem Gebiete das Verbrechen nicht begangen worden ist. Hier fehlt durchweg jeder Zusammenhang der That mit der bestraften Gemeinde. Eine Autorität über ihre einzelnen Angehörigen, wie sie allein einer Strafbarkeit der Heimathsgemeinde als Grundlage dienen könnte, besitzt keine Gemeinde. Die Strafe trifft hierbei Personen, welche nicht nur an der That selbst nicht betheiligt waren, sondern welche auch gar keine Mittel besitzen, um der That vorzubeugen. So gerechtfertigt die Verantwortlichkeit der Gemeinde für die auf ihrem Gebiete begangenen Verbrechen ist, so ungerechtfertigt erscheint diese allzuweite Ausdehnung des Grundsatzes. Uebrigens sind nur wenige Fälle bekannt geworden, in welchen diese Haftpflicht der Heimathsgemeinde geltend gemacht worden ist. Im Allgemeinen hat man sich begnügt, der Gemeinde, auf deren Gebiet das Verbrechen verübt wurde, die Strafe aufzuerlegen.

Die Gesetzgebung hat bisher das Kriegsstrafrecht nur wenig ausgebildet. In Frankreich hatte das Gesetz vom 3. Brümaire des Jahres V, Artikel 4, die Aburtheilung aller Militärverbrechen den Kriegsgerichten übertragen, auch wenn dieselben begangen worden sind von den Einwohnern eines von dem französischen Heere besetzten feindlichen Gebietes. Das Gesetz vom 23. Brümaire bedrohte mit der Todesstrafe: „Den Aufstand, die Empörung oder den mit Mehreren verabredeten Ungehorsam von Seiten der Einwohner des feindlichen Landes, das von den Truppen der Republik besetzt ist, sei es, daß der Ungehorsam sich gezeigt habe gegen die militärischen Befehlshaber, sei es, daß der Aufstand oder die Empörung gerichtet gewesen sei gegen das ganze Heer der Republik oder nur gegen einen Theil desselben; eben so wie die Aufreizung zum Aufstand, zur Empörung oder zum Ungehorsam durch einen Einwohner des feindlichen Landes." Das Militärstrafgesetzbuch für das Landheer von 1857 (Code de justice militaire pour l'armée de terre) bestimmt im Artikel 63: „Der Gerichtsbarkeit der Kriegsgerichte sind unterworfen, wenn die Armee sich auf feindlichem Gebiete befindet, alle Personen, die als Thäter oder als Gehilfen eines der Verbrechen oder Vergehen beschuldigt sind, welche durch Titel II des Buchs IV des gegenwärtigen Gesetzbuchs mit Strafe bedroht sind." Titel II des Buches IV handelt von den eigentlichen Militärverbrechen (trahison, espionnage, embauchage, crimes ou délits contre le devoir militaire; pillage; destruction et dévastation d'édifices; faits pouvant être perpétrés soit par des militaires, soit au détriment de l'armée, etc. etc.) Die meisten dieser Verbrechen sind Militärverbrechen im engern Sinne, d. h. Verbrechen, zu deren Thatbestand es gehört, daß sie von Personen des Soldatenstands begangen werden. Das Kriegsstrafrecht wird daher durch die Bestimmung des Artikel 63 nur ungenügend normirt. Trotzdem aber der Wortlaut des Artikel 63 die Kompetenz der Kriegsgerichte auf die in Titel II des Buches IV angeführten Verbrechen und Vergehen beschränkt, so hat doch die Praxis der französischen Kriegsgerichte ihre Kompetenz auf alle Verbrechen und Vergehen ausgedehnt, die von Bewohnern eines besetzten Landes begangen werden und die Sicherheit der Armee bedrohen. Der Cassationshof hat diese Erweiterung der Kompetenz durch mehrere Urtheile sanktionirt[1]. Diese Zuständigkeit der Kriegsgerichte ist in der That, wie wir gesehen haben, durch das Völkerrecht begründet und ist überall von der occupirenden Kriegsmacht in Anspruch genommen worden. Aber es ist eine unwahre Ruhmredigkeit, wenn Morin in dem mehrfach angeführten Werke behauptet: „Wenn französische Armeen ein feindliches Land besetzen, so führen sie ihr Militärstrafgesetzbuch mit sich, das in Friedenszeiten reiflich berathen wurde, das ohne Leidenschaft alle etwa vorkommenden Verhältnisse vorgesehen und geregelt hat... So hat denn auch Frankreich durch seine Kriegsgerichte nur Verbrechen bestrafen

[1] Vgl. Dalloz, Jurisprudence générale, 1865, I, p. 501: 1866, I, p. 46; III, p. 84; 1867, III, p. 277. In dem Urtheil vom 13. September 1866 erklärt der Cassationshof: « Les conseils de guerre d'un corps d'occupation sont compétents pour connaître des crimes et délits commis par des étrangers sur le territoire ennemi, même quand ils ne rentrent pas dans les prévisions du titre II, s'ils portent atteinte à la sûreté de l'armée. Ce conseil était compétent, qu'ainsi l'exigent impérieusement les règles supérieures du droit public et des gens, l'armée qui occupe un territoire étranger devant pouvoir trouver en elle-même tous les éléments de puissance qui lui sont nécessaires pour pourvoir à sa sûreté. »

lassen, die durch seine Gesetze vorgesehen und mit Strafe bedroht waren, ohne irgend eine Erschwerung durch eine Verordnung eines militärischen Befehlshabers[1]."

Gerade über die wichtigsten Verbrechen des Kriegsstrafrechts enthält das französische Militärstrafgesetzbuch keine Bestimmung und die Praxis des Gerichtshofs, dessen Mitglied Herr Morin selbst ist, straft ihn Lügen.

Auch die preußische Gesetzgebung hat dem Kriegsstrafrecht nur geringe Beachtung geschenkt. Das Militärstrafgesetzbuch von 1845 hatte nur im Theil II, Titel I, § 18, bestimmt, daß in Kriegszeiten alle Unterthanen des preußischen Staats oder Fremde, welche auf dem Kriegsschauplatz den preußischen Truppen durch eine verrätherische Handlung Gefahr oder Nachtheil bereiten, dem außerordentlichen Militärgerichtsstand unterworfen sind. Dieser Gerichtsstand tritt nur von dem Zeitpunkt an ein, wo der König oder in dessen Namen der Feldherr solches verordnet und öffentlich bekannt macht. Nach dem preußischen Strafgesetzbuch von 1851 war gegen Ausländer, welche sich einer verrätherischen Handlung während des Kriegs gegen den preußischen Staat oder gegen preußische Truppen schuldig machten, nach dem Kriegsrecht zu verfahren (§ 67, 69, 70). Nach dem Erlaß des Generalauditoriats vom 25. Juli 1870 besteht der Kriegsgebrauch nach dem jetzt giltigen Völkerrecht im Sinne jener Bestimmungen darin, daß fremde Spione, Verräther und Kriegsrebellen, wenn sie auf der That betroffen werden, ohne weitere Prozedur erschossen werden sollen. Nur wenn es noch der Herbeischaffung von Beweisen bedarf, soll ein besonderes kriegsgerichtliches Verfahren stattfinden.

Indessen zeigte sich schon in dem Kriege von 1866, daß diese

[1] Siehe Morin a. a. O. II, S. 445.

Bestimmungen nicht ausreichen. Sie wurden deßhalb ergänzt durch die königliche Verordnung vom 21. Juli 1867 über die Regelung der Militärrechtspflege in Kriegszeiten. Der außerordentliche Militärgerichtsstand ist darnach für den stets bestimmt zu bezeichnenden Bezirk, in welchem derselbe eintreten soll, für verkündet zu erachten, sobald die betreffende Proklamation an einem Orte dieses Bezirks durch Anschlag öffentlich bekannt gemacht worden ist. In der Proklamation ist ausdrücklich auszusprechen, daß die nicht zu den Truppen des Feindes gehörenden Personen die Todesstrafe verwirkt haben, welche

a) Dem Feinde als Spion dienen oder feindliche Spionen aufnehmen, verbergen oder ihnen Beistand leisten;

b) Freiwillig als Wegführer den feindlichen Truppen die Wege zeigen oder als solche die eignen Truppen absichtlich auf unrichtige Wege leiten;

c) Aus Rachsucht oder in gewinnsüchtiger Absicht zu den Truppen oder zu deren Gefolge gehörende Personen absichtlich tödten, verwunden oder berauben;

d) Brücken oder Kanäle zerstören, den Eisenbahn- oder Telegraphen-Verkehr abbrechen, Wege unfahrbar machen, an Munitions-, Proviant- oder andern zu Kriegszwecken bestimmten Vorräthen oder an Quartieren der Truppen Feuer anlegen;

e) Gegen die Truppen die Waffen ergreifen.

Gegen Ausländer, welche sich einer dieser Handlungen schuldig gemacht haben, findet ein summarisches kriegsrechtliches Verfahren statt, das durch eine weitere königliche Verordnung vom 21. Juli 1867 geregelt worden ist. Aber dadurch ist die oben angeführte Befugniß der kommandirenden Offiziere nicht ausgeschlossen, Ausländer, welche bei einer dieser Handlungen auf frischer That betroffen werden, ohne vorgängige gerichtliche Prozedur nach dem bisherigen Kriegsgebrauch zu behandeln. (Verordnung vom 21. Juli 1867, § 16.)

In dem summarischen kriegsrechtlichen Verfahren darf das Kriegsgericht im Falle der Schuldig-Erklärung auf keine andere Strafe als auf den Tod erkennen. (Verordnung vom 21. Juli 1867, § 11). Im Falle aber das Kriegsgericht die Handlungen des Angeschuldigten nicht für solche erachtet, durch welche die Todesstrafe verwirkt ist und sich deßhalb für inkompetent erklärt, ist die Sache zum ordentlichen kriegsrechtlichen Verfahren zu verweisen (a. a. O. § 13).

Diese Bestimmungen, die im Kriege von 1870—1871 zur Anwendung kamen, sind vielfach als zu hart und grausam angefochten worden.

Von französischer Seite sind deßhalb die übertriebensten Anschuldigungen gegen die deutschen Kriegsgesetze erhoben worden[1]. Man wirft ihren Bestimmungen namentlich vor, daß für alle die angeführten Verbrechen nur die Todesstrafe verhängt werden kann und in Folge dessen eine Abstufung nach der Schwere des Verbrechens nicht möglich sei; ferner daß, wenn der Thäter auf frischer That erfaßt wird, der commandirende Offizier ihn, wenn er ein Ausländer ist, ohne jedes gerichtliche Verfahren erschießen lassen kann[2]. Beide Vorwürfe sind als begründet anerkannt worden; die getadelten Bestimmungen sind durch das deutsche Militärstrafgesetzbuch

[1] Morin, II. S. 445. Derselbe hat indessen so wenig Kenntniß der deutschen Gesetzgebung, daß ihm die wichtigen Verordnungen vom 21. Juni 1867 unbekannt geblieben sind.

[2] Auf den von Morin erhobenen Vorwurf, daß es durchaus an einem geregelten Verfahren vor den außerordentlichen Kriegsgerichten mangele, braucht nicht eingegangen zu werden, da dieser Vorwurf auf Unkenntniß der Verordnung vom 21. Juni 1867 ruht, welche genaue Bestimmungen über das Verfahren enthält.

vom 20. Juni 1872 beseitigt worden. Es ist dies mit Recht geschehen, denn sie widersprachen den obersten Grundsätzen der Strafrechtspflege. Aber sie enthielten keineswegs eine Verletzung des praktischen Völkerrechts. Auch der französische Code de justice militaire von 1857 bedroht die meisten der angeführten Verbrechen mit einer einzigen, untheilbaren Strafe, dem Tode[1]. Das französische Gesetz erkennt zwar den Offizieren nicht das Recht zu, diejenigen, die sich der Spionage u. s. w. schuldig gemacht haben, sofort zu erschießen, wenn sie auf frischer That erfaßt werden. Aber die Praxis hat gezeigt, daß selbst gegen Inländer Massenexecutionen als erlaubt betrachtet werden, auch ohne daß der Schein eines gerichtlichen Verfahrens vorher gewahrt worden ist. Ich will nur an die Hinrichtungen, die nach der Einnahme von Paris im Mai 1871 stattgefunden haben, erinnern. General Cremer, der ohne jedes gerichtliche Verfahren auf ganz oberflächliche Indicien hin einen französischen Bürger als Spion hatte erschießen lassen (Januar 1871), wurde von dem Kriegsgerichte zu Lyon wegen unabsichtlicher Tödtung zu einer Gefängnißstrafe von einem Monate verurtheilt (Urtheil vom 18. Juli 1872). Wenn man eine derartige Praxis zuläßt, dann kann in der That die Frage aufgeworfen werden, ob es nicht würdiger ist, gesetzlich ein solches Recht festzustellen und an die nöthigen Voraussetzungen zu knüpfen, als es der Willkühr des Einzelnen zu überlassen, wann er es für angemessen hält, ohne gerichtliches Verfahren einen Menschen erschießen zu lassen.

Wie schon oben erwähnt wurde, hat das Kriegsstrafrecht durch das deutsche Strafgesetzbuch und durch das Militärstraf-

[1] Code de justice militaire, art. 205, 206, 250, 251, 252.

gesetzbuch eine neue Grundlage erhalten. Die wichtigsten Bestimmungen lauten:

Deutsches Militärstrafgesetzbuch.

§ 57. Wer im Felde einen Landesverrath begeht, wird wegen Kriegsverrath mit Zuchthaus nicht unter 10 Jahren oder mit lebenslänglichem Zuchthaus bestraft.

§ 58. Wegen Kriegsverrath wird mit dem Tode bestraft, wer mit dem Vorsatze einer feindlichen Macht Vorschub zu leisten oder den deutschen oder verbündeten Truppen Nachtheil zuzufügen:

1) Eine der in § 90 des deutschen Strafgesetzbuchs bezeichneten strafbaren Handlungen begeht[1];

---

[1] § 90 des Strafgesetzbuchs lautet: Lebenslängliche Zuchthausstrafe trifft einen Deutschen, welcher vorsätzlich während eines gegen das deutsche Reich ausgebrochenen Krieges:

1) Festungen, Pässe, besetzte Plätze oder andere Vertheidigungsposten, ingleichen deutsche oder verbündete Truppen oder einzelne Offiziere oder Soldaten in feindliche Gewalt bringt;

2) Festungswerke, Schiffe, Kassen, Zeughäuser, Magazine oder andere Vorräthe von Waffen, Schießbedarf oder andern Kriegsbedürfnissen in feindliche Gewalt bringt oder dieselben, so wie Brücken und Eisenbahnen zum Vortheile des Feindes zerstört oder unbrauchbar macht;

3) Dem Feinde Mannschaften zuführt oder Soldaten des deutschen oder verbündeten Heeres verleitet, zum Feinde überzugehen;

4) Operationspläne oder Pläne von Festungen oder festen Stellungen dem Feinde mittheilt;

5) Dem Feinde als Spion dient oder feindliche Spione aufnimmt, verbirgt, oder ihnen Beistand leistet, oder

6) Einen Aufstand unter den deutschen oder verbündeten Truppen erregt. Sind mildernde Umstände vorhanden, so tritt Festuugshaft nicht unter 5 Jahren ein.

2) Wege oder Telegraphenanstalten zerstört oder unbrauchbar macht;

3) Das Geheimniß des Postens, das Feldgeschrei oder die Loosung verräth;

4) Vor dem Feinde Meldungen oder dienstliche Mittheilungen falsch macht oder richtige zu machen unterläßt;

5) Dem Feinde als Wegweiser zu einer militärischen Unternehmung gegen deutsche oder verbündete Truppen dient, oder als Wegweiser kriegführende oder verbündete Truppen irre leitet;

6) Vor dem Feinde in einer Weise, welche geeignet ist, die Truppen zu beunruhigen oder irre zu leiten, militärische Signale oder andere Zeichen giebt, zur Flucht auffordert oder das Sammeln zerstreuter Mannschaften verhindert;

7) Einen Dienstbefehl ganz oder theilweise unausgeführt läßt oder eigenmächtig abändert;

8) Es unternimmt, mit Personen im feindlichen Heere, in der feindlichen Marine oder im feindlichen Lande über Dinge, welche die Kriegführung betreffen, mündlich oder schriftlich Verkehr zu pflegen oder einen solchen Verkehr zu vermittlen;

9) Feindliche Aufrufe oder Bekanntmachungen im Heere verbreitet;

10) Die pflichtmäßige Fürsorge für die Verpflegung der Truppen unterläßt;

11) Feindliche Kriegsgefangene freiläßt oder

12) Dem Feinde ein Signalbuch oder einen Auszug aus einem solchen mittheilt.

In minder schweren Fällen tritt Zuchthaus nicht unter zehn Jahren oder lebenslängliches Zuchthaus ein.

§ 59. Haben Mehrere einen Kriegsverrath verabredet, ohne daß es zu einer Ausführung oder zu einem strafbaren Versuche desselben gekommen ist, so tritt Zuchthaus nicht unter fünf Jahren ein.

§ 134. Wer im Felde in der Absicht rechtswidriger Zueignung einem auf dem Kampfplatze gebliebenen Angehörigen der deutschen oder der verbündeten Truppen eine Sache abnimmt, oder einem Kranken oder Verwundeten auf dem Kampfplatze, auf dem Marsche, auf dem Transport oder im Lazareth, oder einem seinem Schutze anvertrauten Kriegsgefangenen eine Sache wegnimmt oder abnöthigt, wird mit Zuchthaus bis zu zehn Jahren, in minder schweren Fällen mit Gefängniß bis zu fünf Jahren und Versetzung in die zweite Klasse des Soldatenstandes bestraft; zugleich kann auf Verlust der bürgerlichen Ehrenrechte erkannt werden.

§ 160. Ein Ausländer oder Deutscher, welcher während eines gegen das deutsche Reich ausgebrochenen Krieges auf dem Kriegsschauplatze sich einer der in den §§ 57, 58, 59 und 134 vorgesehenen Handlungen schuldig macht, ist nach den in diesen §§ gegebenen Bestimmungen zu bestrafen.

§ 161. Ein Ausländer oder Deutscher, welcher in einem von deutschen Truppen besetzten ausländischen Gebiete gegen deutsche Truppen oder Angehörige derselben oder gegen eine auf Anordnung des Kaisers eingesetzte Behörde eine nach den Gesetzen des deutschen Reiches strafbare Handlung begeht, ist ebenso zu bestrafen, als wenn diese Handlung von ihm im Bundesgebiete begangen wäre.

Das deutsche Strafgesetzbuch von 1870, § 91, hatte noch daran festgehalten, daß gegen Ausländer, welche sich des Kriegsverraths schuldig machen, nach Kriegsgebrauch zu verfahren sei; damit war die Befugniß, Personen, welche während des Krieges einer verrätherischen Handlung sich schuldig machen und die auf frischer That erfaßt werden, zu erschießen, für zulässig erklärt worden. Aber das Einführungsgesetz zum Militärstrafgesetzbuch hat in § 3 bestimmt: „Eine Bestrafung in Gemäßheit des Militärstrafgesetzbuches kann nur auf Grund eines gerichtlichen Erkenntnisses erfolgen.“ Da der Kriegsverrath, der von Ausländern begangen wird, in das Militärstrafgesetzbuch Aufnahme gefunden hat, so ist damit die Verhängung der Todesstrafe ohne gerichtliches Verfahren und Urtheil, soweit sie noch bisher zulässig war, beseitigt worden. Die Erschießung eines Bewohners eines besetzten Landes ohne gerichtliches Verfahren ist künftighin nur dann straflos, wenn der Fall der Nothwehr oder des Nothstandes vorliegt.

Durch diese Bestimmungen des Strafgesetzbuches und Militärstrafgesetzbuches ist ein den Anforderungen der Gerechtigkeit und Humanität entsprechendes Kriegsstrafrecht geschaffen worden. Dasselbe gewährt einerseits für die Sicherheit der Armee in Feindesland eine genügende Bürgschaft und erscheint andererseits durch möglichst genaue Definition der einzelnen Verbrechen, durch eine humane Festsetzung der Strafen, durch den weiten Spielraum, der dem Ermessen des Richters bei Bestimmung der Strafe im einzelnen Falle je nach den Gründen einer Strafmilderung oder Schärfung gegeben ist, durch die Garantie einer geordneten Strafrechtspflege als ein Fortschritt des Kriegsrechts.

So ausführlich jedoch auch die Bestimmungen des Kriegsstrafrechts, die in Friedenszeiten erlassen werden, sein mögen, jeder neue große Krieg wird neue Bedürfnisse haben, die nicht vorauszusehen waren, und für die in den bestehenden Gesetzen sich keine Abhilfe findet. In derartigen Fällen muß der feindlichen Kriegsautorität, die das Land besetzt hält, das Recht zustehen, auch während des Krieges neue Strafgesetze zu erlassen, welche die Armee vor Nachtheil beschützen sollen. Im Krieg von 1870 bis 1871 zeigte sich diese Nothwendigkeit in sehr hohem Grade, da, wie wir gesehen haben, die vorhandenen Gesetze nur sehr lückenhaft waren. Aber auch unter der Herrschaft des Militärstrafgesetzbuchs vom 20. Juni 1872 wird der Staat auf dieses Recht nicht verzichten können.

Unter den Gesetzen des Kriegsstrafrechts, welche während des Krieges in Elsaß-Lothringen erlassen worden sind, müssen namentlich hervorgehoben werden diejenigen, welche das Verbot des Anschlusses an die französischen Streitkräfte enthalten. Schon durch königliche Cabinetsordre vom 12. August 1870 war in der ganzen Ausdehnung des von deutschen Truppen besetzten Gebietes die Conscription abgeschafft worden. Die Beamten der Civilbehörden, welche trotz dieser Abschaffung die Ziehung der Rekruten auf irgend eine Weise bewerkstelligen oder begünstigen, wurden mit Kriegsgefangenschaft bedroht.

Dagegen wurde ein Verbot gegen den Zuzug zu der französischen Armee nicht erlassen und schien auch in der ersten Zeit der Occupation nicht nothwendig. Man legte den einzelnen Fällen, die vorkamen, keine Wichtigkeit bei. Erst im Laufe des Monats November griff die Auswanderung von jungen Leuten nach dem Innern Frankreichs in bedenklicher Weise um sich. Durch Aufreizung des Patriotismus, durch große Geldgeschenke und noch größere Versprechungen, durch Androhung von Strafen war es den französischen Werbern, die im Auftrage der Regierung zu Tours das Land durchstreiften, gelungen, sehr viele waffenfähige junge Leute zu veranlassen, zu den französischen Fahnen zu eilen. Dazu kam die herrschende Arbeits- und Verdienstlosigkeit, welche denselben Entschluß bei einer großen Zahl von jungen Männern herbeiführte. In Basel hatte der französische Consul ziemlich offen ein Werbebureau errichtet, wo die Elsässer Reisegeld, Kleidung und Marschrouten erhielten. Die Regierung sah diesem Treiben allzu lange zu, ohne eine Gegenmaßregel zu ergreifen. Durch Verordnung vom 14. Dezember 1870 wurde zunächst vorgeschrieben, daß zu Reisen über die Grenzen des Generalgouvernements ein von der Heimathsbehörde auszustellender Paß nothwendig sei; eine Maßregel, die selbstverständlich von keinem Erfolg sein konnte. Aber erst durch Verordnung des Generalgouverneurs vom 17. Dezember 1870, Artikel 1, wurde es verboten, sich zum Kriegsdienst gegen das deutsche Heer anwerben zu lassen, bei einer Zuchthausstrafe bis zu zwanzig Jahren und einer Geldstrafe bis zu 10,000 Thalern, und dieselbe Strafe wurde gegen den Werber angedroht. Indessen hatte die starke Auswanderung aus Elsaß und Lothringen schon die Aufmerksamkeit des großen Hauptquartiers in Versailles erweckt. Was bis dahin versäumt worden war, suchte man nun durch die übertriebene Härte der Strafbestimmungen wieder gut zu machen. Die königliche Verordnung vom 15. Dezember 1870 belegte den Anschluß an die französischen Streitkräfte mit Confiscation des gegenwärtigen und zukünftigen Vermögens und mit zehnjähriger Verbannung. Zu jeder Entfernung vom Wohnsitz sollte die schriftliche Erlaubniß des Präfekten nothwendig sein. Wer ohne eine solche Erlaubniß länger als 8 Tage von seinem Wohnsitz entfernt ist, von dem wird rechtlich vermuthet, daß er sich den französischen Streitkräften angeschlossen hat. Diese Vermuthung genügt zur Verurtheilung. Die Verurtheilung erfolgt ohne jedes gerichtliche Verfahren durch die Verfügung des Generalgouverneurs. (Artikel 1 und 5). Indessen wurde diese Verordnung erst am 12. Januar 1871 in Elsaß-Lothringen publizirt und trat in Folge dessen auch erst mit diesem Tage in Kraft. Auch fand sie in dem Gebiete des Generalgouvernements nur in fünf Fällen Anwendung (Verfügung des Generalgouverneurs vom

18. Februar 1871). Jedenfalls hat sie sich als gänzlich überflüssig erwiesen und ohne irgendwie zu nützen, durch ihre Härte und willkührliche Bestimmungen zu vielen Vorwürfen gegen die deutsche Kriegsführung Veranlassung gegeben. So wenig dem Feinde, der das Land besetzt hält, das Recht abgesprochen werden kann, den Anschluß an das Heer des Gegners mit Strafe zu bedrohen, so wenig werden doch die Bestimmungen der königlichen Verordnung vom 15. Dezember 1870 gerechtfertigt werden können. Schon die Strafbestimmungen der Verordnung des Generalgouverneurs vom 17. Dezember erscheinen als ausnehmend hart; aber hier war doch zugelassen, daß das Gericht bei Annahme von mildernden Umständen auf Gefängniß statt auf Zuchthaus erkennen und eine geringe Vermögensstrafe aussprechen konnte.

Die Erbitterung, die in der Verordnung vom 15. Dezember ihren Ausdruck fand, war hauptsächlich durch das Treiben der Francstireurs entstanden, die zwar in Elsaß-Lothringen wenig Unruhe verursachten, denen sich aber vorzüglich die ausgewanderten Elsässer angeschlossen hatten. Das Urtheil über die Francstireurs und über ihre völkerrechtliche Behandlung hat sich nach und nach bei den verständigen Männern aller Nationen festgestellt, wenn auch über einzelne Punkte noch Meinungsverschiedenheiten herrschen[1]. Es würde uns zu weit führen, die vielfach erörterte Frage nochmals zu untersuchen. Das Urtheil Monods wird heute wohl allgemeine Zustimmung erhalten: „Die Bildung und insbesondere die Vermehrung der Corps der Francstireurs war von Seiten der Franzosen

[1] In der Beurtheilung der Francstireurs stimmen überein Bluntschli (Holtzendorffs Jahrbuch, S. 286); Rolin-Jaecquemins, (III, S. 308); Droop, in einem von Rolin angeführten Aufsatz (On the relations between an invading army and the inhabitants), und G. Monod (Allemands et Français, p. 107 et suiv.).

ein schwerer Irrthum, der übrigens, aber nur zu spät, von der Regierung erkannt wurde. Sie versuchte dann vergebens sie der regelmäßigen Armee einzuverleiben. . . . . Die Dienste, welche von den Francstireurs geleistet wurden, können nicht in die Wagschaale fallen gegenüber den Nachtheilen, die sie verursacht haben."

Der politische Fehler, den die französische Regierung durch Schaffung der Francstireurs beging, rächte sich an der Bevölkerung schwer. Hierdurch namentlich wurde der zweiten Hälfte des Krieges jener Charakter der Unerbittlichkeit und des Hasses aufgedrückt, der den humanen Gesinnungen beider Nationen so wenig entsprach. Die Fransctireurs, die auf den Gang des Krieges nicht den geringsten Einfluß auszuüben vermochten, zwangen durch die Unsicherheit, die sie vielfach verbreiteten, und durch die Zügellosigkeit, durch die sie sich meistens auszeichneten, den Feind zu den strengsten Maßregeln. Auch hier ist von deutscher Seite nicht immer das richtige Maß gehalten worden. Ungerecht aber ist es, nur die strengen Anordnungen der deutschen Autoritäten zu kritisiren und das Auftreten der Francstireurs, die hierzu nöthigten, nicht zu beachten oder als gerechtfertigt hinzustellen [1].

In Elsaß-Lothringen waren seit der Einnahme von Straßburg und Metz, seit dem Monate November 1870, geordneter

[1] Morin, I, S. 230 u. ff., bleibt auch bei Beurtheilung dieser Frage seiner Methode getreu. Ebenso tritt die Partheilichkeit Calvos für die Franzosen auch bei dieser Gelegenheit hervor. Für ihn stehen die französischen Francstireurs durchaus den regulären Soldaten gleich, und weil die Deutschen sie nicht überall als solche anerkannten, müssen ihre Maßregeln völlig verdammt werden als Verletzungen der Grundsätze, welche heutzutage in der Praxis des Krieges zwischen civilisirten Völkern angenommen sind. (Bd. II, S. 117, 119.)

und ruhigere Verhältnisse eingetreten. Der Kriegsschauplatz war weiter in das Innere des Landes verlegt worden, die deutsche Verwaltung hatte ihre erste Organisation erhalten und damit war zugleich das Bedürfniß aufgetreten, das Kriegsstrafrecht zu ergänzen und den deutschen Truppen und deutschen Behörden einen genügenden strafrechtlichen Schutz zu gewähren. Neben den außerordentlichen Kriegsgerichten, die indessen nur äußerst selten in Funktion traten, wurden zwei ständige Kriegsgerichte zu Straßburg und Metz eingesetzt, deren Organisation wir im nächsten Abschnitte zu besprechen haben werden. Ihre Kompetenz wurde durch die Verordnungen des Generalgouverneurs vom 12. September und 17. Dezember 1870 geregelt.

In den großen Festungen, wie Straßburg und Metz, und an andern Orten mußten außer diesen strafrechtlichen Bestimmungen zur Aufrechterhaltung der Sicherheit noch zahlreiche polizeiliche Maßregeln getroffen werden, deren Verletzung mit Strafen bedroht wurde. So mußten in allen größern Städten unmittelbar nach deren Besitznahme alle Waffen und Munition, die sich in Privatbesitz befanden, abgeliefert werden. In der Proklamation des General Mertens vom 28. September 1870, Art. 3, waren die Hausbesitzer Straßburgs für die Ablieferung sämmtlicher Waffen, die sich in ihren Häusern vorfanden, verantwortlich gemacht worden. Durch Erlaß vom 6. November war für Straßburg verkündet worden, daß, nachdem die Einziehung der im Besitz von Privatpersonen befindlichen Waffen vollendet sei, jeder, der im Besitz von Waffen ohne Erlaubnißschein betroffen werde, je nach den Umständen vor das Kriegsgericht gestellt oder ausgewiesen werden soll.

Das Prinzip der Gesammtverbindlichkeit, das den Gemeinden gegenüber in Bezug auf die in ihrem Gebiete begangenen Kriegsverbrechen zur Anwendung gebracht wurde, übertrug man im Innern der Städte auf einzelne Häuser und einzelne Stadtviertel. Man machte den Hausherrn verantwortlich für Alles, was in seinem Hause gegen die öffentliche Sicherheit und Ordnung geschah. Wenn auch das Prinzip vielfach mißbraucht werden kann, so ist doch zuzugestehen, daß es sich auch in dieser Anwendung im Ganzen vortrefflich bewährt hat. Es hat seinen Zweck in den meisten Fällen vollständig erreicht und allen Störungen der öffentlichen Sicherheit vorgebeugt. So war z. B. in Straßburg eine Zeit lang die kindische Unsitte eingerissen, in der Nacht die Wände der Häuser mit aufrührerischen Schriften, Depeschen über erlogene französische Siege zu bekleben. Dadurch war besonders in den niedern Klassen der Bevölkerung eine gewisse Aufregung entstanden. Die Hausbesitzer wurden in Folge dessen verantwortlich erklärt für die an ihre Häuser angeklebten Anschläge, und sofort verschwand diese Unsitte. Zu der Verurtheilung eines Hausbesitzers ist es aber nie gekommen. Doch war es unzweifelhaft eine mißbräuchliche Anwendung dieses Prinzips, wenn, ohne daß vorher eine solche collektive Verantwortlichkeit ausgesprochen worden wäre, ein ganzer Stadttheil für die an einem öffentlichen Gebäude vorgekommene Beschädigung mit einer Strafe belegt wurde [1].

---

[1] Erlaß des Festungsgouverneurs vom 29. Dezember 1870:

„In der Nacht vom 26. bis 27. Dezember sind in der Saverne-Kaserne 60 Fensterscheiben eingeworfen worden. Die Mairie hat diese durch den Muthwillen von Einwohnern zerstörten Scheiben in drei Tagen auf ihre Kosten erneuern zu lassen. Außerdem lege ich den Eigenthümern der unzerstörten Häuser (d. h. durch die Belagerung nicht zerstörten) des umliegenden Stadttheils eine besondere Strafe von 800 Franken auf."

Morin (II, S. 486) gibt diesen Erlaß in einer sinnentstellenden Uebersetzung wieder.

Dagegen ist anzuerkennen, daß man sich aller kleinlichen Vexationen der Einwohner enthielt. Wenn behauptet wird: „Man nahm Kinderspielzeug weg, dreifarbige Fahnen, Trommeln, kleine Säbel. Man ging sogar so weit, kleine Kinder zu verhaften, welche Soldaten spielten und riefen: Vive la France!“ so ist dies einfach nicht richtig. [1]

Als seit der Mitte des Dezembers sich in Folge der Bildung der Armee Bourbakis im Elsaß eine größere politische Aufregung verbreitete, mußten natürlich auch Maßregeln getroffen werden, die diesen Verhältnissen entsprachen. Eine strenge Fremdenpolizei wurde eingeführt (Verordnung vom 20. Dezember 1870), elsässische Zeitungen, welche diese Aufregung noch mehr zu reizen suchten, wurden unterdrückt, fremde Zeitungen mit ähnlicher Tendenz wurden verboten. Persönlichkeiten, die man im Verdacht hatte, daß sie junge Leute verleiteten, sich der französischen Armee anzuschließen, oder welche in anderer Weise als gefährlich erschienen, wurden aus dem Gebiete des Generalgouvernements ausgewiesen. Wir haben schon früher von der Ausweisung der französischen Beamten gesprochen, welche sich weigerten, ihre Funktionen fortzusetzen. Durch Erlaß des Generalgouverneurs wurden ferner etwa 20 Polen, die bisher eine Unterstützung von der französischen Regierung erhalten hatten und sich durch ein besonderes feindseliges Auftreten gegen die deutsche Regierung auszeichneten, um diese Zeit ausgewiesen.

Eine vielfach getadelte Maßregel, die in der zwangsweisen Mitführung von notablen Einwohnern zur Sicherung des Eisenbahnverkehrs bestand, kam auch in Elsaß-Lothringen zur Anwendung. Man hat dieses Mittel, um verderblichen Zerstörungen der Eisenbahnen vorzubeugen, fälschlich als einen Mißbrauch des

---

[1] Schneegans, La Guerre en Alsace, I, p. 324.

veralteten Rechts, Geiseln zu nehmen, bezeichnet und der deutschen Regierung vorgeworfen, daß sie selbst die von dem Völkerrecht aufgestellten Beschränkungen dieses Rechts der Geiseln nicht geachtet hätte. Insbesondere sei dadurch das Leben der Geiseln in Gefahr gebracht worden, während nach dem Völkerrechte nur die Freiheit der Geiseln beschränkt werden dürfe. Diese Maßregel hat aber unseres Erachtens mit der Wegnahme von Geiseln nichts zu thun. Die Geiseln sollen dazu dienen, die Erfüllung einer Verbindlichkeit zu erzwingen. Die Mitführung von Notablen zum Schutze des Eisenbahnverkehrs ist dagegen eine polizeiliche Sicherheitsmaßregel gewesen, welche durch die Größe der Gefahr, die drohte, veranlaßt worden ist. Die Uebelthäter, welche durch Aufreißen der Schienen, durch Legen von Holz und Steinen auf die Schienen das Leben von hunderten von Menschen bedrohen können, sollen wissen, daß sie nicht nur Feinde, sondern auch Angehörige ihres eigenen Landes in Gefahr setzen. Das zwangsweise Reisen der Notabeln auf den Lokomotiven ist eine durch den Nothstand verursachte und dadurch allein zu entschuldigende Maßregel. Für die Einzelnen, die davon betroffen werden, ist sie ungerecht und hart; aber das Uebel, das hierdurch dem Einzelnen zugefügt wird, steht doch in keinem Vergleiche zu dem dadurch erzielten Resultate. Ist selbst die Gesammtschaft der Gemeinde für die auf ihrem Gebiete begangenen Eisenbahnstörungen nicht mehr im Stande, diesen Verbrechen vorzubeugen, verkennt ein Theil der Bevölkerung so sehr die Bedingungen, unter denen überhaupt in einem vom Feinde besetzten Land die Aufrechthaltung eines Rechtszustandes möglich ist, so muß es auch dem Feinde erlaubt sein, alle diejenigen Maßregeln zu ergreifen, die er zu seiner Sicherheit nothwendig erachtet. Es ist vielfach behauptet worden, daß das Mittel keine Gewähr für den beabsichtigten Erfolg biete, daß, wer nicht davon zurückschrecke, einen mit Soldaten angefüllten Eisenbahnzug zu gefährden, auch wenig Rücksicht auf die Notablen und deren Sicherheit nehmen werde. Aber die Erfahrung hat gezeigt, daß dieser Einwand nicht richtig ist. Ueberall wo die Mitführung von Notablen auf den Eisenbahnen stattgefunden hat, ist die Sicherheit des Verkehrs zurückgekehrt, sei es, daß dadurch die Wachsamkeit der Gemeinden gesteigert wurde, sei es, daß dennoch die Maßregel selbst von der Verübung des Verbrechens abgehalten hat. Mir ist kein einziger Fall bekannt geworden, in welchem einem Eisenbahnzug, auf dem sich ein Notabler befand, ein Unglück widerfahren wäre. Dieselbe Wirkung hat die Maßregel nach Aussage vieler Offiziere in ganz Frankreich gehabt. Man hat die Maßregel auch deßhalb als völkerrechtswidrig angegriffen, weil sie dem bisherigen Völkerrecht unbekannt sei. Aber der deutsch-französische Krieg von 1870—1871 ist der erste gewesen, in welchem der Feind von weit ausgedehnten Eisenbahnlinien in Feindesland Gebrauch gemacht hat. Gegen neue Erscheinungen müssen neue Mittel gefunden werden. Wenn in zukünftigen Kriegen ähnliche Verhältnisse wieder eintreten, wird man auch zu dieser Maßregel, die sich bewährt hat, greifen. In Elsaß-Lothringen hat man nur auf kleinen Strecken und für kurze Zeit von der Maßregel Gebrauch gemacht [1].

[1] Sie fand eine Zeitlang Anwendung auf der Strecke Bollweiler-Mülhausen und Barr-Waßlenheim. Bekanntmachung des Präfekten vom 22. Januar 1871: „Verschiedene durch Zeugen festgestellte Versuche, den Bahnbetrieb auf der Strecke Barr-Waßlenheim durch Aufheben von Schienen u. s. w. zu stören, haben das Generalgouvernement im Elsaß veranlaßt, zu bestimmen, daß fortan auf allen zwischen diesen Orten gehenden Zügen Geiseln

Kapitel V.

Militärstrafrecht.

Das Kriegsstrafrecht hat die Handlungen der Bewohner des besetzten Landes zum Gegenstand, welche gegen das Heer oder die von dem Feinde eingesetzten Behörden gerichtet sind. Seine Aufgabe besteht in der Sicherung der militärischen Zwecke und in der Aufrechthaltung des provisorischen Rechtszustandes, der sich während der kriegerischen Besetzung zwischen der besetzenden Kriegsmacht und den Bewohnern des besetzten Gebietes gebildet hat. Folgt aber aus diesem Rechtszustand einerseits die Verpflichtung der Bewohner, den Anordnungen des Feindes innerhalb der oben angegebenen Schranken Gehorsam zu lei-

---

auf den Lokomotiven mitgeführt werden; hierzu werden vorzugsweise die frühern französischen Eisenbahnbeamten dieser Strecke, welche nicht mehr in Funktion und auch nicht ausgewiesen sind, verwendet." Die Maßregel war schon am 17. Dezember 1870 angedroht worden, kam aber jetzt erst zur Ausführung. — Wenn die Franzosen und Franzosenfreunde wie Calvo über diese Maßregel in sittliche Entrüstung ausbrechen und sie als eine dem barbarischen Zeitalter entlehnte bezeichnen, so vergessen sie gänzlich, durch welche Vorgänge die deutschen Heerführer zu dieser Maßregel gezwungen worden sind. (Vgl. Revue des Deux-Mondes, 1er février 1871, p. 449; 1er mai 1871, p. 159. Calvo, t. II, p. 452.) Auch Bluntschli (§ 600) scheint uns die Frage nicht von dem richtigen Gesichtspunkt aus zu betrachten.

sten, so folgt daraus anderer Seits die Verpflichtung des Feindes, die Bewohner gegen willkührliche Bedrückungen und gegen Verletzungen ihrer Person und ihres Eigenthums zu schützen. Und zwar liegt ihm diese Verpflichtung ob zunächst in Bezug auf seine eigenen Soldaten. Durch das Militärstrafrecht müssen Bestimmungen getroffen sein über die widerrechtlichen Handlungen der Angehörigen des eigenen Heeres und über deren Bestrafung. Wir haben unserer Aufgabe gemäß hier nur das deutsche Militärstrafrecht zu betrachten, soweit es den Schutz der Bewohner eines besetzten Gebietes zum Zweck hat und soweit es im Elsaß während des Krieges zur Anwendung gelangte.

In allen Proklamationen, welche von dem König von Preußen und seinen Heerführern an die Bevölkerung der besetzten Gebiete Frankreichs erlassen wurden, wird es als eine strenge Pflicht anerkannt, die Sicherheit der Person und des Eigenthums auf das Entschiedenste zu schützen, soweit es der Krieg irgendwie gestattet: „Wir führen keinen Krieg gegen die friedlichen Bewohner des Landes." Dies königliche Wort bezeichnet die Aufgabe, die unter allen Mühseligkeiten und allen Drangsalen des Krieges erfüllt werden sollte. Wir haben hier nicht zu untersuchen, ob sie unter allen Verhältnissen erfüllt worden ist. Wir haben die häufig bis zum Komischen übertriebenen Beschuldigungen fanatischer Franzosen hier nicht auf ihre richtigen Grenzen zurückzuführen[1]. Aber für Elsaß und

[1] Nur auf einen Punkt sei es erlaubt hier etwas näher einzugehen. Nach dem Artikel 2 des französischen Gesetzes vom 6. September 1871 hatten Cantonalkommissionen die Kriegsschäden zu konstatiren und die Schadenersatzansprüche abzuschätzen. Nach der Bekanntmachung des Ministers des Innern vom 27. Oktober 1871, wurde von diesen Cantonalkommissionen der Werth der

Lothringen können wir aus eigener Erfahrung bezeugen, daß das königliche Wort von dem gesammten deutschen Heere eingelöst worden ist. Selbst heftige Gegner Deutschlands, wie z. B. Schneegans, müssen dies eingestehen. Er sagt in seinem Werke

---

ohne Requisitionsschein weggenommenen Werthpapiere, Möbel und anderer beweglichen Gegenstände in ganz Frankreich auf 264,172,802 Franken geschätzt. Die Franzosen und Hr. Calvo (a. a. O. Bd. II, S. 183) haben sich natürlich beeilt, die deutschen Heere anzuklagen, 264 Millionen gestohlen zu haben. Aus dem Cirkular des Ministers des Innern vom 12. Dezember 1871, betreffend die Revision der Abschätzungen der Cantonalkommissionen ergibt sich aber Folgendes: 1) In den 264 Millionen sind inbegriffen alle Requisitionen, für welche kein Schein beigebracht werden kann, die Diebstähle, die Schäden, die in Folge von Bränden, Kriegsereignissen, Besetzung durch Truppen u. s. w., u. s. w. entstanden sind. Ferner sind darin enthalten die Schäden jeder Art, welche das Eigenthum der Departements, der Gemeinden und der Spitäler erlitten hatten. 2) Die Angabe bezieht sich keineswegs nur auf die Beschädigungen, die durch die deutschen Truppen, sondern auch auf diejenigen, welche durch die französischen Truppen, die Freischaaren und insbesondere auch durch den Aufstand der Pariser Commune und die zweite Belagerung von Paris entstanden sind. (Vgl. den Bericht des Präfekten der Seine an den Minister des Innern über die Kriegsschäden in dem Departement der Seine.) Die Schäden der obenangeführten Kategorien wurden in dem Departement der Seine auf 96,632,635 Franken und im Departement der Seine-und-Oise auf 78,667,157 Franken geschätzt, also auf etwa 2/3 der Gesammtsumme. Daß der größte Theil dieser Beschädigungen aber nicht dem deutschen Heere zur Last fällt, wird wohl kaum bestritten werden können. — Wie die Francstireurs in ihrem eigenen Heimathslande gehaust haben, davon geben, die zahlreichen Prozesse die nach dem Krieg wegen Diebstahl und Raub gegen frühere Francstireurs angestrengt wurden, eine lebhafte Vorstellung. Die Jahrgänge 1871 und 1872 der Gazette des Tribunaux liefern Beispiele in Hülle und Fülle. 3) In dem angeführten Cirkular vom 12. Dezember

(Der Krieg im Elsaß. Bd. I., p. 73): „Im Anfang rühmte man viel und mit vollem Recht die musterhafte Disciplin und das vollkommen gute Benehmen der preußischen Soldaten. Keine persönliche Erpressung, keine Plünderung, kein Marodiren! Wurde ein Soldat bei einem Diebstahl erfaßt, und wäre es auch nur der eines Huhnes gewesen, so wurde er mit großer Strenge bestraft. Man erzählte in Straßburg, daß man längs der Landstraßen einige Soldaten an Bäumen angebunden gesehen habe, die sozusagen von der ganzen Armee, die vorbeimarschirte, ausgestellt waren: es waren Marodeure. — Indeß noch später, nach der Besetzung Straßburgs durch die Deutschen, konstatirte Jedermann den Geist der vollkommenen Disciplin, welcher diese Truppen beherrschte. Kaum daß man hie und da einige vereinzelte Fälle von Rohheit oder auch nur von Ungezogenheit anführen konnte.“ —

Die Praxis der deutschen Kriegführung, wie die Bestimmun-

1871 macht aber schließlich der Minister die Präfekten aufmerksam, daß gerade die Angaben dieser Categorie von Schadensanmeldungen überaus unzuverlässig seien und einer strengen Prüfung durch die Departemental-Kommission bedürfen. Er sagt: «J'ai, en effet, remarqué avec regret que, dans quelques communes, les réclamations de cette catégorie avaient été singulièrement exagérées. La Commission départementale n'hésitera pas à faire justice de ces spéculations honteuses. Elle n'aura, le plus souvent, pour s'éclairer que la notoriété publique; mais elle pourra déférer le serment aux réclamants et livrer aux tribunaux ceux dont la déclaration aura été reconnue fausse à la suite de faits révélés dans le cours de l'instruction.» — Zieht man die angeführten Momente in Betracht und erwägt man den Umstand, daß mehr als eine Million deutscher Soldaten 43 französische Departements während eines außerordentlich strengen Winters besetzt hielten, so wird die obenangeführte Summe nicht gegen, sondern für die Mannszucht und Ehrenhaftigkeit des deutschen Heeres sprechen.

gen der deutschen Militärstrafgesetze über Mißbrauch der militärischen Gewalt im Krieg ruhen auf dem Gedanken, der in dem Armeebefehl des Königs von Preußen vom 2. August 1870 einen so schönen Ausdruck gefunden hat: „Es ist Pflicht jedes ehrliebenden Soldaten, das Privateigenthum zu schützen und nicht zu dulden, daß der gute Ruf unseres Heeres auch nur durch einzelne Beispiele von Ruchlosigkeit angetastet werde."

Was den Schutz der Personen betrifft, so hatten schon die früheren Militärstrafgesetzbücher von Preußen (von 1845), von Bayern (von 1869), von Würtemberg (von 1818) bestimmt, daß jede Mißhandlung oder Körperverletzung oder Tödtung der Bewohner eines besetzten feindlichen Gebiets ebenso bestraft werden solle, als wenn das Verbrechen an Unterthanen des eigenen Landes verübt worden wäre (z. B. Preußen, § 145). Das deutsche Militärstrafgesetzbuch vom 20. Juni 1872 hat nicht nur in § 3 denselben Grundsatz angenommen, sondern es hat auch in § 127 bestimmt, daß die Verfolgung einer Person des Soldatenstandes, die im Felde einen Diebstahl, eine Unterschlagung, eine Körperverletzung oder ein Verbrechen oder ein Vergehen wider die Sittlichkeit begeht, unabhängig von dem Antrage des Verletzten oder einer andern zum Antrage berechtigten Person stattzufinden hat, auch wenn nach dem deutschen Strafgesetzbuch ein Antragsverbrechen vorläge.

Diese Bestimmung erschien bei der großen Ausdehnung, welche die Antragsverbrechen im deutschen Strafgesetzbuche erhalten haben, zum Schutze der Bevölkerung nothwendig. Der durch den Kriegsschrecken oder durch die Drohungen des Soldaten eingeschüchterte Verletzte wird es in vielen Fällen nicht wagen, einen förmlichen Antrag auf Verfolgung des Verbrechers zu stellen. Auch ist es, namentlich bei rascher Fortbewegung des Heeres vielfach unmöglich, den Antrag überhaupt zu stellen.

Die meisten der angegebenen Verbrechen würden thatsächlich straflos bleiben, dadurch aber bei vielen Soldaten die Ansicht erzeugt werden, daß sie überhaupt keine strafbaren Handlungen seien. Ein sofortiges Einschreiten von Amtswegen ist zur Aufrechthaltung der Mannszucht und zur Rechtssicherheit der Bevölkerung unbedingt erforderlich.

Ausführlicher noch sind die Bestimmungen der Militärstrafgesetze über den Schutz des Eigenthums der Bewohner des feindlichen Landes. Es ist dabei zu unterscheiden zwischen dem Schutz des Privateigenthums gegenüber dem völkerrechtlichen Beuterecht und gegenüber den widerrechtlichen Handlungen von einzelnen Angehörigen des Heeres.

Bei der Beurtheilung des völkerrechtlichen Beuterechts werden gewöhnlich zwei Gegenstände nicht gehörig von einander geschieden, die von dem modernen Völkerrecht wenigstens nach ganz verschiedenen Grundsätzen zu behandeln sind. Mit Beuterecht wird erstens die Befugniß des feindlichen Staats bezeichnet, sich das bewegliche Eigenthum des Staats, dessen Gebiet besetzt wird, anzueignen. Wir werden in einem spätern Kapitel uns mit der Frage zu beschäftigen haben, ob und mit welchen Beschränkungen eine solche Befugniß besteht. Hiervon aber ganz verschieden ist zweitens die Befugniß des feindlichen Staats, sich des beweglichen Eigenthums von Privatpersonen in dem besetzten Gebiete zu bemächtigen und zwar nicht auf dem Wege der Requisition oder zum Zwecke der Konfiscation, zur Strafe, sondern zum Zwecke der Bereicherung oder zum Zwecke, dem feindlichen Staate zu schaden durch Beraubung seiner Angehörigen. Diese letztere Befugniß, die man ausschließlich mit dem Namen „Beuterecht“ bezeichnen sollte, wird fast allgemein von der Wissenschaft des Völkerrechts verworfen. Das moderne Völkerrecht verlangt die unbedingte Anerkennung des Prinzips, daß das Privateigenthum auch im Kriege von Seiten der siegenden Kriegsgewalt zu achten ist und nur aus Gründen der militärischen Nothwendigkeit angegriffen werden darf. Das Beuterecht in diesem zuletzt angegebenen Sinn muß demnach als völkerrechtswidrige Barbarei verurtheilt werden [1].

Leider ist es aber der Wissenschaft bis jetzt nicht gelungen, die Anerkennung dieses Satzes in der Praxis durchzusetzen. Auch die civilisirten Staaten Europa's halten noch daran fest, daß ihnen auch dieses Beuterecht zustehe und knüpfen nur seine Ausübung an bestimmte Bedingungen. Nicht nur wird das Beuterecht zur See noch aufrecht erhalten, auch für den Landkrieg glauben die Staaten, wenigstens im Prinzipe an dem Beuterecht festhalten zu müssen. Ja auch für die praktische Ausübung desselben liefert die neuere Geschichte mehrere traurige Beispiele. So wurde nach der Erstürm ung der Stadt Constantine durch das französische Heer im Jahre 1837 in Anwendung des Beuterechts die Stadt der Plünderung der Truppen preisgegeben, bei der sich Offiziere wie Soldaten betheiligten [2]. Bekannt ist die Plünderung des Sommerpalastes des Kaisers von China

[1] Vgl. z. B. Bluntschli, Völkerrecht, §§ 652 u. 657. Interessant für die Entwicklungsgeschichte der völkerrechtlichen Anschauungen über das Beuterecht sind die Entscheidungen der Juristenfacultät zu Leipzig und des Oberappellationsgerichts zu Dresden, in einem aus dem Jahre 1813 stammenden Rechtsfall, so wie die daran angeknüpften Bemerkungen von Kritz. Letzterer steht noch auf dem alten Standpunkt und vertheidigt das unbedingte Beuterecht. (S. Sammlung von Rechtsfällen und Entscheidung derselben, herausg. von Kritz, Bd. I, S. 75 u. ff.)

[2] Westminster Review, 1870, vol. XXXVIII, p. 384: «The sack of Constantine by the French in 1837 lasted three days and the officers of the French army took part in it as well as the mew.»

im Jahre 1860 durch die französische und englische Armee, die zwei Tage fortgesetzt wurde. Auch von den französischen Schriftstellern wird allgemein dem Staate das Recht, Beute zu machen und durch Beutemachen Eigenthum zu erwerben, zugeschrieben[1].

Auch die deutsche Gesetzgebung steht leider noch auf demselben Standpunkt. Allerdings wird das Beuterecht ausschließlich dem Staate vorbehalten; eigenmächtiges Beutemachen ist als ein Verbrechen mit Strafe bedroht[2]. Wie frühere Militärstrafgesetze (Preußen von 1845, § 146 und 127; Würtemberg vom 20. Juli 1818, Art. 87 und folgende; Bayern vom 29. April 1869, Art. 176), so hält auch noch das deutsche Militärstrafgesetzbuch von 1872 im Prinzipe daran fest und erklärt in § 128: „Wer im Felde, um Beute zu machen, sich von den Truppen entfernt, oder Sachen, welche an sich dem Beuterecht unterworfen sind, eigenmächtig zur Beute macht, wird mit Freiheitsstrafe bis zu 3 Jahren bestraft.“ Es geht also noch davon aus, daß der Staat die Erlaubniß zum Beutemachen ertheilen kann. Die Motive, mit welchen die Regierung dem Reichstage das Gesetz vorlegte, erklären ausdrücklich, daß der Staat so lange das Beuterecht nicht aufgeben könne, als nicht die Gewißheit bestehe, daß die anderen Staaten es ebenfalls aufgeben. Das Gesetz hat weder bestimmt, welche Sachen dem Beuterecht unterworfen werden können, noch hat es die Behörden bezeichnet, welche die Erlaubniß zum Beutemachen erthei-

[1] Vgl. z. B. Proudhon, Domaine de propriété, t. I, p. 383; Chavos, Propriété mobilière, t. II, p. 63 et seq.; Demolombe, t. III, p 89; Dalloz, Répertoire, t. XXX, s. v. Propriété, § 244, p. 238.

[2] Preußisches allgemeines Landrecht, I, § 153: „Das Recht, im Krieg Beute zu machen, kann nur mit Genehmigung des Staats verlangt werden.“

len können. Es kann demnach das Beuterecht auf alle beweglichen Sachen, die sich im Privateigenthum befinden, ausgedehnt werden. So kann also nach Erstürmung einer Festung den Soldaten eines deutschen Heeres die freie Plünderung der eroberten Stadt erlaubt werden [1].

Ferner steht jedem militärischen Befehlshaber gesetzlich das Recht zu, die Erlaubniß zum Beutemachen zu geben. Unter welchen Voraussetzungen den Befehlshabern gestattet sein wird, von diesem Recht Gebrauch zu machen, ist den hierüber zu erlassenden Instruktionen vorbehalten geblieben [2]. Es ist zu bedauern, daß nicht wenigstens der deutsche Reichstag bei Berathung des Militärstrafgesetzbuches sich gegen jede Anwendung des Beuterechts, sofern dieselbe nicht blos als Repressaille dient, ausgesprochen hat.

Ist demnach der Grundsatz, daß das Privateigenthum der Einwohner des feindlichen Landes wenigstens im Landkrieg dem Beuterecht nicht mehr unterworfen sei, noch keineswegs von den europäischen Staaten anerkannt, so sind dagegen die eigenmächtige Wegnahme und die Beschädigung von fremden Sachen durch einzelne Angehörige des Heeres als widerrechtliche Handlungen mit Strafe bedroht. Wenn es auch nicht immer möglich ist, jede dieser Handlungen zu verfolgen und den Thäter zu bestrafen, so ist dies eben eine thatsächliche Folge des Krieges, in dem eine so geordnete und rasche Rechtspflege wie zu Friedenszeiten nicht durchführbar ist.

Zum Schutze der Personen und des Eigenthums der Be-

[1] Unbewegliches Eigenthum ist dem Beuterecht nicht unterworfen. Preußisches Landrecht, I, 5, § 198: „Unbewegliches Eigenthum ist niemals Gegenstand der Beute."

[2] Vgl. Keller, Das Militärstrafgesetzbuch für das deutsche Reich, 1872, S. 127.

wohner des besetzten Feindeslandes hat das deutsche Militärstrafgesetz im Anschluß an die bisherigen Militärstrafgesetze, insbesondere an das bayerische von 1869, besondere Militärverbrechen aufgestellt und sie mit schwerer Strafe belegt.

1) Die Plünderung. Derselben macht sich schuldig, wer im Felde unter Benutzung des Kriegsschreckens oder unter Mißbrauch seiner militärischen Ueberlegenheit a) in der Absicht, rechtswidriger Zueignung eine Sache den Landeseinwohnern offen wegnimmt oder denselben abnöthigt, oder b) unbefugt Kriegsschatzungen oder Zwangslieferungen erhebt, oder das Maß der von ihm vorzunehmenden Requisitionen überschreitet, wenn dies des eigenen Vortheils wegen geschieht. — Wie schon früher angegeben worden ist, liegt aber der Thatbestand der Plünderung nicht vor, wenn die Aneignung nur auf Lebensmittel, Heilmittel, Bekleidungsgegenstände, Feuerungsmittel, Fourage oder Transportmittel sich erstreckt und nicht außer Verhältniß zu dem vorhandenen Bedürfnisse steht (§ 125 und 130). Selbstverständlich wird die unbefugte Wegnahme dieser Gegenstände nicht durch die Bestimmung des § 130 für straflos erklärt; nur tritt die schwerere Strafe der Plünderung hierbei nicht ein, sondern sie wird nach den Bestimmungen des gemeinen Strafrechts beurtheilt und bestraft [1].

[1] Keller, a. a. O., S. 130, sagt: „Da die Plünderung auch den Thatbestand des Diebstahls in sich schließt, so findet der Grundsatz des § 130 auch dann Anwendung, wenn die Aneignung heimlich geschieht, also Diebstahl vorliegt.“ Es ist dies schwerlich richtig. In der Plünderung kann zwar ein qualificirter Diebstahl enthalten sein. Indem aber von einer Handlung bestimmt wird, daß sie nicht als Plünderung gestraft wird, kann sie doch als einfacher Diebstahl strafbar bleiben. Hat die Wegnahme heimlich stattgefunden, so liegt nach § 125 überhaupt gar nicht der Thatbestand der Plünderung vor; es kann also weder § 125 noch § 130 zur Anwendung kommen.

Die Strafe der Plünderung ist Gefängniß bis zu 5 Jahren und Versetzung in die zweite Klasse des Soldatenstands (§ 131). Wird die Plünderung unter Gewaltthätigkeit gegen eine Person begangen, so tritt Zuchthausstrafe ein, und wenn der Tod eines Menschen verursacht worden ist, so muß Todesstrafe, in minder schweren Fällen lebenslängliche Zuchthausstrafe erkannt werden (§ 133).

2) Boshafte oder muthwillige Verheerung oder Verwüstung fremder Sachen im Felde wird mit Freiheitsstrafe bis zu zwei Jahren, in schweren Fällen der Plünderung gleich bestraft (§ 134).

3) Bedrückung der Landeseinwohner durch Nachzügler (Marodeure). Die gewöhnliche Strafe ist Gefängniß bis zu 5 Jahren; eine erhöhte Strafe (Zuchthaus bis zu 10 Jahren) ist vorgesehen, wenn die Handlung von Mehreren begangen wird, die sich zur fortgesetzten Bedrückung der Landeseinwohner verbunden haben (§ 135).

Schutz gegen mißbräuchliche Anwendung der militärischen Gewalt im Kriege ist aber nicht blos in den Bestimmungen des Militärstrafgesetzbuches gegeben; selbstverständlich müssen die Soldaten auch in Feindesland für gemeine Verbrechen und Vergehen strafbar sein und hier kann nur die Frage entstehen, welchem Strafgesetze sie, wenn sie sich eines solchen Verbrechens oder Vergehens schuldig gemacht haben, unterworfen sind, dem Gesetze ihres Heimathstaats oder dem Gesetze, das an dem Orte der That in Geltung ist. In Bezug auf die militärischen Verbrechen gelten die Bestimmungen des Militärstrafgesetzbuchs auch in Feindesland; denn sie sind gerade für den Fall des Krieges gegeben und durch die Besetzung von feindlichem Gebiete treten sie auch in dem besetzten Gebiete in Kraft. Das Militärstrafgesetzbuch enthält die für das Heer als Einheit gegebenen Normen. Ueberall, wo das Heer als solches auftritt trägt es das Gesetz mit sich. Dasselbe ist gegeben für alle Verhältnisse und alle Länder. Es ist so zu sagen das persönliche Recht des Heeres. Ein wichtiger Theil seines Inhalts kann überhaupt nur auf feindlichem Gebiete zur Anwendung kommen. Die betreffenden Bestimmungen hat der Gesetzgeber erlassen für seine auf feindlichem Gebiete stehenden Soldaten und für die Angehörigen des besetzten Gebietes. Mit dem Augenblick der Besetzung des Gebietes ist seine provisorische staatliche Gewalt in demselben begründet, und vermöge dieser provisorischen Staatsgewalt treten die von ihm ausdrücklich für dieses besetzte Gebiet gegebenen gesetzlichen Bestimmungen in Wirksamkeit. Soweit jedoch Gesetze nicht ausdrücklich für dieses Gebiet gegeben sind, liegt die Sache nicht so einfach. Nach dem Grundsatze, daß durch die bloße Occupation die Landesgesetze nicht aufgehoben werden, müßte bei gemeinen Verbrechen der Soldaten der occupirenden Armee das Landesstrafgesetzbuch zur Anwendung kommen, und nicht das Gesetz der Heimath. Indessen sprechen doch überwiegende Gründe der Zweckmäßigkeit dafür, das heimathliche Strafgesetz auch in den feindlichen Gebieten herrschen zu lassen. Die Militärgerichte, welche über diese Verbrechen zu urtheilen haben, sind nur mit den heimischen Gesetzen bekannt; das Militärstrafgesetz, das ja jedenfalls zur Anwendung kommt, steht in engster Beziehung zu dem gemeinen Strafgesetz. Vielfach ist darauf verwiesen; das eine ergänzt das andere. Im Kriege ist es aber unmöglich, das Militärstrafgesetz dem in dem besetzten Gebiete herrschenden Strafgesetz anzupassen. Alle diese Gründe nöthigen dazu, die Geltung auch des gemeinen Strafgesetzbuchs für die im Auslande stehende Armee auszudehnen. Diese Ausdehnung muß aber auf positivem Gesetz beruhen, wie dies in Preußen nach

§ 2 des Gesetzes vom 15. April 1852 und jetzt nach § 7 des deutschen Militärstrafgesetzbuchs für das ganze deutsche Heer der Fall ist. § 7 lautet: „Strafbare Handlungen, welche von Militärpersonen im Auslande, während sie dort bei den Truppen oder sonst in dienstlicher Stellung sich befinden, begangen werden, sind ebenso zu strafen, als wenn diese Handlungen von ihnen im Bundesgebiete begangen wären.“ In Frankreich wird dieser Grundsatz, ohne daß ein Gesetz ihn sanktionirt hätte, ebenfalls angenommen. Man stützt sich auf die Fiction, daß der Staat als juristische Person, als metaphysisches Wesen mit seinem Heere zieht[1]. Oder wie es Napoleon ausdrückte: «Le militaire n'est jamais chez l'étranger lorsqu'il est sous le drapeau; où est le drapeau, là est la France.»

Aber dies ist doch nur eine Fiktion, aus der sich rechtliche Consequenzen nicht ziehen lassen. Denn wenn das Heer auch allerdings immer und überall der Vertreter des Staates ist, so folgt daraus doch noch nicht, daß die für das Inland gegebenen Gesetze auch für das im Auslande weilende Heer zur Anwendung zu kommen haben.

Nur wenn durch positive Bestimmung die Wirkung des Gesetzes auch auf das Ausland erstreckt wird, kann dasselbe in dem besetzten Gebiete des Feindes Geltung erlangen.

[1] Ortolan, Éléments de droit pénal, I, p. 355. Delisle, Traité de l'interprétation juridique, I, p. 394. Aehnlich Bar, Internationales Privat- und Strafrecht, S. 375.

Kapitel VI.

Die Gerichte und ihre Thätigkeit.

Die strenge Handhabung der Strafrechtspflege über die von Angehörigen des Heeres begangenen Verbrechen liegt ebenso sehr im Interesse der Heeresführung wie im Interesse der Bevölkerung des besetzten Gebietes. Der Aufgabe des Feindes, der die Verwaltung des besetzten Landes in die Hand genommen hat und der Bevölkerung Rechtsschutz gewähren will, wird dadurch allein nicht Genüge geleistet. Nicht blos Schutz gegen Soldaten muß gewährt werden, sondern auch Schutz gegen jede Rechtsverletzung muß der Feind, der eine Provinz besetzt hat, durch Aufrechterhaltung der Rechtspflege geben, soweit dies unter den Verhältnissen des Krieges möglich ist. Gerade in den Zeiten des Krieges, wo so manche Bande der Ordnung gelöst sind, wo die Sicherheit der Person und des Eigenthums mehr als sonst gefährdet erscheint, ist die strenge Handhabung der Gesetze, die Uebung der Rechtspflege eine Wohlthat für die Bevölkerung. Für die bestehenden Gerichte liegt kein Grund vor, ihre Thätigkeit einzustellen, so lange der Sieger ihre Unabhängigkeit nicht antastet. Diese Bedingung muß allerdings der Richterstand stellen. Die Freiheit der Rechtsprechung muß gewahrt werden; zum Werkzeug des Feindes darf sich kein Richter hergeben. Indessen scheint es uns, als habe der französische Richterstand und die französische Regierung in dem

Krieg von 1870—1871 diesem an sich unanfechtbaren Satze eine allzugroße Ausdehnung gegeben. In Folge dessen ist überall eine Unterbrechung in der Rechtspflege eingetreten, die nicht dem Sieger, der das Land besetzt hielt, sondern der Bevölkerung zum Nachtheil gereicht hat. Muß das Gericht auch darauf halten, daß seine Unabhängigkeit in der Rechtssprechung nicht beschränkt werde, so muß es doch auch die vollzogenen Thatsachen und ihre völkerrechtlichen Consequenzen anerkennen. Durch die Besetzung des Landes ist die Staatsgewalt suspendirt worden, die Ausübung der Regierungsrechte ist innerhalb der von dem Völkerrechte gezogenen Grenzen auf den Sieger übergegangen. Nur wenn die Gerichte diese Voraussetzuugen als gegeben annehmen, kann eine ununterbrochene Rechtspflege durch die einheimischen Gerichte erfolgen. Diesen Bedingungen aber wollten sich die französischen Gerichte nicht fügen. Das Tribunal von Laon erklärte am 15. Oktober 1870 seine Thätigkeit einstellen zu müssen, in Erwägung, daß grundsätzlich in einem Lande die administrative Gewalt und die richterliche Gewalt denselben Ursprung haben und in Kraft derselben Gesetze handeln müssen, daß es unter dieser Bedingung allein möglich ist, die für gewisse Fragen nothwendigen Beziehungen herzustellen, daß die Existenz einer französischen Rechtspflege unverträglich ist mit der einer fremden Verwaltung, daß allein durch die Gewalt der Verhältnisse aus dieser Lage Conflikte hervorgehen könnten, welche für die Rechtsuchenden nachtheilig wären: Schwierigkeiten in der Instruktion der Prozeßsachen und bei der Vollziehung der Urtheile, sowie Angriffe auf die richterliche Gewalt, die Unabhängigkeit und die Würde der Richter. Der Gerichtshof sprach sich sogar dahin aus, daß, selbst wenn die preußische Behörde gestatten würde, im Namen der französischen Republik Recht zu sprechen, die

Fortsetzung seiner richterlichen Thätigkeit, wenn sie auch völlig gesetzlich wäre, doch durch die Natur der Verhältnisse solche Schwierigkeiten erzeugen würde, daß es besser erscheinen müsse, den Gerichtshof zu suspendiren[1]. An andern Orten gingen die Gerichte zwar nicht so weit wie das Tribunal zu Laon, das eben einfach die Anwesenheit des Feindes für unvereinbar erklärte mit der Ausübung der Rechtspflege. Aber auch wo die Gerichte Anfangs ihre Thätigkeit fortsetzten, stellten sie dieselbe bald wieder ein. Sie hielten daran fest, daß Recht gesprochen werde im Namen des Souveräns von Frankreich. Die deutschen Behörden, die anfänglich die Forderung auf-

[1] «Attendu qu'en principe le pouvoir administratif et le pouvoir judiciaire, dans un pays, doivent provenir de la même origine et agir en vertu des mêmes lois; que c'est à cette seule condition que peuvent s'établir leurs rapports obligés pour certaines questions; que l'existence d'une justice française est incompatible avec celle d'une administration étrangère; que par la seule force des choses il pourrait résulter de cette situation des conflits préjudiciables aux justiciables, des difficultés dans l'instruction des affaires et des atteintes au pouvoir, à l'indépendance et à la dignité des magistrats. — Attendu que, quand bien même l'autorité prussienne aurait reconnu au tribunal le pouvoir d'instruire et de juger au nom de la République, le tribunal aurait néanmoins l'obligation de rechercher si la continuation de l'exercice de ses fonctions, quoique aussi parfaitement légale, ne serait pas de nature à entraîner des difficultés telles qu'il vaudrait mieux en suspendre le cours." (Sirey, 1872, II, p. 25). — Vgl. auch Calvo II, S. 165 u. ff., der sich mit den Erwägungsgründen des Gerichts zu Laon völlig einverstanden erklärt und meint: « Cette délibération pose la question de souveraineté nationale et d'indépendance de la magistrature sur une base juridique absolument irréfutable et à l'égard de laquelle tous les publicistes ne peuvent que se trouver pleinement d'accord ! »

gestellt hatten, daß im Namen der deutschen Mächte Recht gesprochen werden sollte, gaben diese Forderung, die sie selbst als nicht begründet erkannten, bald wieder auf. Inzwischen war das Kaiserreich gestürzt und die Republik verkündet worden. Die deutsche Autorität, die schon vor dem 4. September das Land besetzt hatte, erklärte, diesen Staatsakt nicht anerkennen zu können, da er zu einer Zeit geschehen sei, wo die französische Staatsgewalt in Bezug auf das occupirte Gebiet schon suspendirt gewesen sei. Sie verlangte, daß auch weiterhin im Namen des Kaisers Napoleon die Urtheile verkündet werden. Hierauf wollten die Gerichte nicht eingehen und im Interesse der Bevölkerung gab denn auch die deutsche Regierung in dieser Formfrage nach. Wenn sie die politischen Consequenzen, die allenfalls daraus hätten gezogen werden können, vermeiden wollte, konnte sie jedoch nicht zugeben, daß im Namen der Republik, die sie nicht anerkannt hatte, Recht gesprochen werde. Sie stellte deßhalb den Gerichten anheim, die Formel „im Namen des Gesetzes" zu gebrauchen oder die executorische Formel gänzlich wegzulassen; nur das Urtheil zu sprechen, um die Ausfertigung des Urtheilsspruchs aber sich nicht zu kümmern. Einzelne Gerichte, wie der Appellhof zu Nanzig, nahmen diese Vermittlung nicht an, sondern erklärten, „daß in Frankreich zu allen Zeiten und unter allen Regierungen die Rechtspflege ausgeübt worden ist im Namen des Souveräns, wer es auch gewesen sei, daß heute die Gefangenschaft des Kaisers und die Proklamation der Republik die Aenderung in der executorischen Formel unumgänglich machen und daß, indem man die Formel untersagt, welche der Gebrauch geheiligt hat und welche die Umstände verlangen, die preußische Behörde die Richter in die gesetzliche Unmöglichkeit versetzen, zu richten. . . . . In Folge dessen beschloß der Gerichtshof mit Einstimmigkeit seiner anwesenden

Mitglieder, daß, ohne seinen Funktionen zu entsagen, für ihn angezeigt ist, sich derselben provisorisch zu enthalten." (Beschluß vom 8. September 1870[1].)

Im Elsaß dagegen sind der Assissenhof von Colmar, das Tribunal zu Straßburg, die Handelsgerichte zu Straßburg und Mülhausen auf den von der Regierung gemachten Vorschlag eingegangen. Sie erkannten, daß die Fortdauer der ordentlichen Rechtspflege in erster Linie ein Interesse der Bevölkerung ist, und sie glaubten, den Ausweg, durch den nach Vorschlag des Generalgouverneurs alle Schwierigkeiten der Ausfertigung umgangen werden konnten, einschlagen zu müssen, nm den Pflichten ihrer Stellung zu genügen[2]. Im Monat November 1870 nahmen in Folge dessen die erwähnten Gerichte ihre Thätigkeit wieder auf. Der Cassationshof zu Paris hat durch sein Urtheil vom 21. September 1871 die von dem Assisenhof von Colmar im November 1870 gesprochenen Urtheile als formellgiltige Urtheile anerkannt, ohne daran Anstoß zu nehmen, daß die executorische Formel nicht die vorgeschriebene war[3]. Die französische Regierung von Tours

[1] „Attendu qu'en France, à toutes les époques et sous tous les régimes, la justice a été administrée au nom du souverain, quel qu'il fût; qu'aujourd'hui la captivité de l'empereur et la proclamation de la République rendent indispensables la modification de la formule exécutoire, et qu'en interdisant celle que l'usage a consacrée et que les circonstances imposent, l'autorité prussienne place les magistrats français dans l'impossibilité légale de juger... En conséquence, la Cour a décidé, à l'unanimité de ses membres présents, qu'il y a lieu, pour elle, sans abdiquer ses fonctions, de provisoirement s'abstenir. » (Sirey, 1872, II, p. 29.)

[2] Die von den Gerichten gebrauchte Formel lautet:

Le tribunal de..... a rendu le jugement suivant :

« En conséquence, le tribunal mande et ordonne à tous

aber hielt es nicht für angemessen, daß eine regelmäßige Justiz in den von den Deutschen besetzten Gebietstheilen bestehen bleibe. Sie erließ ein allgemeines Verbot an die Richter, Urtheile ohne die Formel „Im Namen der Republik" zu sprechen [1], oder aber

huissiers sur ce requis, de mettre le présent jugement à exécution; à tous commandants et officiers de la force publique de prêter main forte lorsqu'ils en seront légalement requis. »

[1] Das Tribunal civil von Le Havre spricht sich in dem Urtheil vom 16. Mai 1872 über diese Frage folgendermaßen aus:

« Attendu, à la vérité, que cette sentence n'est point revêtue de la formule exécutoire telle qu'elle a été déterminée par le décret du 6 septembre 1870, mais qu'elle se termine par un simple mandement d'exécution de la part du tribunal;

« Mais attendu que ce mandement est le seul qu'ait toléré l'ennemi, pour qui, à cette époque, la République française n'avait aucune existence internationale, que l'invasion a constitué un état de fait dont les conséquences s'imposent à tous; qu'en l'absence du gouvernement légal, le gouvernement de force a déterminé les conditions d'activité des institutions françaises demeurées debout;

« Que le tribunal de commerce de Mulhouse, dans un sentiment de patriotisme et de dévouement aux intérêts publics que l'on ne peut méconnaître, s'est incliné devant les événements et a accepté, non pas une formule étrangère, mais la formule française, modifiée seulement dans les parties sur lesquelles avaient porté les interdictions allemandes;

« Attendu que cette formule, ainsi déterminée par les événements de force majeure, doit, à raison des circonstances, jouir de la même autorité que la formule légale; qu'il en est, de ce cas, comme de celui d'un jugement rendu sous un précédent gouvernement, et qui ne peut être considéré comme non avenu par cela seul qu'il ne saurait être revêtu que de la formule ancienne;

« Que, par assimilation avec ce dernier cas, la formule

sich mit Sachen zu befassen, zu deren Instruktion deutsche Beamte, insbesondere Polizeikommissäre, die von den deutschen Behörden eingesetzt worden sind, mitgewirkt haben. In Folge dieses Beschlusses stellten sämmtliche Gerichte des Elsasses die Justiz ein, mit Ausnahme der Handelsgerichte zu Straßburg und Mülhausen, die während des ganzen Krieges ihre Pflichten erfüllten. Geradezu unverständig war die Forderung der französischen Regierung, daß die deutschen Polizeikommissäre nicht als Organe der gerichtlichen Polizei sollten anerkannt werden. Sie mußte besser als irgend Jemand wissen, daß die französischen Polizeikommissäre hauptsächlich politische Agenten waren und von der einrückenden deutschen Regierung in ihren Stellen nicht gelassen werden konnten. Sie zu ersetzen, war ein Gebot der Nothwendigkeit. Das Resultat der von der französischen Regierung getroffenen Maßregel war zunächst eine Calamität für die Bevölkerung. Die bürgerliche und die Strafrechtspflege, soweit diese letztere nicht von den Militärgerichten geübt wurde, standen still. Die deutsche Regierung versuchte soviel wie möglich diesem Uebelstand durch besondere Maßnahmen abzuhelfen. Schon im vorigen Abschnitte haben wir die Verordnung des Generalgouverneurs vom 12. September 1870 angeführt, wodurch die Lücken des Kriegsstrafrechts ausgefüllt und die Aburtheilung der darin aufgestellten Verbrechen ständigen Kriegsgerichten übertragen wurde. Durch Verordnung vom 17. Dezember 1870 wurde die Kompetenz derselben ausgedehnt auf die Verbrechen und Vergehen des Anschlusses an das französische Heer, Werbung, Beleidigung des Königs, Amts-

employée était au moins suffisante pour autoriser un greffier français à considérer comme légale l'expédition sous forme de grosse délivrée à Mulhouse et à la revêtir de la formule exécutoire nouvelle.... »

beleidigung und in Artikel 4 auch auf die Tödtung, den Diebstahl und die Unterschlagung für die Zeit, während welcher die ordentlichen Strafgerichte nicht funktioniren [1]. Durch Verordnung des Generalgouverneurs vom 19. Dezember 1870 wurden die Organisation der Kriegsgerichte und das Verfahren vor denselben geregelt. Für die beiden elsässischen Departements wurde ein Gericht zu Straßburg, für Lothringen eines zu Metz errichtet. Jedes Kriegsgericht bestand aus 5 Richtern, einem Staatsanwalt und einem Gerichtsschreiber. Drei der Richter waren Offiziere und wurden von dem betreffenden Festungsgouverneur ernannt; die übrigen richterlichen Beamten mußten dem deutschen Richterstande angehören und wurden von dem Generalgouverneur bestellt (Artikel 2, 3). Das Verfahren ist mündlich und öffentlich. Der Beschuldigte kann sich eines Vertheidigers bedienen (Art. 5). Gegen die Urtheile der Kriegsgerichte findet kein Rechtsmittel statt. Die Todesurtheile bedürfen der Bestätigung des Generalgouverneurs (Artikel 5, § 11). Das Kriegsgericht zu Straßburg konnte am 28. Dezember 1870, das zu Metz am 8. Januar 1871 seine Thätigkeit beginnen. Sie erwarben sich durch das gerechte Verfahren, die milden Urtheilssprüche sehr rasch das Vertrauen der Bevölkerung, und mehrfach ist es vorgekommen, daß flüchtige Angeschuldigte sich selbst dem Gericht stellten, da sie erfahren hätten, daß das Gericht dieselben Garantieen dem Angeklagten darbiete, wie ein französisches Gericht. Die Hauptmasse der von den Gerichten

[1] Durch Verordnung vom 5. Dezember war die Competenz schon erstreckt worden auf das Vergehen der unerlaubten Ausübung der Jagd. Hierzu kam nach Verordnung vom 30. Dezember noch das Verbrechen der requirirten Fuhrleute, welche durch böswilliges Verlassen ihrer Fuhrwerke den Truppen Schaden zufügen.

abzuurtheilenden Fälle bestand in Verbrechen und Vergehen gegen das Eigenthum. Politische Verbrechen kamen nur in ganz geringer Zahl vor. Ein Todesurtheil wegen politischer Verbrechen wurde in der ganzen Zeit der Occupation weder von dem Kriegsgericht zu Straßburg, noch von dem zu Metz gesprochen. War durch diese Organisation der ständigen Kriegsgerichte für den wichtigsten Theil der Strafrechtspflege Sorge getragen, so machte sich doch im praktischen Leben sehr bald das Bedürfniß geltend, einen Ersatz für die Friedensrichter, welche ihr Amt verlassen hatten, zu schaffen. Insbesondere litt die öffentliche Ordnung darunter, daß die Uebertretungen nicht mehr bestraft werden konnten und auf vielfache, von Seiten der Bevölkerung geäußerte Wünsche wurden durch die Verordnung vom 19. November 1870 die Polizeikommissäre der Kantone ermächtigt, in allen zur Zuständigkeit der Friedensgerichte gehörigen Uebertretungen die Strafen festzusetzen. Denn es war natürlich nicht möglich, die Stellen der Friedensrichter während des Krieges neu zu besetzen. Die Aburtheilung der geringern Forstvergehen (Code forestier, Artikel 171) wurde den Forstinspektoren übertragen (Verordnung vom 5. Dezember 1870); die Aburtheilung der geringen Vergehen in Bezug auf die indirekten Steuern, die lediglich mit Geldstrafe und Confiscation bedroht sind, wurde dem Commissär für Verwaltung der indirekten Steuern überwiesen (Verordnung des Generalgouverneurs vom 24. Januar 1871).

Durch diese Nothmaßregeln hatte die Regierung soviel wie möglich den Uebelständen, die aus dem Stillstande der Strafrechtspflege zu entspringen drohten, vorzubeugen gesucht. Für die bürgerlichen Rechtstreitigkeiten war es selbstverständlich viel schwieriger, außerordentliche Gerichte zu bestellen und, abgesehen von der Thätigkeit der Handelsgerichte, mußte die Bevölkerung hier auf diesem Gebiete der Rechtspflege entbehren, bis im Herbste 1871 die neue Gerichtsorganisation ins Leben trat[1].

Aus dieser genauen und aktenmäßigen Darstellung ergibt es sich, daß der Stillstand der ordentlichen Rechtspflege in den occupirten französischen Departements, insbesondere in Elsaß und Lothringen, allein der französischen Regierung zur Last fällt, welche in Verkennung der thatsächlichen Verhältnisse und des Völkerrechts Bedingungen aufstellte, die von der deutschen Regierung nicht zugelassen werden konnten. Letztere erklärte sich nicht nur bereit, die französischen Gerichte fortfunktioniren zu lassen, sie verzichtete sogar darauf, von denselben ein äußeres Zeichen der Anerkennung ihrer Autorität zu verlangen. Aber es ist selbstverständlich, daß sie die ihr nach Völkerrecht zustehende Autorität wahren mußte. Indem die französische Regierung und die französischen Gerichte sich weigerten, der Thatsache der Occupation und ihren nothwendigen Folgen Rechnung zu tragen, haben sie unnöthiger Weise die Lasten, welche durch den Krieg der Bevölkerung der besetzten Provinzen auferlegt worden waren, vermehrt und zu allen übrigen Mißständen einen mehrmonatlichen Stillstand der Gerichte hinzugefügt[2].

[1] Um die Ordnung in der Führung der Civilstandsregister aufrechtzuerhalten, wurde der Präsident des Kriegsgerichts zu Straßburg mit den Funktionen betraut, welche nach Art. 41 des Code civil dem Präsidenten des Tribunals de première instance zustehen. (Verordnung des Generalgouverneurs vom 23. Dezember 1870.)

[2] Das oben angeführte Urtheil des Tribunals von Le Havre, vom 16. Mai 1872, sagt zwar:

« Attendu qu'après avoir supprimé, par l'occupation militaire de ses prétoires, la justice civile en Alsace, frappant ainsi le pays tout entier ; vu la résistance de ses magistrats

Die Gerichte, sowohl die neueingesetzten Kriegsgerichte, wie die französischen Gerichte, soweit dieselben in Thätigkeit geblieben waren, hatten zu urtheilen nach den Landesgesetzen und den von dem Generalgouverneur erlassenen gesetzlichen Bestimmungen. Durchweg wurde das Prinzip anerkannt, daß die bestehenden Gesetze des Landes so lange in Geltung bleiben, als sie nicht ausdrücklich aufgehoben oder abgeändert worden sind. War auch die französische Staatsgewalt suspendirt, so war damit doch weder das bestehende Civilrecht noch das Strafrecht außer Wirksamkeit gesetzt.

à céder à des exigences déshonorantes, l'administration allemande craignant de jeter la perturbation dans les relations commerciales, n'a point osé poser les mêmes conditions aux tribunaux consulaires chez qui elle prévoyait rencontrer la même opposition à ses desseins.....»

Diese Darstellung ist unrichtig; den Handelsgerichten sind dieselben Bedingungen gestellt worden, wie den übrigen Gerichten.

Kapitel VII.

Finanzverwaltung.

Der Sieger, der ein feindliches Gebiet besetzt hält, ist nicht blos berechtigt, zu verhindern, daß die feindliche Staatsgewalt fernerhin aus diesem Gebiete Einnahmen zieht; für die Zeit der Besetzung kommt ihm vielmehr auch das Recht zu, die Einnahmen des Landes sich selbst anzueignen. Er darf Steuern und Gebühren erheben, die nutzbaren Staatsgüter genießen u. s. w.[1] Für diese Finanzverwaltung des Feindes bleiben

---

[1] Es ist dies allgemein anerkannt. So sagt die Kommission der französischen Nationalversammlung in ihrem Bericht über das französische Gesetz vom 6. September 1871:

« La guerre a ses lois, dictées par la raison du plus fort. Une des plus généralement pratiquées entre les belligérants, c'est le droit que l'occupant s'arroge de percevoir l'impôt dans les territoires occupés. La créance de l'État sur les contribuables se trouve forcément et comme légalement à la disposition du vainqueur, d'où cette conséquence que, perçue par celui-ci, elle ne peut l'être une seconde fois par l'État envahi. La perte est pour le Trésor; le contribuable a bien et dûment payé... — La pensée du gouvernement est sur ce point conforme à la nôtre. Le principe dont nous revendiquous l'application a même été formellement reconnu par lui dans le traité de paix préliminaire du 26 février 1871, dont l'article 8 porte : « Dans les départe-

nach dem oben erörterten Grundsatz zunächst die bestehenden Gesetze maßgebend, aber wie der Occupant überhaupt die Gesetze ändern kann, so kann er auch die Finanzgesetzgebung ändern, so weit ihm dies nothwendig erscheint. Er kann bestehende Steuern aufheben und neue Steuern einführen, er kann die Art und Weise der Steuererhebung modificiren, er kann mit neuen Strafen die Verletzung der Steuergesetze bedrohen. Zu Aenderungen dieser Art wird der Occupant sogar sich genöthigt sehen, wenn die frühern Steuerbeamten sich weigern, unter seiner Autorität ihr Amt fortzuführen, und er deßhalb alle Stellen mit neuen, des Landes und der Gesetzgebung unkundigen Beamten besetzen muß.

Ferner wird die Suspendirung der Zollgesetze in den meisten Fällen durch die Verhältnisse selbst geboten sein. Es bedarf keiner weitern Auseinandersetzung, daß, da die Bedürfnisse des Heeres der Verzollung nicht unterworfen werden können, überhaupt die Aufrechthaltung der Zollbeschränkungen für die Einfuhr in das besetzte Land nur selten möglich sein wird. Diese Suspension der Zollgesetze, die in dem deutsch-französischen Krieg bei dem Einrücken in Frankreich durch die Proklamationen der kommandirenden Generäle vorgenommen wurde, muß nach dem Frieden in ihren Wirkungen auch von dem Staate, dessen Gebiet besetzt worden war, anerkannt werden. Dieser Grundsatz ist in Nordamerika durch den obersten Gerichtshof der Union mehrfach bestätigt worden. Insbesondere wurde erklärt, daß die Engländer berechtigt gewesen seien, in den von ihnen während des

ments occupés, la perception des impôts, après la ratification du présent traité, s'opérera pour le compte du gouvernement français.» Ce qui veut dire apparemment que, pendant la guerre, l'impôt a été dûment perçu par les Prussiens...»

Krieges von 1812—1814 besetzten Gebieten der Union die Zollgesetze abzuändern und neue einzuführen [1]. Die französischen Gesetze haben diesen richtigen Grundsatz verkannt, indem sie nach dem Kriege die während der Suspension der Zollgesetze vor=

[1] Der Supreme Court der Vereinigten Staaten spricht sich in einem Urtheil folgendermaßen über diese Frage aus: « By the conquest and military occupation of Castine the enemy acquired that firm possession, which enabled him to exercise the fullest rights of sovereignty over that place. The sovereignty of the United States over the territory was, of course, suspended and the laws of the United States could no longer be rightfully enforced there, or be obligatory upon the inhabitants, who remained and submitted to the conquerors. By the surrender, the inhabitants passed under a temporary allegiance to the British government and were bound by such laws and such only, as is choose to recognise and impose. From the nature of the case, no other laws could be obligatory upon them, for where there is no protection or allegiance or sovereignty, there can be no claim to obedience. — Castine was, therefore, during this period, so far as respects our revenue laws, to be deemed a foreign port, and goods imported into it by the inhabitants were subject to such duties only as the British government choose to require. Such goods were, in no correct sense, imported in the United States. » — Halleck, International Law, S. 778 u. f. f.

Diesen Grundsätzen gemäß erließ denn auch der Präsident der Vereinigten=Staaten im mexikanischen Krieg von 1846 sofort nach der Besetzung der mexikanischen Küste durch die nordamerikanischen Streitkräfte einen neuen Zolltarif, der die Zollsätze für die Einfuhr von Waaren festsetzte. Der Commandant des Escadres im Stillen Ocean verkündete zur selben Zeit einen neuen Tarif für Californien, der mit wenigen Abänderungen bis zum Schluß des Kriegs in Kraft blieb. Die Zolleinnahmen nach diesen beiden Tarifen wurden zum größten Theil für die Bedürfnisse der besetzten Gebiete verwandt; der vorhandene Ueberschuß nach Beendi=

genommene Einfuhr von Waaren in die besetzten Gebiete als Schmuggel verurtheilten. (Urtheil des Appelhofes von Mezieres vom 29. Juli 1871).[1]

Uebt der Feind in Folge der Occupation in dem occupirten Gebiete die Finanzverwaltung aus, so muß es selbstverständlich seine Aufgabe sein, zu verhindern, daß nicht das besetzte Gebiet dem Gegner noch fernerhin als Finanzquelle diene. So erließ schon am 29. August 1870 der Generalgouverneur im Elsaß eine Verordnung, wonach alle Zahlungen oder Ueberweisungen von Geld oder Kassenbeständen an die französische Regierung oder die französische Armee auf das strengste untersagt werden, mögen sie aus einem Rechtstitel oder aus einem andern Grunde, welcher es immer sei, mögen sie mittelbar oder unmittelbar geschehen. Die Steuer- und Kassenbeamten, welche diesem Verbote zuwiderhandlen, wurden für Rückzahlung mit ihrem persönlichen Vermögen haftbar erklärt. Nach Beschaffenheit des Falles war auch kriegsrechtliche Verfolgung und Bestrafung angedroht.

Schwieriger als die Durchführung dieses Verbotes war die Erhebung der Steuern durch die deutsche Regierung. Wie schon oben erwähnt wurde, hatten sich nur sehr wenige der französischen Steuerbeamten bereit gefunden, unter der deutschen Verwaltung ihr Amt fortzusetzen. Man hatte sich zwar fast überall in den Besitz der Bücher der Steuerbehörden und der Steuerrollen setzen können; aber das französische Steuersystem verlangt zu seiner Handhabung ein großes Heer von Steuerbeamten, die

gung des Kriegs in den Staatsschatz nach Washington abgeführt. Halleck, a. a. O., S. 781. Kent Commentaries on American Law (11e éd. 1867), I, p. 99.

[1] Das Urtheil des Appellhofes zu Mezieres, siehe bei Dalloz, Recueil, 1871, II, p. 137.

der Gesetze und der Verhältnisse des Landes kundig sind. In Bezug auf die Erhebung der Staatseinnahmen war von dem Bundeskanzleramt der Grundsatz aufgestellt worden, daß alle Einnahmen, welche für die Steuerpflichtigen seit dem 15. August 1870 fällig geworden waren oder fällig werden, der deutschen Regierung gebühren. Aber es dauerte mehrere Monate, ehe die Organisation so weit fortgeschritten war, daß eine allgemeine Erhebung der direkten Steuern stattfinden konnte. Diese neue Organisation der Finanzbehörden, die durch Verordnung vom 14. Oktober 1870 bekannt gemacht wurde, schloß sich zwar im Ganzen der französischen Organisation an, aber der Mangel an genügend vorgebildeten Beamten machte eine größere Einfachheit nothwendig. So wurde für die Verwaltung der direkten Steuern, des Enregistrements, des Stempels, der Domänen in jedem Departement nur ein Steuerdirektor bestellt, welchem auch die Funktionen des trésorier payeur général übertragen wurden, und der zugleich diejenigen Geschäfte auszuführen hatte, die dem Präfekten und dem Präfekturrath in Bezug auf die Finanzverwaltung oblagen. Die Polizeikommissäre mußten an die Stelle der Steuerkontrolleure treten u. s. w. Die Steuern selbst wurden nicht erhöht. Die Regierung hielt sich genau an das französische Gesetz und die durch das französische Büdget für 1871 (Gesetz vom 27. Juli 1870) für die einzelnen Departements fixirten Quoten der direkten Steuern wurden beibehalten. (Verordnung vom 18. November 1870.)

Nur war die Erhebung der Steuern durch die neuen Beamten viel mangelhafter wie früher, und war durch das Weggehen der französischen Beamten der deutschen Verwaltung ein großes Hinderniß bereitet, so war doch andererseits der Nachtheil, der daraus für die Bevölkerung entstand, nicht geringer. Eine

Berücksichtigung der einzelnen Verhältnisse war den neuen Beamten meist unmöglich. Die Folgen waren, daß nicht nur der Ertrag der Steuern weit hinter dem Voranschlag zurückblieb, sondern daß auch dieser geringere Betrag der Steuern weit härter auf der Bevölkerung lastete. Mit noch größerer Schwierigkeit wie die Erhebung der direkten Steuern war die Erhebung der indirekten Steuern verbunden. Erst seit dem November konnte in einzelnen Arrondissements der Dienst wieder eingerichtet werden (Verordnung des Generalgouverneurs vom 22. Oktober 1870; Verordnung des Kommissars für die Verwaltung der indirekten Steuern vom 23. Oktober 1870). Die Constatirung und Erhebung der Steuern sollte nach den bisher giltig gewesenen französischen Gesetzen erfolgen (Artikel 2 der Verordnung vom 22. Oktober). Doch gelangte man erst nach und nach dazu, den sehr verwickelten Mechanismus der französischen Steuermaschine wieder in Gang zu setzen. In den andern französischen Landestheilen, die von dem deutschen Heere besetzt worden waren, hatte es sich allerdings die Regierung leichter gemacht. Da die französischen Beamten sich entfernt hatten, es aber geradezu als Unmöglichkeit erschien, für dieses ganze Gebiet das nöthige Steuerpersonal zum Ersatze zu verschaffen, so wurden alle bestehenden Steuern aufgehoben und an ihrer Stelle eine einzige direkte Steuer eingeführt. So wurde im Generalgouvernement Lothringen (Nanzig) bestimmt, daß an Stelle aller direkten und indirekten Steuern eine einzige Steuer zu treten habe, die zusammengesetzt wird:

a) Aus der Summe der direkten Steuern, wie diese für 1870 in den Generaletats der Untervertheilung der direkten Steuern auf die einzelnen Gemeinden festgesetzt ist;

b) Aus der Summe des Ergebnisses der Enregistrementsgebühr des Stempels und der indirekten Steuern mit Ausnahme des Ertrags aus der Tabak-, Salz- und Pulversteuer. Die Veranlagung geschah auf der Grundlage des durchschnittlichen Ergebnisses der beiden letzten Jahre, so daß auf den Kopf der Steuerpflichtigen nur dieselbe Summe traf, welche früher bezahlt wurde. Die für jede Gemeinde festgesetzte Summe mußte durch den Maire und den Municipalrath auf die Steuerpflichtigen vertheilt werden. Die Erhebung geschah durch die Maires, denen hierfür eine Erhebungsgebühr von 3 Prozent bewilligt wurde. Jede Gemeinde wurde für den Eingang der repartirten Steuerquote verantwortlich gemacht (Verordnung vom 5. September 1870). Da durch den Krieg die Steuerkraft des Landes bedeutend vermindert wurde, so war allerdings durch diese Maßregel eine relative Steuererhöhung eingeführt worden. Die Billigkeit würde verlangt haben, hierauf bei der Festsetzung des Gesammtertrages der Steuern Rücksicht zu nehmen. Abgesehen hiervon aber wird die Maßregel als solche nicht angegriffen werden können. Durch den Wegzug der französischen Beamten war die Regierung genöthigt worden, sie zu ergreifen, wenn sie nicht überhaupt auf die Steuern des besetzten Landes verzichten wollte. Auch hier mußte sie zu dem Prinzip der collektiven Verantwortlichkeit der Gemeinde greifen, wenn sie ihren Zweck erreichen wollte [1].

[1] In andern Theilen des besetzten Gebiets wurde theils in der angeführten Weise, theils unter Anwendung anderer Aushilfsmittel verfahren. Bald hatten die Hauptorte die gesammte Steuerquote für das Departement vorschußweise zu bezahlen, bald hatten die einzelnen Kantone die Quote aufzubringen. Für die indirekten Steuern wurde eine direkte Steuer erhoben, die entweder nach dem Durchschnittsertrage der verflossenen Jahre berechnet wurde oder die dem Betrage der direkten Steuern gleichkam. Nach den früher erwähnten Schätzungen der französischen Kantonalkommissionen wurden in den bei Frankreich verbliebenen Departements bis zum 2. März 1871 von den Deutschen 54,652,310 Fr.

Konnte man auf diese Weise sich bis zu einem gewissen Grade den Eingang der Steuern sichern, so zeigte sich dagegen gleich bei dem Beginne der Occupation, daß das Tabaksmonopol nicht aufrecht zu erhalten sei. So bestimmte denn schon ein Erlaß des Bundeskanzlers vom 3. September 1870: „Das Tabaksmonopol ist in Ermangelung der zu seinem Betriebe erforderlichen Vorräthe und Anstalten außer Wirksamkeit gesetzt. Der Detailhandel ist für frei erklärt und die Controlle des Tabaksbaues hat aufzuhören.“ Auch wurde von der Einführung einer Tabaksteuer, die ursprünglich beabsichtigt worden war, für die Dauer des Krieges Abstand genommen (Bekanntmachung des Civilkommissärs vom 23. Dezember 1870). Dagegen nahm die deutsche Verwaltung sofort die in den französischen Tabaksmanufakturen noch befindlichen Vorräthe in Beschlag

---

Steuern erhoben. Schlägt man den Ertrag der indirekten Steuern auf die gleiche Summe wie den Ertrag der direkten Steuern an, so kann die während der Zeit der feindlichen Besetzung fällige Steuersumme in den betreffenden Departements auf 87,110,536 Franken berechnet werden, eine Summe, die also die von den Deutschen erhobenen Steuerbeträge weit überschreitet. — Durch Gesetz vom 6. September 1871, Art. 5, wurde übrigens bestimmt:

« Les contributions en argent, perçues à titre d'impôts par les autorités allemandes, seront réglées ainsi qu'il suit :

« § 1er. Les communes qui ont versé des sommes à titre d'impôts seront remboursées de leurs avances par le Trésor.

« § 2. Les contribuables qui justifieront du versement de sommes au même titre, soit entre les mains des Allemands, soit aux autorités municipales françaises, seront admis à en appliquer le montant en déduction de leurs contributions de 1870 et 1871. »

Zur Ausführung dieser Bestimmungen wurde das Gesetz vom 11. Mai 1871 erlassen. In den Regierungsmotiven zu diesem Gesetz sind die oben angeführten Zahlen enthalten.

als ihr nach dem Völkerrechte zugefallenes Eigenthum. Wo es die Verhältnisse erlaubten, wurde auch die Thätigkeit der Tabaksmanufakturen wieder aufgenommen und für Rechnung der deutschen Regierung fortgeführt. So geschah es in Straßburg unmittelbar nach der Einnahme der Stadt. Die Regierung hat in dieser Beziehung in Uebereinstimmung mit den unbestrittenen Sätzen des Völkerrechts gehandelt.

Zu vielen Erörterungen hat dagegen die deutsche Verwaltung der französischen Forsten Anlaß gegeben und selbst in deutschen Zeitungen ist der Vorwurf erhoben worden, daß die Staatswaldungen durch übermäßige Schläge in forstwidriger Weise verwüstet worden seien. Insbesondere wurde dieser Vorwurf gegen die Forstverwaltung im Generalgouvernement Lothringen (Nanzig) erhoben. Die hierauf von Seiten der Regierung gegebenen Erklärungen scheinen nicht deutlich genug gewesen zu sein, wenigstens wird von französischen Schriftstellern trotzdem der Vorwurf, wenn auch nur in beschränkterem Maße, aufrechterhalten[1].

Was das Generalgouvernement Elsaß betrifft, so versteht es sich von selbst, daß von Seiten der Verwaltung in gewissenhaftester Weise die öffentlichen Waldungen bewirthschaftet wurden, da ja von Anfang an die Absicht feststand, die Provinz bei dem Friedensschluß zu erwerben. Noch im Laufe der Monate September und Oktober 1870 wurde die Forstverwaltung organisirt und die Waldungen erfreuten sich des Schutzes eines ebenso tüchtigen wie gewissenhaften obersten Forstbeamten. Die französischen Gesetze wurden beibehalten und nur in einigen wenigen Punkten modificirt. (Verordnung vom 2. September,

[1] Auch Rolin-Jaecquemins (III, S. 337) findet die Erklärungen der deutschen Regierung nicht völlig befriedigend.

12. Oktober, 28. Dezember 1870; vom 27. Januar und 25. Februar 1871.)

In dem Verwaltungsbericht, welchen der Präsident des Unter-Elsasses dem Bezirkstage im Jahre 1873 vorlegte, findet sich (S. 112 und ff.) folgende Schilderung der Forstverwaltung zur Zeit des Kriegs: „Es war die Absicht, die Verwaltung mit den im Dienste befindlichen französischen Beamten vorerst ganz nach den französischen Gesetzen und Verwaltungsvorschriften fortzuführen; die nächste Aufgabe bestand in der Handhabung des Forstschutzes gegen unberechtigte Uebergriffe und in der Weiterführung des Fostwirthschaftsbetriebs. — In erster Beziehung waren große Schwierigkeiten zu überwinden. Der Zusammensturz der französischen Herrschaft hatte die öffentliche Ordnung insoweit erschüttert, daß die gewöhnlichen Sicherheitsorgane nicht mehr ausreichten, den gesetzmäßigen Zustand aufrecht zu erhalten. Die im Lande stehenden oder dasselbe durchziehenden militärischen Kräfte verfolgten vorwiegend andere Interessen und waren für den Schutz der Waldungen nicht zu gewinnen. Unter diesen Umständen entwickelte sich bald über das ganze Land ein starker Drang nach den Holz- und Nebennutzungsvorräthen der Waldungen, welchem der Widerstand der Forstbeamten, denen verboten war, Waffen zu tragen, um so weniger gewachsen war, als die französischen Gerichte ihre Funktionen eingestellt hatten, und somit die strafrechtliche Verfolgung der Frevler sistirt war. Viele Forstschutzbeamten hatten außerdem ihre Posten und das Land verlassen.

Im Forstwirthschaftsbetriebe schien es Anfangs besser gehen zu wollen. Die meisten französischen Verwaltungsbeamten erklärten, ihren Dienst weiterführen zu wollen. Allein schon im Monat Oktober 1870 weigerten sich dieselben, der eingesetzten deutschen Landesverwaltung solche Dienste zu leisten, woraus derselben ein Vortheil erwachsen könnte, namentlich Holzfällungen anzuordnen und Holzverkäufe abzuhalten. Es war demnach zu besorgen, daß der Holzhauereibetrieb im Winter 1870/71 unterbleiben und als Folge davon Brennholzmangel eintreten werde, der die Beschwerden des Kriegs erhöht haben würde. Es wurden deßhalb im Laufe der Monate Oktober, November und Dezember 1870 die widerstrebenden französischen Verwaltungsbeamten (Forstinspektoren und Oberförster) aus dem Dienst entlassen und durch deutsche Beamte ersetzt, denen in einer Verordnung des Forstkonservators eine Instruktion ertheilt wurde, welche, wie in der Natur der Verhältnisse lag, zunächst nur in allgemeinen Zügen die Ziele bezeichnete, denen zugestrebt werden müsse. — Der Erfolg hat gezeigt, daß mit diesen Vorschriften dem Bedürfnisse vollkommen entsprochen war, da das Jahr 1870 vorübergegangen ist, ohne daß in forstwirthschaftlicher Hinsicht andere Uebelstände hervorgetreten sind, als eine lokale Steigerung der Holzpreise, die dem Wohlstand des Landes nicht besonders lästig war. — Um dem Unwesen der Forstfrevel begegnen zu können, wurde durch Verordnung des Generalgouverneurs vom 5. Dezember 1870 die nach Artikel 171 des Code forestier den Zuchtpolizeigerichten beigelegte Zuständigkeit für diejenigen Forstvergehen, bei welchen nicht nothwendig Gefängnißstrafe eintreten muß, aufgehoben und die Forstinspektoren zu Polizeirichtern in Forststrafsachen bestellt. Hierdurch und durch die an manchen Orten hinzugetretene Mitwirkung des Militärs beim Forstschutz gelang es, die Forstfrevel soweit im Zaum zu halten, daß keine eigentliche Walddevastation daraus wurde, obwohl in einzelnen Revieren empfindliche Waldbeschädigungen noch lange bemerkbar sein werden."

Die Forstverwaltung im Generalgouvernement Lothringen war natürlich einer größern Versuchung ausgesetzt, durch eine nicht streng forstmäßige Bewirthschaftung den augenblicklichen Ertrag der Forsten zu steigern, dadurch sie aber auf die Dauer zu schädigen. Den französischen Anklagen gegenüber kann aber mit völliger Bestimmtheit erklärt werden, daß die deutsche Forstverwaltung in Lothringen immer an den richtigen völkerrechtlichen Grundsätzen festgehalten hat. Sie ist dem Prinzipe treu geblieben, daß das Völkerrecht es nicht gestatte, durch eine Raubwirthschaft Waldungen des Feindes zu zerstören. Allerdings sind in einigen wenigen Waldrevieren einzelne haubare Bäume gehauen worden, welche nach den französischen Hauplänen erst in den nächsten Jahren zum Abtriebe kommen sollten.

Aber dafür wurden Bäume, die von den Franzosen zum Hiebe im Jahre 1870/1871 bestimmt waren, nicht gehauen. Es war dieß eine Maßregel, welche von den Franzosen selbst im Laufe der Zeit mehrfach in Anwendung gebracht worden ist. Auf Grund authentischer Mittheilungen kann behauptet werden, daß von der deutschen Verwaltung in Lothringen die ganze, von den Franzosen zum Hiebe projektirte Holzmasse nicht überschritten worden ist. Allerdings ist in vielen Waldungen, besonders in der Nähe größerer Ortschaften, durch die Einwohner selbst eine wahre Devastation durch kolossale Waldfrevel ausgeführt worden. Da die französischen Forstbeamten gegen diese Verwüstungen nichts thun wollten oder konnten, so hat die deutsche Verwaltung zu wiederholten Malen und in verschiedenen Waldungen Ordnung geschaffen durch Absendung von deutschen Truppen und durch Verhaftung zahlreicher Waldfrevler. Die Rücksicht, welche die deutsche Forstverwaltung nahm, ging sogar so weit, daß sie besonders wichtige Waldungen wie den bedeutenden, zur École forestière in Nanzig gehörigen Institutsforst, absolut schonte.

Es kann hiernach keinem Zweifel unterliegen, daß die gegen die deutsche Verwaltung erhobenen Vorwürfe grundlos sind, und auch auf diesem Gebiete das Völkerrecht strenge gewahrt worden ist. Aber die hierüber entstandenen Erörterungen haben jedenfalls den Gewinn gebracht, daß eine forstwidrige Ausbeutung der Waldungen des Feindes als eine Verletzung des allgemein anerkannten modernen Völkerrechts von allen Seiten verurtheilt wurde.

In der Verwaltungsbefugniß, welche der feindlichen Staatsgewalt zusteht, ist aber auch das Recht, die in den öffentlichen Waldungen gemachten Holzschläge zu verkaufen, enthalten. So gut der Feind berechtigt ist, die Steuern zu erheben, das bewegliche Staatsgut sich anzueignen, so gut ist er auch berechtigt, in den Staatswaldungen Holz zu schlagen, soweit dieß geschehen kann ohne den Wald zu devastiren, und dasselbe zu verkaufen. Er kann hierzu veranlaßt sein nicht allein durch die Rücksicht auf den eigenen Gewinn, sondern auch auf die Bedürfnisse der Bevölkerung, die für ihren Holzbedarf auf die Staatswaldungen angewiesen ist. Es liegt in der That kein Grund vor, die völkerrechtlichen Befugnisse des Feindes in Bezug auf den Holzverkauf mehr zu beschränken, als dies auf den übrigen Gebieten der Verwaltung geschieht. Die Behauptungen der französischen Regierung und Schriftsteller, sowie die Urtheile der französischen Gerichte, nach welchen alle von den deutschen Behörden während des Kriegs vorgenommenen Verkäufe von Holz aus Staatswaldungen völkerrechtswidrig und deßhalb ungiltig seien, sind unrichtig. Die französische Regierung, die, wie wir gesehen haben, mit Recht anerkennt, daß der Feind befugt ist, die Steuern zu erheben, und daß die Steuerzahler, die an den Feind die Steuern bezahlen, dadurch gegenüber der heimathlichen Regierung entlastet werden, verläugnet offenbar diese Grundsätze, wenn sie jeden Holzverkauf für ungiltig erklärt und gegen diejenigen Personen, die sich bei diesen Verkäufen betheiligt haben, einschreitet. Auch sind niemals, wie oft fälschlich angeführt wird, diese französischen Behauptungen von Seiten der deutschen Regierung anerkannt worden [1]. In dem Schlußprotokoll zu der Convention vom 11. Dezember 1871 hatten zwar die französischen Bevollmächtigten die Erklärung abgegeben, daß die französische Regierung ihrerseits

[1] In den Konferenzen zu Frankfurt am Main, die zu der Zusatzconvention vom 11. Dezember 1871 führten, stellten die französischen Unterhändler das Ansinnen, die deutsche Regierung solle die Ungiltigkeit dieser Verkäufe anerkennen. Die Protokolle der Konferenzen enthalten darüber folgendes: Conférence du 6 juillet 1871: « Les plénipotentiaires français rappellent incidemment des faits qui viennent de se produire dans le département de la Meurthe, à l'occasion d'une vente de bois dans la forêt de Briey, effectuée pendant la guerre. Ils annoncent qu'ils ont ordre de demander l'insertion dans la convention du projet d'article sur l'annulation des contrats passés par l'autorité militaire allemande pendant la guerre. Au besoin, ils se contenteraient d'une déclaration protocollique, dont les termes resteront à formuler, et que leur gouvernement considère comme indispensable pour prévenir de nouveaux malentendus.

Les plénipotentiaires allemands annoncent que des ordres ont été donnés de Berlin pour prévenir des mesures d'exécution militaire à l'occasion de ces contrats; que si de nouvelles difficultés se présentaient, elles semblent devoir être aplanies par la voie diplomatique, et que le chargé d'affaires de l'Empire à Paris a reçu des instructions à cet effet; *en tout cas, ils ne sauraient souscrire à une clause par laquelle l'Empire déclarerait nuls les contrats que ces autorités ont passés pendant la guerre.* »

diesen Verträgen weder gesetzliche Wirkung noch obligatorische Kraft beilegen könne, und beabsichtige, jede vermögensrechtliche oder andere Verantwortlichkeit zurückzuweisen, welche dritte Betheiligte aus diesen Verträgen gegen sie in Anspruch nehmen könnten. Die deutschen Bevollmächtigten hatten aber bei den Verhandlungen ausdrücklich erklärt, daß die deutsche Regierung die Ungiltigkeit dieser Verträge nicht anerkennen könne.

Allerdings hat dann der deutsche Vertreter in Paris den Betheiligten, die sich in einem gegen sie angestrengten Prozesse mit der Bitte um Intervention an ihn gewandt hatten, in einer Antwort vom 8. September 1871 erklärt, daß die Streitsache von den französischen Gerichten nach dem französischen Rechte entschieden werden solle und daß die deutsche Regierung jede weitere Einmischung ablehne. In der That hat der Appellhof zu Nanzig in seinem Urtheil vom 3. August 1872 die Nichtigkeit der Verträge erklärt und ausgesprochen, daß der Verkauf einer Dritten gehörigen Sache vorliege[1].

Stellt das Völkerrecht über die Befugnisse des occupirenden Feindes in Bezug auf die Mobilien und Immobilien, die dem Staate als Eigenthum gehören, bestimmte Grundsätze auf, über die ein Streit nicht mehr besteht, so ist dagegen die Frage, ob und wie weit die Forderungsrechte des Staates auf den Feind, der einen Theil des Gebietes besetzt hält, übergehen, keineswegs gelöst. Die frühern Schriftsteller über Völkerrecht gelangten zu keinem befriedigenden Resultate, da sie von der Aussicht ausgingen, die Occupation erzeuge Rechte nur mittels körperlicher Besitzergreifung. Die körperliche Occupation sei die nothwendige Bedingung des Eigenthumserwerbs. Da nun

[1] Das Urtheil des Appelhofes zu Nanzig wurde bestätigt durch Urtheil des Cassationshofs vom 16. April 1873 (Sirey 1873, I, p. 400).

Forderungsrechte keine körperlichen Sachen seien, so sei auch der unmittelbare Erwerb von Forderungsrechten durch die Kriegsoccupation etwas gar nicht Denkbares, etwas juristisch Unmögliches[1]. Diese Theorie, die dann in künstlicher Weise eine Vereinigung mit der nicht wegzuläugnenden Praxis suchte, ruhte offenbar auf der falschen Voraussetzung, daß die Occupation eines feindlichen Landes nur eine Art der privatrechtlichen Occupation sei. Durch die Kriegsoccupation entstehen aber vielmehr eigenthümliche völkerrechtliche Verhältnisse, die nicht aus dem Privatrechte, sondern allein aus dem Völkerrechte erklärt werden können. In Folge der Occupation eines feindlichen Staatsgebietes wird die einheimische Staatsgewalt suspendirt und ihre Ausübung steht provisorisch und unter den früher angegebenen Beschränkungen der besetzenden Kriegsmacht zu. Vermöge dieser völkerrechtlichen temporären Autorität nimmt der Feind alle diejenigen Rechte in Anspruch, die der Staatsgewalt zukommen. Er übt diese Rechte aus und zwar sowohl die staatsrechtlichen wie die privatrechtlichen unter den früher besprochenen Beschränkungen. Da aber mit dem Frieden die Occupation aufhört, so hört auch die Wirksamkeit seiner Anordnungen mit dem Frieden auf, wenn er die besetzten Gebiete nicht im Frieden erwirbt. Alle seine Handlungen haben nur einen provisorischen Charakter und dürfen keine dauernden Wirkungen mit sich führen. Auf die Forderungsrechte angewandt ergeben sich aus diesen Grundsätzen als Folgerungen:

1) Der Feind kann in dem besetzten Gebiete jede Zahlung und Leistung an den einheimischen Staat verbieten, wie dies

[1] Statt vieler sei nur angeführt Pfeiffer, Das Recht der Kriegseroberung in Beziehung auf Staatskapitalien, 1823. Auf ähnlichem Standpunkt steht noch Phillimore, Commentaries on International Law, III, p. 680 u. f. f.

im Elsaß durch die angeführte Verordnung vom 29. August 1870 geschehen ist.

2) Der Feind kann die Forderungen, soweit sie fällig sind oder während der Zeit der Occupation fällig werden, einziehen. Nach dem Frieden darf die einheimische Regierung eine nochmalige Zahlung nicht fordern. Demgemäß hat die deutsche Regierung auch die privatrechtlichen Forderungen der französischen Regierung, soweit sie fällig waren, geltend gemacht.[1]

3) Aber die Geltendmachung dieser Forderungsrechte kann nur innerhalb des occupirten Gebietes geschehen. Nur soweit die Occupation reicht, reicht das Recht des Occupanten.

4) Dagegen steht dem Occupanten nicht ein unbeschränktes Verfügungsrecht über die Forderung zu; er kann sie weder durch Annahme von Vorauszahlungen, noch durch schenkungsweisen Erlaß tilgen, noch kann er sie veräußern. Nach dem Frieden ist der Staat, der wieder in den Besitz der occupirten Provinzen tritt, nicht verpflichtet derartige Handlungen anzuerkennen.[2]

---

[1] Vgl. z. B. die Verordnung des Civilkommissärs vom 26. November 1870: „Diejenigen Personen, welche noch Geldbeträge für das aus den Staatswaldungen des Generalgouvernements Elsaß angekaufte Holz von 1870 oder aus den früheren Jahren verschulden, werden darauf aufmerksam gemacht, daß diese Geldbeträge an die in dem genannten Bezirk eingerichteten deutschen Kassen einzuzahlen sind, und daß Quittungen anderer Kassen oder Personen über die Zahlung jener Holzgelder als ungiltig zurückgewiesen werden."

[2] Nach einer Verordnung vom 30. Januar 1871 wurden die mit den französischen Behörden geschlossenen Verträge über die Verpachtung der Festungsnutzungen in Straßburg u. s. w. aufgehoben. Wäre das Elsaß durch den Frieden nicht abgetreten worden, so würde später unzweifelhaft diese Aufhebung der Verträge für die französische Regierung nicht bindend gewesen sein.

Geht demnach die Ausübung der Rechte des Staats auf den Occupanten über, wenn auch mit gewissen Beschränkungen, so tritt er doch nicht in die Verpflichtungen des Staates ein. Es findet keine Staatssuccession statt, der Occupant ist nicht der staatsrechtliche Nachfolger des bisherigen Souveräns, sondern er übt nur kraft des völkerrechtlichen Titels der Occupation provisorische Rechte aus. Eine Uebernahme der dem einheimischen Staate obliegenden Verpflichtungen würde auch dem Zwecke des Krieges widersprechen, der eine Schwächung des feindlichen Staates beabsichtigt, nicht aber ihm Lasten abnehmen will. Daß aus der Occupation auch Pflichten für den Occupanten dem besetzten Lande gegenüber entspringen, ist oben schon erwähnt worden und wird in den nächsten Abschnitten noch weiter ausgeführt werden. Aber weder die staatsrechtlichen noch privatrechtlichen Verpflichtungen der feindlichen Staatsgewalt hat der Occupant zu erfüllen. Demgemäß sprach auch der Erlaß des Bundeskanzler-Amtes vom 3. September 1870 den Grundsatz aus: „Ausgaben, welche auf dem französischen Etat beruhen oder von der französischen Regierung außerordentlich bewilligt sind, werden nur insoweit geleistet, als sie in Dienstbezügen der im Dienste verbliebenen Beamten bestehen oder sonst zur Erhebung der Einnahmen erforderlich sind."

Schließlich ist hier noch die Frage zu erörtern, ob und in wie weit der Occupant berechtigt ist, außerordentliche Kriegssteuern oder Kontributionen dem besetzten Lande aufzuerlegen. Bekanntlich wurden die Kriegskontributionen früher damit gerechtfertigt, daß sich durch ihre Bezahlung die Städte oder Bezirke von der Gefahr der Plünderung oder Verwüstung loskaufen konnten. Da nun das moderne Kriegsrecht kein Recht mehr zur Plünderung und ebensowenig ein Recht zur unnöthigen Verwüstung anerkennt, so kann auch nicht mehr von einem Loskauf dieses Rechts die Rede sein.

Zu Geldkontributionen, die nur zur Füllung der Kriegskasse oder gar zur Befriedigung der Gewinnsucht der Führer dienen, ist die Kriegsgewalt nicht berechtigt. Beide Arten von Kontributionen sind gleich verwerflich und dem Völkerrechte widersprechend. Indessen werden gegenwärtig mit dem Ausdruck „Kontributionen" sehr verschiedenartige Gelderhebungen durch den Feind bezeichnet, die nicht derselben Beurtheilung unterliegen können, meist aber nicht gehörig geschieden werden. Abgesehen von den obenerwähnten völkerrechtswidrigen Kontributionen sind zu unterscheiden:

1) Statt der dem Feinde nach Kriegsrecht erlaubten Requisitionen erhebt derselbe eine Geldabgabe unter dem Namen einer Kontribution. Wenn dieselbe im Verhältniß zu der erlaubten Requisition steht und nur als Ersatz der Naturalverpflegung erscheint, so ist sie auch nur nach den Grundsätzen über die Requisitionen zu beurtheilen. Der Art war z. B. die Kontribution, welche die Stadt Straßburg als Ersatz für die Naturalverpflegung der Offiziere zahlte[1]. Daß diese Kontributionen manche Vorzüge vor den Naturalrequisitionen haben, bedarf keiner Erörterung; sie werden namentlich in größeren Städten häufig der Einwohnerschaft als Erleichterung erscheinen.

2) Geldabgaben werden den Gemeinden auferlegt als Strafe für die auf ihrem Gebiete vorgekommenen Kriegsvergehen; von ihnen haben wir schon im Abschnitt IV bei dem Kriegsstrafrecht gesprochen.

3) Kontributionen im engeren Sinne des Wortes sind außerordentliche Kriegssteuern, die der Feind dem occupirten Lande

[1] Vom 1. Dezember 1870 an hatte die Stadt für einen General 20 Fr., für einen Hauptmann 10 Fr. und für einen Lieutenant 8 Fr. täglich zu zahlen.

auferlegt, um den Gegner zu veranlassen, Friede zu schließen. Sie erscheinen als ein Mittel, um den hartnäckigen Gegner zur Nachgiebigkeit zu zwingen. Der Art war die außerordentliche Kriegssteuer, welche im Dezember 1870, im Betrage von 25 Franken auf den Kopf, in den besetzten Departements ausgeschrieben wurde. In dem Generalgouvernement Elsaß wurde diese außerordentliche Kriegssteuer erst am 20. Februar 1871 ausgeschrieben, aber schon am 26. Februar die Erhebung derselben sistirt. Nur in wenigen Gemeinden hatte die Eintreibung der Steuer begonnen; die bezahlten Summen wurden den betreffenden Gemeinden später wieder zurückerstattet. Offiziell wurde zwar auch als Grund dieser Steuer angegeben, daß sie zur Deckung der Kosten für die Naturalverpflegung der Truppen dienen solle; aber es unterliegt keinem Zweifel, daß sie in erster Linie den Zweck hatte, die Bevölkerung dem Frieden geneigt zu machen. Es sollte hierdurch der Politik Gambetta's, den Krieg bis auf das Aeußerste fortzuführen, entgegengewirkt werden. Durch diese Steigerung der Kriegslast sollte die Bevölkerung gedrängt werden, bei den in Aussicht genommenen Wahlen zu einer Nationalversammlung, die über den Abschluß des Friedens zu entscheiden hätte, Gegner der extremen Kriegspartei zu wählen und die Diktatur Gambetta's abzuschütteln. Das Mittel war ein außergewöhnliches, aber offenbar war auch die Lage eine außergewöhnliche. Die nutzlose Hinziehung des Krieges, die beiden Theilen noch große Opfer kosten konnte, die aber nach menschlichem Ermessen nicht im Stande war, das Resultat des Krieges zu ändern, mußte die deutsche Regierung veranlassen, auch denjenigen französischen Landestheilen, die sie zwar besetzt hatte, die aber nicht mehr unmittelbar zum Kampfplatze dienten, die ganze Schwere des Krieges fühlen zu lassen. Es ist allerdings nicht zu verkennen, daß derartige Kriegskontributionen auch auf denjenigen Einwohnern des Landes schwer lasten, die in keiner Weise auf die Politik ihrer Regierung einwirken können. Aber das ist ja der allgemeine Charakter des Krieges, daß der Unschuldige mit dem Schuldigen zu leiden hat. Auch liegt allerdings die Gefahr nahe, daß die Auflage der Kontribution in eine ungerechte Härte gegen die friedliche Bevölkerung ausarte und mißbräuchlich angewandt werde. Aber an sich wird sie nicht als völkerrechtswidrig zu bezeichnen sein.

Die ebenerwähnte außerordentliche Kriegssteuer ist im Generalgouvernement Elsaß freilich erst nach den Wahlen zu der Nationalversammlung in Bordeaux ausgeschrieben worden. Es könnte demnach scheinen, daß der angegebene politische Zweck mit ihr nicht hätte verfolgt werden können. Indessen war die Erhebung der Kontribution schon früher angeordnet worden, die Publikation hatte sich nur durch zufällige Umstände verzögert. Als sie erfolgte, stand allerdings der Abschluß des Präliminarfriedens vor der Thüre, durch welchen die weitere Erhebung der Kontribution unmöglich geworden war.

Kapitel VIII.

Linderung der Kriegsnoth.

Wir haben bisher hauptsächlich von den Rechten gesprochen, welche dem Feinde in Folge der Occupation eines Theiles des Staatsgebietes zukommen. Wir haben gesehen, in welchem Umfange die Ausübung der Staatshoheit provisorisch auf ihn übergeht und in wie weit er die Erfüllung der staatlichen Pflichten von Seiten der Landeseinwohner verlangen kann. Nach der älteren Theorie und Praxis des Völkerrechts ist hiermit der Inhalt des Verhältnisses zwischen dem Occupanten und dem occupirten Lande erschöpft. Pflichten, welche aus der Occupation für den Occupanten entspringen, kennt das ältere Völkerrecht nicht. Das occupirte Land befindet sich schutz- und wehrlos dem Sieger anheimgegeben, der, je nach den Interessen seiner Kriegsführung und nur von diesen geleitet, die Funktionen der Staatsgewalt ausübt. Selbst für den Schutz der öffentlichen Sicherheit und Ordnung hat er nur soweit Sorge zu tragen, als es seine eigene Sicherheit verlangt.

Das heutige Völkerrecht aber legt dem Occupanten auch Pflichten gegen die besetzten Landestheile auf. Ist er berechtigt, Gehorsam und Unterwerfung unter seine Gebote zu verlangen, so ist er auch verpflichtet, für die Handhabung des Rechtes und für eine geordnete Verwaltung Sorge zu tragen, soweit es die Verhältnisse gestatten. Durch die Occupation ist eine temporäre staatliche Gemeinschaft zwischen dem Occupanten und den Bewohnern des occupirten Gebietes entstanden, aus der für beide Theile Pflichten entspringen. Natürlich hängt es von den Umständen ab, wie weit der besetzende Feind im Stande ist, diese Aufgaben zu erfüllen. In erster Linie wird und muß für ihn das Interesse der Kriegsführung stehen. Aber soweit die Bedürfnisse des Heeres befriedigt sind, ist er verpflichtet, die aus dem Lande gezogenen Einkünfte für die Verwaltung des Landes zu benutzen. Die Aufrechterhaltung der Ordnung, die Sicherheit der Person und des Eigenthums, der Schutz der materiellen und geistigen Güter der Bevölkerung liegen ihm ob, und je länger die Occupation dauert, je fester seine Stellung in dem besetzten Gebiete ist, um so mehr muß er für die Verwaltung des Landes thätig sein. Bestimmte Vorschriften werden sich hierüber allerdings nicht aufstellen lassen, weil das Maß des Möglichen sich allein nach den jedesmaligen Verhältnissen wird bestimmen müssen. Aber indem der Feind die einheimische Staatsgewalt für suspendirt erklärt und die Ausübung der Hoheitsrechte sich aneignet, indem er von der Bevölkerung die Anerkennung dieser provisorischen Autorität verlangt, muß auch er seinerseits anerkennen, daß er der Bevölkerung gegenüber die Pflicht hat, sie vor Auflösung der rechtlichen Ordnung zu schützen. Deutschland hat während des Krieges diese Pflicht anerkannt auch in den Provinzen, die in dem Friedensvertrage nicht von Frankreich getrennt werden sollten. Je größer das feindliche Gebiet wurde, das von den deutschen Truppen besetzt wurde, um so größere Schwierigkeiten stellten sich aber der Erfüllung dieser Pflicht entgegen. In den nördlichen Departements sowie in dem Gebiet der Loire konnte die Besetzung nur eine rein militärische sein.

Mitten in dem Kriegsgetümmel findet sich für die Civilverwaltung keinen Raum. Die in den angegebenen Gebieten ernannten deutschen Präfekten mußten ihre Thätigkeit darauf beschränken, für die Bedürfnisse des Heeres zu sorgen und die militärischen Requisitionen so viel wie möglich nach Billigkeit unter die einzelnen Gemeinden zu vertheilen. Die Zeit der Occupation war zu kurz, die Bevölkerung selbst hatte sich zu wenig in die Lage einer vom Feinde beherrschten gefunden, als daß eine administrative Thätigkeit den deutschen Beamten möglich gewesen wäre. Aber schon in dem Generalgouvernement Lothringen (Nanzig) ergab sich die Möglichkeit, für manche Bedürfnisse der Bevölkerung Sorge zu tragen. Die Bezahlung der Gehälter der Geistlichen und Schullehrer suchte die deutsche Verwaltung zu ermöglichen, die Wohlthätigkeitsanstalten wurden in ihrer Wirksamkeit unterstützt, in dringenden Nothfällen gewährte die Regierung selbst Abhilfe. Schon oben wurde erwähnt, daß die Wälder gegen Verwüstungen durch Waldfrevler geschützt wurden. Die Maßregeln, die gegen die Verbreitung der Rinderpest ergriffen wurden, erfolgten zwar zunächst im Interesse der Verpflegung des Heeres, wurden aber doch auch im Interesse der Bevölkerung ausgedehnt und aufrecht erhalten.

Doch konnte selbstverständlich die Civilverwaltung in Lothringen nicht die Thätigkeit entwickeln, wie dies im Generalgouvernement Elsaß der Fall war. Hier waren die Verhältnisse der Art, daß eine eigentliche Landesverwaltung möglich erschien. Das Gebiet des Generalgouvernements befand sich mehrere Monate lang im Besitz des Feindes, die Bevölkerung hatte sich, wenige Ausnahmen abgerechnet, den Bedingungen der Occupation unterworfen, und dazu kam denn allerdings die ausgesprochene Absicht des Occupanten, dies Gebiet durch den Friedensschluß zu erwerben. Hatte folglich die Regierung selbst auch ein sehr wichtiges Interesse dabei, möglichst bald im Elsaß die normalen, friedlichen Verhältnisse herzustellen und die Bevölkerung soviel wie möglich zu schonen, so wird doch eine kurze Darstellung derjenigen Maßregeln nicht überflüssig erscheinen, welche von der Regierung zur Erleichterung der Bevölkerung und zum Schutze ihrer Interessen während des Krieges ergriffen worden sind. Es wird dies um so mehr in den Rahmen des Themas, das wir uns gestellt haben, gehören, als auch bei diesem Theile ihrer Thätigkeit die deutsche Regierung doch immer von dem Grundsatze ausgegangen ist, daß das Land bis zum Abschluß des Präliminarfriedens von Versailles ein Theil des französischen Staates bildet, seine Bewohner Franzosen sind.

In seiner Proklamation vom 30. August 1870 hatte der Generalgouverneur das Versprechen verkündet: „es soll alles geschehen, um der Bevölkerung die schweren, aber unvermeidlichen Lasten des Krieges zu erleichtern." Es war keine leichte Aufgabe, dieses Versprechen zu erfüllen. Ein nicht geringer Theil des Landes hatte in den ersten Wochen des Krieges als Schauplatz der blutigsten Kämpfe gedient, andere Gebiete waren durch lang dauernde Truppendurchmärsche in Anspruch genommen worden, und dazu kam, daß die Rinderpest im Gefolge des Krieges als ein furchtbarer Feind der ackerbautreibenden Bevölkerung Elsaß und Lothringen verheerte.

In Bezug auf die durch den Krieg entstandenen Schäden kam es vor allem darauf an, sobald wie möglich diese Schäden in ihrem Umfange festzustellen, um eine spätere Entschädigung zu ermöglichen. Es ist schon angeführt worden, daß von Anfang an den Bewohnern anbefohlen wurde, sich für jede Requisition und Naturallieferung eine Bescheinigung geben zu lassen, und daß die Maires der Gemeinden angewiesen wurden, Verzeichnisse dieser Leistungen anzufertigen. Die durch Beschießung, Brand, Zerstörung zu militärischen Zwecken entstandenen Schäden beschränkten sich auf die Städte Straßburg, Schlettstadt, Neu-Breisach, Pfalzburg, Bitsch, Diedenhofen und den Dörferumkreis von Metz, der sich im Westen bis Novéant, im Norden bis Maizières, im Osten bis Remilly und im Süden bis Augny erstreckte. Er umfaßte etwa 30 Quadratmeilen mit 64 Dörfern.

In Straßburg wurde unmittelbar nach der Kapitulation eine Kommission gebildet, welche beauftragt wurde, nach einem bestimmten Formulare die durch die Belagerung entstandenen Schäden zu constatiren. Durch telegraphische Ordre hatte der Bundeskanzler angeordnet, daß diese Schäden inventarisirt werden sollten. Die Schadensermittlung fand statt, auf Grund von Liquidationen der Beschädigten, welche zu deren Einreichung öffentlich aufgefordert wurden. Wenn damit auch nicht bestimmt war, aus welchen Mitteln die Entschädigung gezahlt werden sollte — es geschah dies erst durch das Gesetz vom 14. Juni 1871 — so war damit doch das künftige Liquidationsverfahren angebahnt und der Bevölkerung die Sicherheit gegeben, daß die Schäden, so viel wie möglich, ausgeglichen werden sollten. Aehnliche Abschätzungskommissionen wurden in den anderen erwähnten Orten gebildet. Zur Erleichterung des Wiederaufbaues von Gebäuden, welche durch die Kriegsereignisse zerstört worden sind, wurden durch die Verordnung vom 16. Dezember 1870 bedeutende Steuerprivilegien gegeben. Von allen Kaufverträgen, welche Uebertragungen von Liegenschaften zum Gegenstande haben, auf welchen sich durch die Kriegsereignisse zerstörte Gebäulichkeiten befinden, war, insofern sie bis zum

1. Juli 1871 beurkundet wurden[1], weder die verhältnißmäßige Enregistrements-, noch die verhältnißmäßige Transcriptionsgebühr, sondern nur die Formalitätsgebühr zu entrichten. Gleiches galt für die Verträge mit Baumeistern und Bauhandwerkern, welche den Wiederaufbau solcher Gebäulichkeiten betreffen; auch waren die darauf bezüglichen Pläne und Kostenrechnungen tax- und stempelfrei. Endlich sollten die zum Zwecke des Wiederaufbaues solcher Gebäulichkeiten bis zum Schlusse des Jahres 1871 aufgenommenen Darlehen nur zu einer fixen Enregistrementsgebühr tarifirt werden. Die volle Entschädigung für Schäden an Mobilien und Immobilien, welche im Laufe des Krieges seitens des französischen oder deutschen Heeres durch Beschießung oder durch Brandlegung zu militärischen Zwecken verursacht worden sind, wurde durch das Gesetz vom 14. Juni 1871 aus den Mitteln der von Frankreich zu zahlenden Kriegsentschädigung gewährt.[2]

Mittels einer, allerdings zu weit gehenden Auslegung des Gesetzes vom 14. Juni 1871 glaubte man anfänglich auch für diejenigen Civilpersonen, welche in Folge von Beschießung oder Brandlegung zu militärischen Zwecken Körperverletzungen erlitten hatten oder getödtet wurden, den Verletzten oder ihren Familien eine Vergütung zugestehen zu können. Diese Auslegung, die mit dem Wortlaut des Gesetzes im Widerspruch stand, wurde zwar von dem Reichskanzleramt verworfen, aber die Gründe der Gerechtigkeit und Billigkeit, welche zu einer solchen Ausdehnung der gesetzlichen Bestimmungen geführt

[1] Die Frist wurde später bis zum 31. Dezember 1871 verlängert. (Verordnung vom 26. Juni 1871.)

[2] Bis zum Schlusse des Jahres 1872 sind auf festgestellte Schäden im Ganzen ungefähr 90 Millionen an die Entschädigungsberechtigten ausgezahlt worden.

hatten, wurden anerkannt, und Fonds zur Unterstützung der angegebenen Personen aus der Landeskasse zur Verfügung gestellt. Nach genauer Erörterung und Prüfung der Familien-, Vermögens- und Erwerbsverhältnisse der Betreffenden wurden Vergütungen für Kurkosten, Verminderung der Erwerbsthätigkeit, Verlust des Ernährers u. s. w. den Verletzten oder ihren Familien bewilligt. Im Reichslande wurden demgemäß an etwa 600 Personen Unterstützungen im Betrage von über 600,000 Fr. gegeben.

In großem Umfange wurde die Thätigkeit der deutschen Verwaltung in den ersten Monaten der Occupation durch die Maßregeln gegen die Rinderpest in Anspruch genommen. Deutsche Thierärzte wurden in großer Zahl in das Land gerufen, Verordnungen gegen das Umsichgreifen der Seuche, gegen die Durchfuhr von Vieh und Abfällen, Vorschriften über die Absperrung der Orte, in welchen die Seuche aufgetreten war, wurden erlassen [1].

Für die auf Anordnung der Behörden getödteten Thiere, sowie die gefallenen Thiere wurde sogar die Vergütung des vollen Werthes des Thieres versprochen und gewährt (Verordnung vom 3. Oktober 1870, § 11), während nach dem französischen Gesetz vom 30. Juni 1866 nur zwei Drittel des Werthes vergütet werden sollen. Trotz allen diesen Verordnungen und trotz allen Bemühungen gelang es erst Anfang Mai 1871 der Rinderpest ein Ziel zu setzen [2].

---

[1] Die erste Verordnung über die Maßregeln gegen die Rinderpest erschien schon den 3. September 1870. Die ausführliche Verordnung des Generalgouverneurs vom 3. Oktober 1870 schließt sich im ganzen und großen dem deutschen Reichsgesetz vom 7. April 1869 an.

[2] Bis zu dem angegebenen Zeitpunkt hatte im Bezirk Unter-Elsaß die Seuche in 164 Gemeinden gewüthet. Die Gesammt-

Zu den ersten Maßregeln, welche die Verwaltung ergriff, um den Folgen der Kriegsnoth entgegenzutreten, gehörten auch die großen Arbeiten zur Desinfektion der Schlachtfelder von Weißenburg, Wörth, Spichern und Metz. An den drei erstgenannten Orten konnte sich die Arbeit beschränken auf ein sorgfältiges Begraben der Todten und eine Regulirung der über die Grabstätten sich ergießenden Wasserläufe. Bei Metz dagegen waren umfassendere Maßregeln nothwendig. Hier waren zwischen dem 14. August und 17. Oktober 1870 sieben Schlachten geschlagen worden; auf einem kleinen Raum waren 450,000 Menschen zusammengedrängt. Ueber 4000 Pferde waren in jenen 2 $^1/_2$ Monaten in Metz theils gegessen, theils gefallen. Mehrere Tausend Stück Rindvieh waren durch die Rinderpest gefallen. Die massenhaften Auswurfsstoffe der Lazarethe und die unendlichen Haufen faulender und dem Verderben preisgegebener Nahrungsmittel kamen dazu. Ein eignes System der Desinfektion war erforderlich, um die normalen Bedingungen der öffentlichen Gesundheit wieder herzustellen. Die Desinfektionsarbeiten begannen unmittelbar nach der Kapitulation der Stadt Metz, konnten aber erst im Sommer 1871 vollendet werden.

Der Boden wurde mit Kalk, Kohlen, Chlorkalk und Carbolsäure bedeckt, stellenweise auch mit Petroleum übergossen und ausgebrannt, demnächst mit Erderhöhungen bis zu 6 Fuß versehen, diese Erhöhungen mit stark zehrendem Grünwuchs umkleidet und das Wasser theils abgeleitet, theils durch Chemikalien desinficirt, theils durch Wasserpflanzen gereinigt [1].

Entschädigungssumme, die für die getödteten und gefallenen Thiere in dem Reichslande bezahlt wurde, belief sich auf 4,035,000 Franken.

[1] Ueber diese Desinfectionsarbeiten ist ein Bericht enthalten in Holtzendorffs Jahrbuch des deutschen Reiches, 1871, S. 567.

Alle diese Maßregeln hatten den Zweck, den durch den Krieg herbeigeführten Mißständen entgegenzuwirken, und die Kriegsnoth zu lindern. Ihre volle Wirkung konnten sie allerdings erst nach Beendigung des Krieges äußern. Durch eine Maßregel anderer Art suchte die deutsche Regierung das persönliche Schicksal der Elsässer und Lothringer, welche als Mobilgardisten kriegsgefangen genommen worden waren, zu erleichtern. Durch königlichen Erlaß wurde bestimmt, daß den im Bezirke des Generalgouvernement einheimischen Mobilgarden die Entlassung aus der Gefangenschaft gestattet werden solle, welche in der Lage und Willens waren, für ihr späteres Wohlverhalten ihren Besitz zu verpfänden (Bekanntmachung vom 17. Dezember 1870). Nachdem indessen mehrfach entlassene Mobilgarden sich zu den französischen Armeen wieder begeben hatten, trotz des von ihnen gegebenen Ehrenworts die Waffen gegen die deutschen Heere nicht mehr zu ergreifen, wurde die Vergünstigung auf solche beschränkt, welche selbst Grundbesitzer waren; Cautionsstellungen und Bürgschaften wurden dagegen ausgeschlossen. (Verordnung vom 11. Januar 1871.)

Kapitel IX.

Handel und Verkehr.

Eine überaus große Thätigkeit entwickelte die deutsche Verwaltung während des Kriegs auf dem Gebiete des Verkehrswesen. Wohl ohne Uebertreibung darf behauptet werden, daß die Leistungen der deutschen Post- und Eisenbahnverwaltungen in dem Kriege 1870—1871 bis jetzt ihres Gleichen nicht gehabt haben. Nicht nur, daß in der Heimath durch die fortdauernden Truppen- und Verwundetentransporte, durch den zahlreichen brieflichen Verkehr des Heeres mit der Heimath die Behörden in ungewöhnlichem Grade in Anspruch genommen waren, auch in dem weit ausgedehnten französischen Gebiete, das von dem deutschen Heere besetzt war, mußten Post und Eisenbahn allen Anforderungen, welche der Krieg an sie stellte, Genüge leisten [1]. Trotzdem wurde es ermöglicht, daß auch in dem größten Theil des besetzten Gebietes, wenigstens bis zu einem gewissen Grade, für die Bedürfnisse der Bevölkerung Sorge getragen wurde.

[1] Die Leistungen der deutschen Postverwaltung verdienen um so größere Anerkennung, da ein großer Theil ihres Personals unter die Fahnen berufen und damit dem Postdienst entzogen war. (Vergl. „Die Norddeutsche Feldpost während des Krieges mit Frankreich,“ 1871.)

Schon in den ersten Tagen des Septembers 1870 wurde von dem König angeordnet, daß der Landes-Postdienst in den von den deutschen Heeren besetzten französischen Gebieten wieder in Gang gesetzt werden soll [1]. Durch Königliche Ordre vom 12. September 1870 wurde bestimmt, daß das Postwesen in den Bereich des Generalgouvernements Elsaß sogleich definitiv von der Norddeutschen Bundespostverwaltung organisirt werde, sowie daß das Postwesen in den übrigen französischen Gebietstheilen provisorisch unter Anlehnung an die bestehenden Einrichtungen administrirt werde. Noch im Laufe des Septembers wurde in Elsaß und Deutsch-Lothringen ein große Zahl von Postanstalten eröffnet und der Bevölkerung zugänglich gemacht. In Metz und Straßburg wurden Ober-Postdirektionen eingerichtet, die Wiederanknüpfung der unterbrochenen Verkehrsbeziehungen wurde auf jede Weise gefördert. Die Königliche Verordnung vom 28. Oktober 1870 regelte das Posttaxwesen [2]. Durch Einführung der Postmandate, der

[1] Während des Krieges wurden in den besetzten Gebieten (mit Einschluß von Elsaß-Lothringen) theils für die Armee und den Relais- und Etappendienst, theils für die Verwaltung der Landesposten im ganzen 411 Postanstalten errichtet, bei denen ein Personal von 2140 Postbeamten und Unterbeamten beschäftigt war. Eine Centralbehörde, die deutsche Postadministration, war anfänglich in Nanzig, dann in Rheims in Thätigkeit. Die Benutzung der deutschen Postanstalten von Seiten der französischen Bevölkerung war eine so ausgedehnte, daß aus dem Postbetrieb in den besetzten Gebieten (mit Ausschluß von Elsaß-Lothringen), nach Bestreitung sämmtlicher Kosten, noch ein Einnahmeüberschuß von 120,000 Thalern sich ergab, der zur Bildung der „Kaiser Wilhelm-Stiftung" für die Angehörigen der deutschen Reichspostverwaltung benutzt wurde.

[2] Die Verordnung vom 28. Oktober wurde durch die Verordnung vom 28. Dezember 1870 mehrfach abgeändert.

Correspondenzkarten u. s. w. zeigte sich ein anerkennungswerthes Bestreben, selbst unter den so schwierigen Verhältnissen den Bedürfnissen der Bevölkerung zu dienen. Binnen Kurzem war in dem ganzen Generalgouvernement ein ebenso sicherer und pünktlicher Postdienst eingerichtet, wie dies in Friedenszeiten der Fall war.

Langsamer ging natürlich die Wiederherstellung des Eisenbahnverkehrs. In der Proklamation vom 16. Oktober 1870 hatte der Generalgouverneur verkündet: „Die Eisenbahnlinien sollen, wenn sie von den deutschen Truppen in Betrieb gesetzt sind, durch möglichste Freigebung des Privatverkehrs auf einem großen Theil der Bahnen auch der Bevölkerung der durch den Krieg so schwer heimgesuchten Landstriche zu Hülfe kommen. Es ist der Wille Sr. Majestät des Königs von Preußen, daß in letzterer Beziehung Alles geschehen soll, was irgend möglich ist. Die wohlwollenden Absichten können nur dann verwirklicht werden, wenn die Bevölkerung auch ihrerseits dazu beiträgt, daß jede Stockung des Eisenbahnbetriebs und jede Störung des zu seiner Regelung dienenden Telegraphen-Verkehrs vermieden wird. Es ist daher jetzt Sache der von den deutschen Heeren besetzten Landestheilen und einzelnen Ortschaften sich zu entscheiden, ob sie schon vor Abschluß des Friedens die Vortheile desselben genießen wollen, indem sie Alles vermeiden, was eine Unterbrechung des auch in ihrem Interesse wieder hergestellten Eisenbahn- und Telegraphenbetriebs zu Folgen haben könnte."

Da die meisten französischen Bahnen nicht Staatsbahnen sind, sondern Privateisenbahngesellschaften gehören, so mußte in den besetzten Gebieten das Requisitionsrecht in großem Maßstabe auf sie Anwendung finden. Bei der außerordentlichen Bedeutung, welche die Eisenbahnen für die Kriegsführung haben, versteht sich von selbst, daß die Eisenbahnen in Feindesland, mögen sie nun Privat- oder Staatsbahnen sein, von dem Augenblick der Besetzung an der ausschließlichen Verfügung des Feindes unterstehen müssen. Er wird zu beurtheilen haben, ob er die bisherige Verwaltung in Thätigkeit lassen kann, und unter welchen Bedingungen dies thunlich erscheint; oder aber, ob er die Bahnlinien der militärischen Verwaltung zu übergeben hat. Das letztere wird in der Regel der Fall sein müssen, da die einheimischen Bahnbeamten und Angestellten meist das erforderliche Vertrauen nicht einflößen können. Sind die Eisenbahnen in dem Eigenthum von Privatgesellschaften, so ist der besetzende Feind mit demselben Rechte befugt, Bahnkörper, Betriebsmaterial u. s. w. zu benutzen und zu seinen Zwecken zu verwenden, mit dem er von Privaten Wagen und andere Transportmittel zu requiriren befugt ist. Und ebenso verhält es sich mit der Entschädigungspflicht. Wenn wir oben nachzuweisen suchten, daß nicht dem Occupanten die Verpflichtung obliegt, für die Requisitionen Entschädigung zu leisten, sondern dem einheimischen Staate, so bezieht sich das dort Angeführte auch auf die Verhältnisse der Privateisenbahngesellschaften [1].

Schon oben ist bemerkt worden, daß in dem Gebiete des Generalgouvernements nur einzelne wenige Versuche einer verbrecherischen Störung des Eisenbahnverkehrs vorgekommen

[1] Auf den Conferenzen zu Frankfurt machten die französischen Bevollmächtigten den Versuch, für die französischen Eisenbahngesellschaften, deren Linien während des Kriegs von dem deutschen Heere mit Beschlag belegt worden waren, einen Anspruch auf Schadenersatz zu erheben. Von deutscher Seite wurde jedoch hierauf gar nicht eingegangen. (Protokoll der zweiten Conferenz vom 13. Juli 1871.)

sind Indessen verhinderten meist die Truppen- und Verwundetentransporte einen regelmäßigen Betrieb der Bahnen und, wenn auch für den Personenverkehr in einer für die Verhältnisse ausreichenden Weise gesorgt war, so war es doch nicht möglich, allen Bedürfnissen des Handels und der Industrie zu genügen. Insbesondere machte sich sehr bald in den großen Fabrikdistrikten des Elsasses ein Mangel an Kohlen geltend, der einen Stillstand der Fabrikthätigkeit herbeizuführen drohte. Zwar war schon durch Erlaß vom 14. September 1870 das bei Ausbruch des Krieges erschienene Verbot der Ausfuhr von Kohlen über die französische Grenze aufgehoben worden. Aber in Folge der Transportschwierigkeiten konnten im mittlern und obern Elsaß die Fabrikanten die für den Bedarf ihrer Industrie nothwendigen Kohlenmassen nicht erhalten. Von den Kohlen hing aber der Betrieb der Fabriken und von dem Betrieb der Fabriken die Existenz der Arbeiterbevölkerung des Elsasses ab. Schon Anfangs Dezember waren deßhalb von der Regierung regelmäßige Kohlenzüge zwischen Saarbrücken und den elsässischen Städten eingerichtet worden. Von dem preußischen Handelsministerium wurden 100 Waggons für den Kohlentransport nach Mülhausen zur Verfügung gestellt und den vereinten Anstrengungen der Eisenbahnverwaltung und der Bergwerksdirektion zu Saarbrücken gelang es, den ununterbrochenen Betrieb der elsässischen Fabriken zu sichern.

Nur einzelne Fabriken hatten aus Kohlenmangel ihren Betrieb auf wenige Tage einstellen müssen. Allerdings stand auch für die Regierung ein wichtiges Interesse auf dem Spiel. Ein Stillstand der Fabriken in Mülhausen würde bei der Aufregung, die während des Monats Januar 1871 im Ober-Elsaß herrschte, voraussichtlich Arbeiterunruhen in der dortigen Gegend hervorgerufen haben, die für die öffentliche Ordnung hätten gefährlich werden können.

Mit demselben Eifer und derselben Energie, mit welcher die deutsche Verwaltung den Post- und Eisenbahnverkehr soweit in Stand setzte, wüe dies unter den Verhältnissen des Krieges möglich war, suchte sie auch die für die Industrie des Elsasses wichtigen Kanäle wieder herzustellen. Dieselben waren in Folge der Kriegsereignisse für die Schifffahrt unbenutzbar gemacht worden. Sofort mach Besetzung des Landes wurden deutsche Techniker berufen, welche zur Aufgabe hatten, die Hindernisse der Schifffahrt zu beseitigen. Schon am 15. Oktober 1870 konnten der Saarkohlenkanal und der Rhein-Marnekanal für den Verkehr wieder eröffnet werden. Größere Schwierigkeiten boten der Rhein-Rhonekanal und Ill-Rheinkanal dar. Erst Ende September waren dieselben überwunden. Sobald die Witterung es erlaubte, standen sämmtliche Kanäle im Gebiete des Generalgouvernements der Schifffahrt wieder offen.

Das Handels- und Verkehrswesen stellte der deutschen Regierung auch auf, andern Gebieten wichtige Aufgaben. Durch die von den deutschen Truppen und deutschen Behörden geschehenen Zahlungen, durch den gesteigerten Verkehr zwischen Deutschland und dem Elsaß war eine große Masse deutscher, insbesondere preußischer Münzen in das Land eingeströmt. Bei der ersten Besitznahme war zwar schon durch die einrückenden Generale das Verhältniß der preußischen Thalerwährung zu der französischen Frankenwährung festgesetzt worden. Indessen waren doch noch im kleinen Verkehr manche Zweifel entstanden. Zu deren Beseitigung erließ der Generalgouverneur die Verordnung vom 8. November 1870, wodurch dem preußischen Thaler, gerechnet zu 3 Fr. 75 Cts., neben dem französischen Franken Zwangskurs verliehen wurde. In Folge dessen fanden dann auch die Bestimmungen des Code pénal, Artikel 475, § 11, auf das preußische Geld Anwendung.

Zu vielen rechtlichen Erörterungen gaben die Verhältnisse der Succursalen der Banque de France Anlaß, die in Straßburg, Metz und Mülhausen bestanden. Die deutsche Regierung war bei der Occupation des Landes in dem Irrthum befangen, die Banque de France sei, ähnlich der preußischen Bank, ein reines Staatsinstitut. In Folge von diesem und andern Mißverständnissen wurden auch die Bankbeamten von Straßburg mehrere Wochen lang (bis Anfang November) in Hausarrest gehalten. War diese Ansicht der Regierung eine unrichtige, so konnte andererseits die entgegengesetzte Behauptung, daß die Bank ein bloßes Privatinstitut sei und von der occupirenden Staatsautorität in jeder Beziehung als ein solches behandelt werden müsse, nicht maßgebend sein. Es mußte vielmehr anerkannt werden, daß allerdings die Bank ein Privatinstitut sei, dessen Vermögen den unbedingten Schutz des Privatvermögens zu genießen habe, das aber seit dem Gesetz vom 22. April 1806 in eine unmittelbare Abhängigkeit von dem Staate getreten sei und durch die von ihm ernannten Beamten verwaltet werde. In Folge dessen mußten alle polizeilichen und Aufsichtsrechte, welche der französische Staat der Bank gegenüber besaß, von der deutschen Regierung der occupirten Gebiete ausgeübt werden. Sobald die Regierung den Irrthum ihrer anfänglichen Auffassung erkannt hatte, nahm sie der Bank gegenüber ihre richtige Stellung ein. Sie konnte um so weniger die Bank als eine bloße Privatactiengesellschaft betrachten, da durch das französische Gesetz vom 12. August 1870 die Noten der Bank Zwangskurse erhalten und damit förmliches Papiergeld geworden waren. Es war unmöglich, daß die deutsche Verwaltung weitere Emissionen französischer Banknoten mit Zwangskurs in den occupirten Provinzen gestattete und damit den Credit des Feindes unterstützte. Eine Schließung der Banksuccursalen zu Straßburg, Metz und Mülhausen würde jedoch nicht nur die Bankactionäre in ihren Privatinteressen sehr stark geschädigt haben, sie würde auch für den Handel und die Industrie des Landes eine gefährliche Krisis herbeigeführt haben. Die Regierung beschloß deßhalb, in einem langsamen und schonenden Verfahren die Liquidation der Banksuccursalen vorzunehmen. Zu diesem Behufe nahm die Bank unter Leitung einer deutschen Liquidationskommission in beschränktem Umfange ihr Geschäfte wieder auf. (Bekanntmachung vom 4. November 1870). Die Liquidation kam erst im Monat März 1872 zum Abschluß, nachdem das Schlußprotokoll zu der Zusatzconvention vom 11. Dezember 1871 in Artikel 9 erklärt hatte: „Von der Unterzeichuung der gegenwärtigen Konvention an wird die französische Bank allein und direkt durch ihre eigenen Agenten die Liquidation der drei in den abgetretenen Gebieten errichteten Banksuccursalen bewerkstelligen.“

Eine besondere Fürsorge schenkte die Regierung den Sparkassen, die in großer Zahl im Lande, besonders im Elsaß, verbreitet sind, und für die weniger bemittelten Klassen der Bevölkerung eine große Wichtigkeit besitzen. Die Sparkassen aber, wie sämmtliche Stiftungen und fast alle Gemeinden, hatten nach der Praxis der französischen Verwaltung dem Staatsschatze ihre Gelder anvertraut und nach der Occupation des Landes war es natürlicher Weise für diese Anstalten und Gemeinden nicht möglich ihre Kapitalien zurückzuerhalten. Die Sparkassen waren in Folge dessen genöthigt, ihre Thätigkeit einzustellen, und hatten dadurch die schlimme Lage, in der sich viele Familien durch den Krieg versetzt sahen, wesentlich gesteigert. Um diesem Uebelstand wenigstens zum Theil abzuhelfen, gewährte die Regierung seit Mitte November 1870 den einzelnen Sparkassen je nach Bedürfniß größere oder kleinere

Vorschüsse auf die von ihnen im französischen Staatsschatz hinterlegten Beträge. Doch sollten zunächst nur Einlagen unter 50 Franken ganz zur Rückzahlung gelangen, auf Einlagen über 50 Franken sollten nur verhältnißmäßige Abschlagszahlungen geleistet werden.

Alle diese Maßregeln sollten dazu beitragen, dem Lande die unvermeidlichen, schweren Lasten, welche durch den Krieg und die fremde Occupation dem Lande auferlegt waren, zu erleichtern. Ein unparteiischer Beurtheiler wird zugestehen müssen, daß die Regierung eine große Thätigkeit entfaltete und nicht nur die Rechte einer Regierung ausübte, sondern auch die damit verbundenen Pflichten erfüllte[1].

---

1 Es mag zur Charakteristik des Buches von Hrn. Albert Dumont (L'Administration et la Propagande prussienne en Alsace) dienen, daß der Verfasser, der vorgibt, eine unparteiische und vorurtheilsfreie Geschichte zu schreiben, ausruft: « Le seul acte d'utilité générale que fit le gouverneur durant cette période fut un arrêté sur la peste bovine ! » (p. 25).

Kapitel X.

Schule und Kirche.

Von dem ersten Tage der Occupation an hatte die deutsche Regierung den Schul- und Kirchenangelegenheiten eine große Aufmerksamkeit zugewendet.

Was das Schulwesen betrifft, so ging man von der richtigen Ueberzeugung aus, daß, wenn das Land an Deutschland abgetreten werde, die Schule die wichtigste Waffe sei, um die Bevölkerung auch geistig der deutschen Bildung und der deutschen Sitte zurückzuerobern. So lange das Land noch staatsrechtlich zu Frankreich gehörte, konnten allerdings durchgreifende Reformen nicht vorgenommen werden. Aber diese Reformen wurden vorbereitet und unmittelbar nach Abschluß der Friedenspräliminarien konnte der allgemeine Schulzwang eingeführt werden (18. April 1871) und konnte in den deutschredenden Gemeinden der deutschen Sprache wieder die Stelle der Schulsprache gegeben werden, die sie seit etwa 30 Jahren verloren hatte. Diese letztere Maßregel fand übrigens nur da Anwendung, wo die deutsche Sprache unzweifelhaft die Volkssprache ist.

Nach der Besetzung des Landes handelte es sich zunächst darum, die Volksschulen, die in Folge der Kriegsereignisse meist geschlossen worden waren, zu eröffnen und den Unterricht wieder aufzunehmen. Schon durch eine Verordnung vom 14. September 1870 wurden die Maires aller Gemeinden veranlaßt, für die Fortsetzung des Unterrichts Sorge zu tragen. Die Schullokale, die zum Theil zu Lazarethen gedient hatten, wurden geräumt und ihrem Zwecke zurückgegeben. Mit großer Strenge wurde darauf gehalten, daß die Lehrer von den Gemeinden rechtzeitig ihren Gehalt ausbezahlt erhielten. Schon in der zweiten Hälfte des Oktobers war in fast allen Gebieten von Elsaß-Lothringen der Elementarunterricht wieder in seinen regelmäßigen Gang gebracht.

Eine zweite wichtige Maßregel mußte es sein, den Zusammenhang der elsässischen Schulen mit den französischen Unterrichtsbehörden zu lösen. Dies geschah durch die Verordnung vom 21. September 1870. Dadurch wurde die Autorität des Unterrichtsministers, der Akademien zu Straßburg und Nanzig, der Rektoren und Akademieinspektoren für suspendirt erklärt. Die Schulen wurden dem Civilkommissar und den Präfekten unterstellt und die Lehrer aufgefordert: „sich mit Eifer und Liebe des Unterrichts und der Erziehung der Jugend anzunehmen und durch ihr eigenes Verhalten darzuthun, daß sie ihres ehrenvollen und einflußreichen Berufes sich bewußt sind." Im November 1870 wurden für die Beaufsichtigung des Volksschulwesens besondere Schulräthe berufen, die zugleich den Auftrag erhielten, die Reorganisation der Volksschulen auf deutscher Grundlage vorzubereiten. Konnten diese Maßregeln durchaus als erfreuliche Fortschritte begrüßt werden, so schien dagegen die Regierung eine Zeit lang durch eine Verstärkung des kirchlichen und konfessionellen Elementes in den Schulaufsichtsbehörden zu Konzessionen gegen die ultramontane Partei geneigt zu sein. Während nach der französischen Gesetzgebung die Schulaufsicht durch einen Inspektor über alle Schulen ohne Unterschied der Konfession geführt werden sollte, wurden von der deutschen Regierung zuerst für jeden Kreis ein katholischer und ein protestantischer Inspektor berufen. Doch wurde schon nach wenigen Monaten dieser Versuch, durch eine solche Nachgiebigkeit die ultramontane Partei des Landes zu gewinnen, aufgegeben und die französische Einrichtung einer konfessionslosen Schulinspektion wieder eingeführt [1].

[1] Der Civilkommissär, Hr. von Kühlwetter, hoffte in einer allerdings schwer zu begreifenden Kurzsichtigkeit die Sympathien des katholischen Klerus zu gewinnen, indem er ihm die Aussicht auf die Herrschaft über die Volksschule eröffnete. Höchst charakteristisch hierfür ist der Brief, den der Civilkommissär im Dezember 1870 an den Bischof von Straßburg richtete, und der sofort von dem Bischof dem gesammten Clerus in einem gedruckten Cirkular vom 22. Dezember 1870 mitgetheilt wurde. In der französischen Uebersetzung dieses Cirkulars lautet der Brief: « Monseigneur, pour exercer une utile surveillance sur l'instruction primaire dans le Bas-Rhin, j'ai l'intention d'organiser dans les campagnes des Comités locaux, qui seront présidés par M. le curé, membre né de la Commission. Comme le curé est le membre le plus instruit et le plus capable du Comité local, il est particulièrement de son devoir de porter l'attention sur la situation de l'école, par exemple sur la méthode d'enseignement qu'on y suit, sur les études et les progrès personnels de l'instituteur, etc. Il devra donc, suivant que les besoins de l'école l'exigent, visiter les salles de classe, en dehors du temps où il y donne l'instruction religieuse, au moins deux fois par mois. Il sera chargé de la correspondance avec l'administration et avec les Comités supérieurs et leur adressera ses rapports concernant l'école au nom du Comité local. Cette fonction de directeur, c'est-à-dire pour le cas présent, d'inspecteur local, est gratuite et sera acceptée comme une charge officielle. J'ai l'espoir que MM. les ecclésiastiques exécuteront avec zèle et avec dévouement les prescriptions que je serai dans le cas de faire dans

Auch die Lehrerseminare (Ecoles normales) wurden noch während des Krieges einer Reorganisation entgegengeführt. Die Ecole normale des institutrices protestantes konnte sogar schon mit dem 1. Januar 1871 als evangelisches Lehrerinnenseminar in einer neuen Gestaltung und mit einer neuen Lehrordnung wieder eröffnet werden (Ordnung des Evangelischen Lehrerinnenseminars zu Straßburg vom 27. Dezember 1870.)

Auf größere Schwierigkeiten stieß die deutsche Verwaltung bei den Sekundärschulen. Die drei großen Staatslyceen zu Straßburg, Colmar und Metz weigerten sich, eine Aufsicht der Anstalten durch die deutschen Behörden zuzulassen, und da begründeter Verdacht vorhanden war, daß einzelne aus dem Innern Frankreichs gebürtige Lehrer direkt oder indirekt die ältern Schüler der Anstalten zu bewegen suchten, sich zu entfernen und dem französischen Heere sich anzuschließen, so mußten die Anstalten geschlossen werden. Daß in Straßburg sämmtliche Lehrer in Folge dieser Schließung auch des Landes verwiesen wurden, ging indessen wohl über die Grenzen der nothwendigen Strenge hinaus. Erst im Herbste 1871 konnten die Lyceen

---

l'intérêt de l'instruction et de l'éducation. Je dois toutefois laisser à Votre Grandeur le soin d'adresser à son clergé des instructions particulières relatives à cette question, et je la prie de vouloir bien m'en donner communication. » — Diese Pläne des Civilkommissärs, denen aber — wie die Gerechtigkeit zu bemerken verlangt — der Generalgouverneur völlig ferne stand, kamen nicht zur Ausführung. Von höherer Stelle aus wurde diesem Treiben Einhalt geboten. Es dauerte indessen längere Zeit, bis der von Kühlwetter begründete Einfluß der klerikalen und engherzig confessionellen Parteien in der Schulverwaltung überwunden war. Noch im Sommer 1871 glaubten die von Kühlwetter berufenen Schulräthe katholische Rechenbücher für die katholischen und protestantische Rechenbücher für die protestantischen Schulen einführen zu müssen!

wieder eröffnet werden. Dagegen haben die Collegien der Gemeinden (Collèges communaux) zum Theil während des ganzen Krieges ihren Unterricht ohne Unterbrechung fortgesetzt.

Die Fakultäten der Straßburger Akademie nahmen, mit Ausnahme der theologischen Fakultät, ihre Thätigkeit während des Krieges nicht auf.

Ueber das Verhältniß der deutschen Regierung zu den kirchlichen Angelegenheiten gibt der Erlaß des Civilkommissärs vom 12. September 1870 genügenden Aufschluß. Derselbe war für die Zeit des Krieges maßgebend und seine Wichtigkeit wird einen vollständigen Abdruck rechtfertigen:

„In dem Erlaß vom 30. August habe ich mich an die sämmtlichen Beamten jeder Categorie gewendet und dieselben in ihren Funktionen und ihrem Diensteinkommen bestätigt. Ich wende mich heute an die Geistlichkeit aller Confessionen in der lebendigen Ueberzeugung, daß die Ziele, welche Staat und Kirche verfolgen, keinen Gegensatz bilden, vielmehr nur Hand in Hand zu erreichen sind. In der vollsten Anerkennung des Rechtes der Kirchen auf die ihnen in den Gesetzen des Landes verbriefte Unabhängigkeit und Selbstständigkeit, bin ich mir bewußt, daß der Schutz, den ihnen die Staatsgewalt zu gewähren hat, eine heilige Pflicht ist, deren Erfüllung getragen wird von der Erkenntniß der hohen Bedeutung des geistlichen Amtes. Die an Stelle der frühern Staatsgewalt von Sr. Majestät dem Könige von Preußen, als Oberbefehlshaber der deutschen Armee, für die drei Departements des Elsaß niedergesetzte Regierung, bringt der Kirche und ihren Organen Wohlwollen und Vertrauen entgegen, erwartet aber auch von ihnen, daß sie in Ausübung ihres wichtigen Amtes fortfahren werden, den Frieden nach allen Seiten und den Gehorsam zu lehren, welcher der

Obrigkeit gebührt. Uebergriffe der geistlichen Gewalt in die weltliche werden nicht geduldet.

„Als leitende Grundsätze der Verwaltung bringe ich hierdurch zur öffentlichen Kenntniß:

„1) Die Verfassung der katholischen und protestantischen Kirche bleibt ohne jede Antastung bestehen. Insbesondere bleiben maßgebend das Concordat vom 15. Juli 1801, die organischen Artikel vom 8. April 1802 und das Gesetz vom 26. März 1852, nebst den in Ausführung derselben ergangenen Anordnungen und Instruktionen. Ingleichen bleiben dem israelitischen Cultus alle gesetzlichen Rechte und Einrichtungen ungeschmälert;

„2) Alle Geistlichen und Diener der verschiedenen religiösen Bekenntnisse bleiben in ihren Aemtern und Funktionen; es wird aber darauf gehalten werden, daß dieselben die Pflichten ihres Amtes, vorzüglich auch in Bezug auf den öffentlichen Cultus erfüllen;

„3) Die Geistlichen haben ihre Gemeinden zur Ruhe und Ordnung zu ermahnen und ihnen die Erschwerung ihrer Lage durch Widersetzlichkeiten zur Einsicht zu bringen;

„4) Aufregende Predigten, Ansprachen und andere gegen die bestehende Staatsgewalt aufregende Handlungen werden durch sofortige Entfernung der Geistlichen aus ihren Gemeinden und Entziehung des Einkommens aus den geistlichen Stellen geahndet, sofern nicht eine schwerere Strafe nach den Gesetzen und den für den Kriegszustand gegebenen Verordnungen eintritt;

„5) Die von den Geistlichen aus der Staatskasse bisher bezogenen Gehälter werden auch ferner gewährt und

„6) Die laufenden Geschäfte der kirchlichen Verwaltung, vorzüglich die sich auf das kirchliche Vermögen beziehenden, sind durch die dazu bestellten Organe, nach den bestehenden Gesetzen fortzuführen."

Die kirchlichen Behörden und die Geistlichen aller Confessionen entsprachen durchaus dem Vertrauen, das die Regierung in sie setzte. Ohne Weigerung erkannten die kirchlichen Behörden an, daß in Bezug auf die staatliche Aufsicht die deutsche Regierung in die Rechte der französischen getreten sei. Die Regierung übte indessen diese Rechte nur mit Beschränkung; sie ließ nicht außer Acht, daß vor der definitiven Abtretung des Landes der alte Staatsverband nicht aufgelöst ist.

Auch von der Geistlichkeit wurde nichts verlangt, wodurch sie in einen Konflikt mit den Pflichten hätte kommen müssen, die ihr Amt und ihre Stellung ihr auferlegten. Selbst die Befugnisse, welche nach den französischen Gesetzen dem Staatsoberhaupt zustehen, wurden von dem Generalgouverneur nur in beschränktem Umfange ausgeübt. So trug er, trotz der Anträge, die sowohl von der katholischen wie der protestantischen Kirchenbehörde an ihn gestellt wurden, Bedenken, vor dem Friedensschlusse von dem Rechte, die Ernennung von Pfarrern zu bestätigen, Gebrauch zu machen. Andererseits muß aber auch anerkannt werden, daß die Geistlichen aller Confessionen während des Krieges ihrer hohen Aufgabe sich würdig gezeigt haben und ohne Rücksichtsnahme auf politische und nationale Antipathien die Pflichten der Barmherzigkeit und der Menschenliebe gegen Freund und Feind erfüllten. Nur in ganz vereinzelten Fällen riß mehr der religiöse Fanatismus als die politische Feindschaft einzelne Geistliche zu Schritten hin, die sie mit den Kriegsgerichten und den Gefängnissen in Berührung brachten.

Kapitel XI.

Der Friede.

Wir beabsichtigen nicht an diesem Orte die vielfach erörterte Frage nochmals zu erörtern, ob das deutsche Reich nach dem Völkerrechte der Gegenwart berechtigt war, die Abtretung von Elsaß-Lothringen im Friedensvertrag Frankreich als Bedingung aufzuerlegen, ohne daß die Bevölkerung der abgetretenen Landestheile durch eine allgemeine Abstimmung ihre Zustimmung hierzu ertheilt hatte. Ob in einer fernliegenden Zukunft ein neues Völkerrecht Gebietsabtretungen an die Bedingung einer allgemeinen Volksabstimmung knüpfen werde, ob eine derartige Einrichtung überhaupt möglich sei oder nicht, scheinen uns müssige Fragen zu sein, welche die Wissenschaft den Conjekturalpolitikern überlassen sollte. Was unsere Zeit betrifft, so wird kein unbefangener Kenner des Völkerrechts behaupten können, daß eine Gebietsabtretung, welche ohne vorherige Volksabstimmung durch Vertrag der betreffenden Staaten unter einander erfolgt ist, als ungiltig zu betrachten sei[1]. Auch

[1] Dies muß selbst Calvo a. a. O., Bd. II. S. 746 zugeben, trotz seiner Parteilichkeit für Frankreich und trotz der Herrschaft, welche die französischen Phrasen im allgemeinen auf ihn auszuüben pflegen.

auf die politische oder moralische Würdigung der Vereinigung von Elsaß-Lothringen mit dem deutschen Reiche können wir uns an dieser Stelle nicht einlassen. Wir würden damit aus dem Rahmen dieser Abhandlung heraustreten. Wir wollen uns vielmehr begnügen, einige Beiträge zu liefern, zur Erläuterung und Auslegung des Friedensvertrags, soweit seine Bestimmungen sich auf die Abtretung von Elsaß-Lothringen beziehen.

Die Versailler Convention vom 28. Januar 1871 hatte im Artikel 2 bestimmt:

„Der Waffenstillstand hat zum Zweck, der Regierung der nationalen Vertheidigung zu ermöglichen, eine freigewählte Versammlung zu berufen, welche sich auszusprechen haben wird über die Frage, ob der Krieg fortgesetzt werden oder unter welchen Bedingungen der Friede geschlossen werden soll. Von den Commandanten der deutschen Armeen werden alle Erleichterungen gegeben werden für die Wahl und die Vereinigung der Abgeordneten, welche diese Versammlung bilden werden."

Sobald der Text der Convention in Straßburg selbst bekannt war, wurde von Seiten der Regierung den Gemeinden mitgetheilt, daß in Gemäßheit dieser Bestimmung die Wahlen zu der Versammlung in Bordeaux auch in Elsaß und Lothringen stattzufinden hätten [1]. Durch die Regierung von Bordeaux waren die Wahlen auf den 8. Februar 1871 angesetzt worden. Der Bundeskanzler hatte in einer Verfügung vom 2. Februar angeordnet, daß die Wahlen ohne jede Beeinflussung von Seiten der deutschen Behörden stattfinden sollen und daß die durch das französische Wahlgesetz den Präfekten übertragenen Funktionen in diesem Falle von den Maires der Hauptorte

[1] Erlaß des Präfekten des Nieder-Rheins vom 3. Februar 1871.

der Departements auszuüben seien. Französische Publizisten haben die Frage weitläufig erörtert, weßhalb die deutsche Regierung zugegeben habe, daß Wahlen in Elsaß-Lothringen stattfänden, und sind bei der Beantwortung dieser Frage zum Theil zu höchst abentheuerlichen Vermuthungen gelangt [1]. Die Gründe hierfür sind indessen nicht schwer zu entdecken. Da Elsaß-Lothringen von Frankreich noch nicht losgetrennt war, so hatte die Bevölkerung dieser Landestheile ein Recht darauf, in der Versammlung zu Bordeaux vertreten zu sein. Von Seiten der deutschen Regierung wurde dieses Recht um so bereitwilliger anerkannt, um den Franzosen jeden Vorwand zu entziehen, späterhin die Rechtsgültigkeit der Abtretung von Elsaß-Lothringen aus dem Grunde zu läugnen, weil in der Versammlung zu Bordeaux Elsaß-Lothringen nicht vertreten gewesen sei.

Die deutsche Regierung enthielt sich jeder Beschränkung oder Beeinflussung der Wahlfreiheit sowohl in den Städten wie auf dem Lande. Wie von der Bevölkerung selbst anerkannt wurde, hatten bisher unter keiner französischen Regierung so freie Wahlen stattgefunden [2]. Dagegen ließ die deutsche Regierung allerdings auch die durch Gambetta versuchte, unerhörte Be-

[1] Siehe z. B. Dümont a. a. O. S. 59 u. ff.

[2] Ueber die Wahlen in dem Departement Nieder-Rhein ist unter dem Titel « Historique des élections à l'Assemblée nationale dans le département du Bas-Rhin » eine interessante kleine Broschüre erschienen, die von dem Wahlkomite der chauvinistischen Partei zu Straßburg herausgegeben wurde und in welcher die Streitigkeiten der chauvinistischen und gemäßigten Partei in Bezug auf diese Wahlen geschildert werden. An der Spitze der letztern stand der leider in Bordeaux gestorbene Maire Küß, dessen Verlust nicht nur für die Stadt Straßburg, sondern für das ganze Land ein unersetzlicher war.

schränkung der Wahlfreiheit nicht zu; sie erklärte sofort das berüchtigte Dekret vom 31. Januar 1871 für ungiltig [1]. Sie war hierzu berechtigt, da die Convention vom 23. Januar eine frei gewählte Versammlung verlangte, das Dekret vom 31. Januar aber einen großen Theil der französischen Bürger für unfähig erklärte, gewählt zu werden [2]. Daß die deutsche Regierung während des Kriegszustands und bei der Aufregung, die sich eines beträchtlichen Theils der Bevölkerung bemächtigt hatte, keine öffentliche Wahlversammlungen und keine allgemeine Wahlagitationen im Lande duldete, verstand sich für jeden Unparteiischen von selbst. Doch war den verschiedenen Parteien hinreichende Gelegenheit gegeben, sich mit ihren Gesinnungsgenossen im ganzen Lande zu verständigen.

Durch den Präliminarfriedensvertag von Versailles vom 26. Februar 1871 wurde Elsaß-Lothringen an das deutsche Reich abgetreten [3]. Mit dem Tage des Austausches der Ratificationen des Vertrags, mit dem 2. März 1871 trat das deutsche Reich mit vollem Souveränitätsrecht in den Besitz dieser Gebiete. Sowohl von Seiten der französischen wie der

---

[1] Bekanntmachung vom 4. Februar 1871.

[2] Durch Dekret der Pariser Regierung vom Februar 1871 wurde bekanntlich in Folge der Reklamation des Reichskanzlers das Dekret vom 31. Januar beseitigt. In dem Eingang des erstern heißt es: »Considérant que les restrictions imposées aux choix des électeurs par le susdit décret sont incompatibles avec le principe de la liberté du suffrage universel.«

[3] Die Grenzen des abgetretenen Gebiets sind bekanntlich durch den Friedensvertrag von Frankfurt und die Nachtragsconvention vom 12. Oktober 1871, unter theilweiser Abänderung der Bestimmungen des Versailler Präliminarfriedens, definitiv festgestellt worden. Grenzregulierungen wurden vereinbart durch die Conventionen vom 24. und 28. August 1872.

deutschen Regierung wurde anerkannt, daß durch den Präliminarvertrag schon die völkerrechtliche Abtretung vom Elsaß-Lothringen vollendet war und daß von dem 2. März 1871 an die Staatsgewalt in ihrem ganzen Umfang auf das deutsche Reich übergegangen ist. Das Urtheil des Cassationshofs zu Paris vom 12. August 1871, das von der Ansicht ausgeht, daß erst mit dem 20. Mai 1871, dem Tage der Ratification des eigentlichen Friedensvertrages, die Trennung Elsaß-Lothringens von Frankreich erfolgt sei, beruht auf einem unzweifelhaften Irrthum [1].

[1] In dem Urtheil heißt es: «Le traité de paix du 10 mai 1871, qui a séparé de la France l'Alsace et la Lorraine, n'ayant été encore le 13 du même mois ni ratifié ni promulgué, les habitants de ces portions de territoire portés sur la liste du jury n'avaient pas cessé à cette date d'être citoyens français.» (Sirey, I, p. 168.) Aber nicht nur sagt der Präliminarfrieden in Artikel 1: Frankreich verzichtet zu Gunsten des deutschen Reichs auf alle seine Rechte und Ansprüche auf diejenige Gebiete welche östlich von der nachstehend verzeichneten Grenze belegen sind, — also doch von dem Präliminarfrieden ab — sondern auch in allen spätern Verträgen (Friedensvertrag Artikel 13, Convention vom 11. Dezember 1871, Art. 2, 10 u. s. w.) wird die endgiltige Abtretung des Gebiets vom Präliminarfrieden ab gerechnet. Nur in Bezug auf die Rechtskraft der gerichtlichen Urtheile, die Zuständigkeit der Gerichte und die hypothekarischen Eintragungen nimmt die Zusatzconvention vom 11. Dezember 1871 (Art. 3 und 7) den 20. Mai, den Tag der Ratification des Friedens, ausnahmsweise als Normaltag an. Es ist dies aber eben nur als eine Ausnahme zu betrachten.

Dagegen ist es auch unrichtig den Tag des Abschlusses des Präliminarfriedens, den 26. Februar 1871 als den Tag der Abtretung von Elsaß-Lothringen an Deutschland anzunehmen, wie dies von Seiten des Oberpräsidenten von Elsaß-Lothringen mehrfach geschehen ist. So z. B. in der Verfügung vom 2. Dezember 1871 in Bezug auf die Ungiltigkeit der von französischen Behörden seit

In Folge dessen hat die deutsche Regierung auch seit dem 2. März 1871 die Staatsgewalt auf allen Gebieten des Staatslebens ausgeübt. Mit diesem Tage hat die Verwaltung von Elsaß-Lothringen aufgehört, eine völkerrechtliche zu sein, die ihren Grund in der kriegerischen Besetzung des Landes

---

dem 26. Februar 1871 ausgestellten Diplome. (Verordnungen und Amtliche Nachrichten, S. 414). Zwar wird als Regel angenommen, daß bei völkerrechtlichen Verträgen die Giltigkeit derselben nach ertheilter Ratification auf den Zeitpunkt der vorherigen Unterzeichnung durch die Gesandten zurückgeführt wird. So sagt z. B. Wheaton, Éléments du droit international, I, p. 238: «Tout traité oblige les parties contractantes du jour de sa signature, à moins qu'il ne contienne une stipulation expresse du contraire. L'échange des ratifications a un effet rétroactif confirmant le traité du jour de sa date.» Vergl. Martens, Précis du droit des gens, § 48; Klüber, § 48; Heffter, § 87; Bluntschli, § 44; Calvo, I, S. 718. Der letzte bemerkt aber richtig: «Cette règle n'a cependant rien d'inflexible, et l'on s'en écarte fréquemment dans la pratique.» So wird insbesondere bei Friedensverträgen die Ausnahme zur Regel. Bluntschli, § 724, sagt in Bezug auf Friedensverträge: „Erst die Ratification macht den Friedensvertrag perfekt. Erst von diesem Tage an kann daher der Vollzug rechtlich gefordert werden.“ (Vgl. Phillimore, Bd. III, § 517; Vattel, IV, § 24 u. ff.; Calvo, II. S. 756.) In Bezug auf den Präliminarfrieden fand nun nicht nur, wie oben angeführt worden, in einzelnen Fällen die Ausführung der Bestimmungen von dem Tage der Ratification an statt, sondern dieser Tag, der 2. März 1871, wird in dem Schlußprotokoll zu der Zusatzkonvention vom 11. Dezember 1871, Artikel 11, ausdrücklich als der Zeitpunkt des Abschlusses des Präliminarfriedens bezeichnet. („Die deutsche Regierung wird der französischen den von der letztern seit dem Abschlusse des Präliminarfriedens von Versailles vorschußweise bezahlten Betrag der nach Artikel 2 der Zusatzconvention auf das deutsche Reich übergehenden Pensionen nach Verhältniß der seit dem 2. März 1871 verstrichenen Zeit erstatten.“) Es

hatte. Sie ist eine staatsrechtliche geworden, die ihren Grund in der Rechtsnachfolge in die bisherige französische Staatsgewalt hat. Sie entzieht sich demnach unserer gegenwärtigen Betrachtung und wir haben zum Schlusse nur noch die Ausführung der in den Friedensverträgen enthaltenen Bestimmungen über die Abtretung des Gebiets und die Folgerungen, die sich daraus ergeben, in Kürze darzustellen.

Was zunächst den Rechtszustand betrifft, der in Elsaß-Lothringen durch die Abtretung an das deutsche Reich entstanden ist, so ist die Staatsgewalt auf das deutsche Reich übergegangen, d. h. die höchste staatliche Gewalt über die abgetretenen Gebietstheile steht dem deutschen Reiche als einer völker- und staatsrechtlichen Persönlichkeit zu und wird ausgeübt von denjenigen Organen des deutschen Reichs, welche nach der Reichsverfassung Träger der Reichsstaatsgewalt sind. Erst durch das Spezialgesetz vom 9. Juni 1871, § 3, ist bestimmt worden, daß der Kaiser allein die Staatsgewalt in Elsaß-Lothringen ausübt. Nur bei Ausübung der Gesetzgebung ist er an die Zustimmung des Bundesraths gebunden. Jedoch soll ihm die Ausübung der Staatsgewalt in Bezug auf die Gesetzgebung nur provisorisch bis zur Einführung der Reichsverfassung zustehen, von da an aber die Gesetzgebung in ihrem ganzen

kann hiernach wohl keinem Zweifel unterliegen, daß nicht der 26. Februar, sondern der 2. März 1871 als Tag der Abtretung Elsaß-Lothringens an das deutsche Reich zu betrachten ist. So sagt auch die französische Regierung in den Motiven, mit welchen sie die Vorlage der Zusatzconvention vom 11. Dezember 1871 an die Nationalversammlung begleitete: « La date de subrogation (de l'Allemagne aux obligations de la France) devait être le 2 mars 1871, jour auquel la transmission de la souveraineté du territoire est deveuue définitive par l'échange des ratifications du traité, signé le 26 février. »

Umfang von denjenigen Organen des Reichs ausgeübt werden, welchen die Reichsgesetzgebung im engern Sinne des Wortes zusteht. Demnach wird die Staaatsgewalt in Folge des Gesetzes vom 25. Juni 1873 vom 1. Januar 1874 ab, soweit sie in dem Gesetzgebungsrecht besteht, nicht mehr von dem Kaiser, sondern von dem Bundesrath und Reichstag ausgeübt. Der Gesetzgebung gleich stehen alle diejenigen Verwaltungs-Handlungen, welche nach ausdrücklicher Bestimmung in den Formen der Gesetzgebung beschlossen werden müssen, wie die Feststellung des Landeshaushalts, die Aufnahme von Anlehen s. w.

Das Reichsland Elsaß-Lothringen ist demnach kein eigner Staat, der ein selbstständiges Mitglied des Reichs bildete, wie Preußen, Bayern u. s. w. und der sich nur dadurch von dem übrigen deutschen Bundesstaat unterschiede, daß der Kaiser als solcher das Staatsoberhaupt wäre, sondern es ist eine große Reichsdomäne, über welche die deutsche Reichsgewalt die vollständige und unbeschränkte Herrschaft ausübt. Es bildet eine Provinz, aber allerdings auch die einzige Provinz des deutschen Reichs. Die Eigenthümlichkeit des Verhältnisses besteht nur darin, daß die Staatsgewalt des deutschen Reichs in dem gesammten übrigen Gebiet des Reichs auf bestimmte, in der Verfassung angegebene Gegenstände beschränkt ist, alle nicht aufgeführte Angelegenheiten und Aufgaben der staatlichen Thätigkeit in das Bereich der in Bezug auf sie souveränen Landesstaatsgewalt fallen, während in Elsaß-Lothringen die Reichsgewalt alle Gebiete der staatlichen Thätigkeit beherrscht, ihr keine Landesstaatsgewalt gegenüber steht. Diese Gestaltung ist eigenthümlich; keineswegs ist sie aber, wie vielfach angenommen wird, eine einzig dastehende Erscheinung in der Geschichte der Staatsbildungen. Das Verhältniß von Elsaß-Lothringen zu dem deutschen Reiche ist vielmehr genau dasselbe wie das Verhältniß des Gebiets von Washington zu der Union der Vereinigten Staaten. Auch dieses Gebiet ist der Unionsgewalt als Unionsdomäne unterworfen und die Organe der Union üben dort die gesammte Staatsgewalt aus, die in den einzelnen Staaten der Union nach Gegenständen getheilt ist zwischen der Union und dem einzelnen Staat.

Indem aber das Reichsland als Reichsprovinz, als der unbeschränkten Staatsgewalt des Reiches unterworfen bezeichnet werden muß, so ist damit keineswegs gesagt, daß die Bevölkerung des Reichslandes politisch völlig rechtlos sein muß. Es ist damit nur gesagt, daß das Reichsland keinen Staat mit einer von der Reichsgewalt verschiedenen Staatsgewalt bildet, sondern daß es dasjenige Gebiet ist, auf welchem die Reichsgewalt ohne jede Begrenzung durch eine Landesstaatsgewalt herrscht. Damit ist nicht nur vereinbar, daß die Bewohner von Elsaß-Lothringen durch die Ausübung des Wahlrechts an der Bildung des einen Organs der Reichsgewalt, des Reichstags, sich betheiligen, sondern auch, daß das deutsche Reich für die Ausübung bestimmter Funktionen der Staatsgewalt in Elsaß-Lothringen noch ein besonderes Organ schafft, das mit größeren oder geringeren Rechten ausgestattet sein kann. So kann ein elsaß-lothringischer Landtag gebildet werden mit der Befugniß, an der Entstehung der eigentlichen Landesgesetze mitzuwirken und das Reich kann das Recht der Zustimmung zu diesen Gesetzen, das vom 1. Januar 1874 ab dem Reichstage zusteht, auf den Landtag des Reichslandes übertragen.

Ueber das rechtliche Verhältniß des Reichslands, zu dem deutschen Reiche, wie es auf Grund der Friedensverträge und der Gesetze vom 9. Juni 1871 und 25. Juni 1873 sich gestaltet hat, herrscht noch eine große Unklarheit in den Ansichten.

Es sei deßhalb gestattet an diesem Orte etwas näher darauf einzugehen. Unter den vielfachen politischen und rechtlichen Erörterungen, die in Bezug hierauf veröffentlicht worden sind, verdienen die Bemerkungen Labands in seiner trefflichen Abhandlung über das Finanzrecht des deutschen Reichs (Hirths Annalen des deutschen Reichs 1873, S. 562—566) besondere Beachtung. Er meint, das Gesetz vom 9. Juli 1871 betreffend die Vereinigung von Elsaß-Lothringen mit dem deutschen Reich habe einen interimistischen Ausweg gesucht, da die Bildung Elsaß-Lothringens zu einem eigenen Staate mit einer von der Reichsgewalt verschiedenen Staatsgewalt sich nicht habe bewirken lassen, und da andererseits die Behandlung des Reichslands als große Reichsdomäne den ethischen Grundlagen des heutigen Staatsrechts und der heutigen Politik widerspreche. Indem dem Kaiser die Ausübung der Staatsgewalt übertragen worden sei, habe man im Prinzip die Unterscheidung von Reichsgewalt und Landesstaatsgewalt anerkannt. Ferner glaubt er, daß theoretisch ein elsaß-lothringischer Landesfiskus als selbstständige vermögensrechtliche Persönlichkeit neben dem Reichsfiskus anzuerkennen sei, wenn er gleich zugibt, daß die Beantwortung der Frage bei der Unfertigkeit der staatsrechtlichen Organisation des Reichslands in hohem Grade unsicher und zweifelhaft sei. — Es ist nun zunächst hervorzuheben, daß ein selbstständiger elsaß-lothringischer Landesfiskus gebildet werden kann mit einer von dem Reichsfiskus verschiedenen juristischen Persönlichkeit, ohne daß eine besondere Landesstaatsgewalt von der Reichsgewalt unterschieden wird. Ganz in derselben Weise wird fast in allen Staaten den Provinzen, Kreisen, Departements eine selbstständige juristische Persönlichkeit verliehen, ohne daß deßhalb eine Provinzialstaatsgewalt geschaffen würde.

Und in der That scheint ein besonderer Landesfiskus in Elsaß-Lothringen angenommen werden zu müssen. Nicht nur ist, wie Laband in eingehender Weise zeigt, die Finanzwirthschaft des Reichslands von der des Reichs vollständig getrennt, nicht nur hat die Unterscheidung von Reichseigenthum und Landeseigenthum durch die Aussonderung der Reichseisenbahnen Anerkennung gefunden, sondern nach dem Gesetz vom 10. Juni 1872 wurde auch zur Entschädigung der Inhaber verkäuflicher Stellen im Justizdienst ein Anlehen aufgenommen in der Form der Ausgabe von Obligationen auf die Landeshauptkasse von Elsaß-Lothringen. Dieses Gesetz wurde vom Kaiser mit Zustimmung des Bundesraths erlassen. Wäre der Landesfiskus keine selbstständige juristische Persönlichkeit neben dem Reichsfiskus, so wäre zu diesem Gesetz auch die Zustimmung des Reichstags erforderlich gewesen, da nach § 3 des Gesetzes vom 9. Juni 1871 diese letztere auch erforderlich wird „bei der Aufnahme von Anlehen oder Uebernahme von Garantien für Elsaß-Lothringen, durch welche irgend eine Belastung des Reichs herbeigeführt wird." Wenn der elsässisch-lothringische Landesfiskus mit dem Reichsfiskus identisch wäre, so würde auch die Aufnahme des Anlehens auf Grund des Gesetzes vom 10. Juni 1872 eine Belastung des Reichs bilden. — Dagegen kann in dem Gesetz vom 9. Juni 1871 unseres Erachtens nicht eine prinzipielle Anerkennung einer besondern Landesstaatsgewalt gefunden werden. Die Motive des Bundesraths zu dem Gesetze, wie die Ausführungen des Reichskanzlers in dem Reichstag heben mehrmals und in der bestimmtesten Weise hervor, daß durch das Gesetz keine besondere Landesstaatsgewalt in Elsaß-Lothringen gebildet werden solle, daß vielmehr nur das Reich als solches als Träger der Staatshoheit im Elsaß-Lothringen erscheine. Weßhalb dies den ethischen

Grundlagen des heutigen Staatsrechts widersprechen soll, ist nicht recht einzusehen, da ja hiermit eine politische Rechtlosigkeit der Bewohner des Reichslands keineswegs verbunden zu sein braucht. — Schließlich sei noch erwähnt, daß die Hinweisung Labands auf den Sprachgebrauch der Zusatzconvention vom 11. Dezember 1871, welche mit dem Ausdruck „Deutsche Regierung" die Landeskasse von Elsaß-Lothringen, mit dem Ausdruck „Deutsches Reich" den Reichsfiskus bezeichnet habe, nicht richtig ist. Beide Ausdrücke werden unterschiedslos gebraucht, wie sich dies z. B. aus Artikel 13 und aus dem Vergleich mit dem französischen Text ergibt. Gouvernement allemand und Empire allemand werden bald mit „deutsches Reich", bald mit „deutsche Regierung" wiedergegeben, ohne daß eine Folgerung hieraus zu ziehen wäre. (Vgl. die Artikel 5 und 6 in dem deutschen und dem französischen Text.)

Die Trennung Elsaß-Lothringens von Frankreich, der Uebergang der Staatsgewalt auf das deutsche Reich übte aber ferner auf die Giltigkeit der bisherigen, unter französischer Herrschaft erlassenen Gesetze eine bedeutungsvolle Wirkung aus. Die Wichtigkeit der Frage, welche französische Gesetze Geltung behalten haben und welche durch die Abtretung des Landes außer Kraft gesetzt worden sind, ist schon öfter in der Praxis hervorgetreten und rechtfertigt eine nähere Erörterung.

Aus der Natur der Sache ergibt sich, daß durch eine völkerrechtliche Eroberung alle diejenigen Gesetze beseitigt werden, welche sich auf die Bildung derjenigen Organe der Staatsgewalt beziehen, die als Träger der Staatshoheit erscheinen, und welche die Ausübung der Staatsgewalt durch das Staatsoberhaupt zu ihrem Gegenstand haben. Durch die Eroberung ist die höchste Gewalt über das Gebiet auf einen andern Staat übergegangen, dessen Oberhaupt nun Oberhaupt auch dieses

Gebiets geworden ist und der in der Ausübung der höchsten Gewalt nicht durch Bestimmungen gebunden sein kann, welche die Zugehörigkeit des Gebiets zu einem andern Staate oder die Existenz dieses Gebiets als eines eignen Staats zur Voraussetzung hatten. Es ist durch die Abtretung die absolute Herrschaft des erobernden Staats über das eroberte Gebiet begründet und es hängt von den politischen Verhältnissen ab, ob dieser Zustand erhalten bleibt, oder ob auf das eroberte Gebiet die Verfassung des erobernden Staats ausgedehnt wird, oder ob ihm eine besondere Verfassung ertheilt wird. Nach diesen in den Verhältnissen begründeten, allgemein anerkannten Grundsätzen wurde sowohl in Deutschland bei den Eroberungen des Jahres 1866 als auch in den Vereinigten Staaten von Nordamerika bei der Eroberung von Florida (1818) und von Californien (1846) verfahren. Sie mußten auch in Elsaß-Lothringen zur Anwendung gelangen. Dagegen ist es keineswegs richtig, wie vielfach angenommen wird, daß alle sogenannten Verfassungsgesetze als solche außer Kraft getreten seien. Ob gesetzliche Bestimmungen in einem formellen Verfassungsgesetz enthalten sind oder nicht, ist häufig ein rein zufälliger Umstand. Nicht die Verfassungsurkunde als solche tritt bei der Eroberung eines Landes außer Geltung, sondern nur die Gesetze, die den oben angegebenen materiellen Inhalt haben und nur *soweit* sie diesen Inhalt haben. Alle andern Gesetze bleiben bestehen, und behalten auch nach der Eroberung ihre Kraft, bis sie ausdrücklich beseitigt werden. Denn da durch die Eroberung nur die höchste Gewalt über das Gebiet auf einen andern Staat übergeht, so liegt in diesem Uebergang auch keine Ursache, andere Veränderungen in dem gesetzlichen Zustand hervorzubringen, als solche die sich auf den Träger der höchsten Gewalt und die Ausübung derselben durch ihn beziehen, ebensowenig wie im

Falle einer Revolution, durch welche innerhalb desselben Staats die Staatsform geändert wird, anderweitige Gesetze beseitigt werden. So sind in Elsaß-Lothringen auch nach der Eroberung diejenigen Artikel der frühern französischen Verfassungen in Kraft geblieben, welche andere Verhältnisse, als die Staatsform und die Ausübung der Staatsgewalt durch das Staatsoberhaupt regelten. Der Art. 75 der Verfassung vom 22. Frimaire des Jahres VIII, welcher die gerichtliche Verfolgung der Beamten an die vorherige Genehmigung des Staatsraths knüpft, ist unzweifelhaft in allen denjenigen Theilen des Landes in Geltung geblieben, in welchen das Dekret der Regierung der Nationalvertheidigung vom 19. September 1870 nicht mehr in Kraft getreten ist.

Durch die bloße Thatsache der Eroberung sind demnach in Elsaß-Lothringen nur wenige, an ihrem Inhalt leicht zu erkennende französische Gesetze beseitigt worden. Soviel uns bekannt, ist auch in Bezug auf diesen Theil der Frage keine Schwierigkeit entstanden; die Verhältnisse selbst haben die aufgehobenen Gesetze unanwendbar gemacht[1]. Dagegen sind Zweifel nach einer andern Richtung hin entstanden, die noch gegenwärtig nicht vollständig gelöst sind. Bekanntlich war die Regierung der Nationalvertheidigung unmittelbar nach dem 4. September 1870 auf dem Gebiete der Gesetzgebung sehr thätig. Sie hat

[1] Nur in letzterer Zeit sind Zweifel erhoben worden, ob die Verfassung von 1852 und die zu ihrer Ergänzung erlassenen Gesetze von 1852, so insbesondere das Dekret vom 8. März 1852 betreffend die Einführung des politischen Eids, nicht mit der Loslösung des Elsasses von Frankreich ihrem ganzen Inhalt nach hinfällig geworden seien. Daß diese Zweifel unbegründet sind, wurde oben hervorgerufen. Der größte Theil dieser Gesetze ist allerdings theils ausdrücklich aufgehoben worden, theils seines materiellen Inhalts wegen beseitigt.

in einer Reihe von wichtigen Dekreten gesucht, die politische Gesetzgebung des zweiten Kaiserreichs soviel wie möglich zu beseitigen. Nun ist der größte Theil des Unter-Elsasses und Deutsch-Lothringens im Laufe des Monats Oktober von den deutschen Truppen occupirt worden. Gerade in der Zeit aber, in welcher die meisten dieser Decrete publicirt worden sind, standen Theile des neuen Reichslandes noch unter der Einwirkung der französischen Staatsgewalt, während ihr andere schon entzogen waren. Daß, wie hie und da behauptet worden ist, durch die Organisation des Generalgouvernements im Elsaß durch die Cabinetsordres des Königs vom 14. und 21. August 1870 oder wenigstens durch die Proklamation des Generalgouverneurs vom 30. August 1870 die französische Staatsgewalt in dem gesammten Gebiet des gegenwärtigen Reichslandes suspendirt worden sei, bedarf kaum einer Widerlegung. Zunächst bestimmt die Cabinetsordre nur, daß „die occupirten Distrikte des Elsasses" unter die Verwaltnug eines Generalgouverneurs gestellt werden. Dann aber kann die kriegerische Besetzung auch an sich keine Wirkungen ausüben, ehe sie thatsächlich eintritt. Es würde hier an jeder Verbindung zwischen der angeblichen Ursache und der angeblichen Wirkung fehlen. Ein Ort, der von dem Feinde noch nicht besetzt ist, steht unbedingt unter der heimathlichen Staatsgewalt und die von ihr erlassenen Gesetze erhalten, wenn die gesetzlichen Vorschriften der Publikation erfüllt sind und die Publikationsfrist abgelaufen ist, Gesetzeskraft. Erst wenn die Occupation des Ortes durch das feindliche Heer thatsächlich erfolgt ist, wird die heimische Staatsgewalt suspendirt. Gesetze, die während der Zeit der Occupation erlassen wurden, sind zwar ebenfalls für das von dem Feinde besetzte Gebiet gegeben worden. Aber sie können, weil das Gebiet der Einwirkung der

Staatsgewalt entzogen ist, so lange die feindliche Besetzung dauert, nicht in Kraft treten. Erst wenn dieses Hinderniß beseitigt ist, üben sie ihre Wirkung aus. Es bedarf dann freilich keiner neuen Publikation der Gesetze für das besetzte Gebiet, weil sie ja nur wegen eines thatsächlichen Hindernisses nicht ihre Wirkung äußern konnten. Wird der besetzte Gebietstheil im Friedensschluß von dem Heimathsstaate abgetrennt, so erhalten die während der feindlichen Besetzung erlassenen Gesetze dort überhaupt nicht Geltung, da die während des Krieges nur suspendirte Staatsgewalt durch den Friedensschluß völlig aufgehoben wird und an ihre Stelle eine neue tritt.

Die Folge davon ist, daß in den verschiedenen Gemeinden, je nach dem Zeitpunkt, in welchem sie von dem Feinde besetzt worden sind, ein verschiedener Rechtszustand sich bildet. So ist auch in Bezug auf die Giltigkeit der während des Kriegs von der französischen Regierung erlassenen Gesetze in jeder einzelnen Gemeinde zu untersuchen, ob sie am Tage des Ablaufes der Publikationsfrist von den deutschen Heeren schon besetzt war oder nicht. Selbstverständlich kommt es dabei nicht darauf an, ob an diesem Tage Truppen in dem Orte standen oder nicht, sondern ob die Gemeinde in dem Machtbereich einer deutschen Militär- oder Civilbehörde lag [1]. Noch verwickelter werden

[1] Die französischen Bestimmungen über die Promulgation und Publikation der Gesetze sind enthalten in Artikel 1 des Code civil und in der königlichen Ordonnanz vom 27. November 1816. Je nach der Entfernung von der Hauptstadt tritt ein Gesetz in den verschiedenen Landestheilen an verschiedenen Tagen in Kraft. Die Frist beginnt mit dem nächstfolgenden Tag, nachdem das Gesetzesblatt in der Kanzlei des Ministeriums der Justiz hinterlegt worden ist. Für die Gemeinden eines Departements berechnet sich die Frist nach der Entfernung des Hauptorts von dem Sitze der

in Elsaß-Lothringen diese Verhältnisse dadurch, daß die Festungen mehrere Wochen später als das flache Land von den deutschen Heeren besetzt wurden. Ist nämlich in Folge von außerordentlichen Hindernissen, wie Ueberschwemmung, Belagerung u. s. w. die Verbindung einer Gemeinde oder eines Landestheils mit dem übrigen Lande unmöglich geworden, so tritt das Gesetz auch nach Ablauf der gesetzlichen Frist nicht in Geltung, sondern erst nach Beseitigung dieses Hindernisses. Im einzelnen Falle ist es aber eine Thatfrage, ob die Belagerung einer Festung u. s. w. in Wirklichkeit jede Verbindung abgeschnitten hatte [1].

Regierung. Nach der Verordnung vom 25. Thermidor des Jahres XI, das die Entfernungen bestimmt, erhielt z. B. ein in Paris am 28. Juli hinterlegtes Gesetz am 3. August in Straßburg Gesetzeskraft.

[1] Siehe Locré, Législation civile, criminelle et commerciale de la France, I, p. 414, 475, 551; Merlin, Répertoire v° Loi, § 7; Toullier, Droit civil français, X, p 62; Aubry et Rau, Cours de droit civil français, I, p. 50. Urtheile des Cassationshofs vom 12. August und 20. November 1871.

Das kaiserliche Landgericht zu Straßburg hat in einem Urtheil vom 30. Juli 1872 ein Dekret der Regierung der Nationalvertheidigung vom 5. September 1870 für die Stadt Straßburg als gehörig promulgirt und publicirt und demnach für giltig erklärt, weil „gegen die Präsumption der Ordonnanz vom 27. November 1816 der Gegenbeweis, daß das betreffende Gesetz einem bestimmten Orte nicht bekannt geworden sei, im Falle einer Belagerung als zulässig erscheint, das Bestehen der Belagerung allein aber im vorliegenden Falle zur Führung dieses Beweises nicht zulässig erscheint, da der Verkehr der belagerten Festung mit der Außenwelt nicht vollständig abgeschnitten war und in Ermangelung bestimmter Anhaltspunkte zu Gunsten der Beschuldigten zu entscheiden ist. Demnach sei dieses Dekret für Straßburg als gehörig promulgirt und publizirt zu erachten."

Für das Reichsland handelt es sich bei dieser Frage insbesondere um folgende Gesetze:

Dekret vom 5. September, welches den politischen Eid gänzlich abschafft.

Dekret vom 5. September, welches den Zeitungsstempel abschafft. Der Zeitungsstempel ist in Elsaß-Lothringen von der deutschen Regierung nicht erhoben worden. Auch wurde das betreffende Gesetz nicht noch einmal ausdrücklich abgeschafft. Das Gesetz vom 1. Juli 1873, welches eine Reihe von Abgaben die formell noch zu Recht bestanden hatten, die dessen ungeachtet aber von der deutschen Regierung thatsächlich nicht erhoben worden sind, beseitigt hat, erwähnt den Zeitungsstempel nicht. Es darf also angenommen werden, daß auch die deutsche Regierung das bezügliche Dekret vom 5. September 1870 als in Kraft getreten betrachtet.

Ferner das Dekret vom 10. September, welches den Buchhandel und die Buchdruckerei frei gibt.

Das Dekret vom 19. September, welches den Artikel 75 der Verfassung vom 22. Frimaire des Jahres VIII, wonach die gerichtliche Verfolgung der Beamten von der vorherigen Ermächtigung durch den Staatsrath abhängt, aufhebt.

Das Dekret vom 10. Oktober über die Aufhebung der Zeitungskautionen.

Das Dekret vom 14. Oktober über die Bildung der Geschwornenlisten und

Das Dekret vom 21. Oktober über die Geschäftsvertheilung bei den Gerichten.

Die beiden zuletzt angeführten Gesetze könnten höchstens noch in Metz in Kraft getreten sein.

Alle diese wichtigen Gesetze haben oder können wenigstens in einem Theile des Reichslands Geltung erlangt haben, während sie zweifellos in andern Theilen nicht in Kraft getreten sind. Um diesen unsichern und verworrenen Rechtszustand zu beseitigen, wäre es überaus wünschenswerth, wenn durch ein neues Gesetz in authentischer Weise erklärt würde, welche dieser Gesetze in Geltung erhalten und welche beseitigt werden. Die Entscheidung dieser Frage, wie dies bisher der Fall war, dem Gutdünken der Verwaltungsbehörde zu überlassen oder sie in jedem einzelnen Fall von dem Urtheil eines Gerichtes abhängig zu machen, erscheint wenig angemessen und dürfte noch zu mancherlei Mißständen führen.

Gehen wir zu der Erörterung der Friedensverträge über, soweit deren Bestimmungen sich auf die Abtretung von Elsaß-Lothringen beziehen, so treten uns zunächst die Schwierigkeiten entgegen, welche sich aus dem durch den Frieden den Bewohnern von Elsaß-Lothringen gewährten Recht ergeben haben, durch Auswanderung nach Frankreich unter bestimmten Voraussetzungen die französische Nationalität beizubehalten.

Die unklare Fassung der bezüglichen Artikel, die verschiedene Auslegung, welche denselben durch die deutsche und die französische Regierung zu Theil geworden ist, die agitatorische Leidenschaftlichkeit, mit der vielfach von französischer Seite die sogenannte Optionsfrage behandelt wurde, endlich die große Wichtigkeit, welche die Entscheidung dieser Fragen für die Bevölkerung hat und noch in Zukunft haben wird, — alle diese Umstände haben dazu beigetragen, den aus dem Artikel II des Frankfurter Friedensvertrags entstandenen Streitfragen eine ungeahnte Bedeutung beizulegen. Die Erörterung derselben auch an diesem Orte wird um so mehr gerechtfertigt sein, als voraussichtlich die Regierungen und die Gerichte beider Länder noch längere Zeit hindurch mit dem Artikel II und seiner richtigen Auslegung sich zu beschäftigen haben werden.

Durch die Abtretung eines Landestheils an einen andern Staat verlieren diejenigen Staatsbürger des abtretenden Staats, welche im Augenblick der Abtretung in dem abgetretenen Gebiet ihr Domicil hatten, ihr bisheriges Staatsbürgerrecht und werden Angehörige des erwerbenden Staats, sofern durch den Friedensvertrag nichts anderes bestimmt ist. Dieser allgemeine Grundsatz kann als ein von allen Autoritäten des Völkerrechts anerkannter Satz des Völkerrechts bezeichnet werden [1].

Durch die Friedensverträge ist indessen dieser Satz vielfach erweitert und beschränkt worden. Schon seit dem Ende des 17. Jahrhunderts wurde bei Abtretung von Gebietstheilen in den Verträgen in der Regel den Einwohnern des abgetretenen Gebiets eine unbedingte Auswanderungsfreiheit binnen einer bestimmten Frist garantirt. Ausdrücklich scheint dies zuerst in dem Frieden von Ryswick von 1697 geschehen zu sein, durch

---

[1] Insbesondere haben diesen Satz die französischen Schriftsteller anerkannt. So sagen Aubry et Rau (Cours de droit civil français, I, p. 258): « La réunion d'un pays à la France confère *ipso facto* la qualité de Français à ceux des anciens sujets de l'État duquel a été détaché le territoire annexé qui se trouvaient domiciliés dans ce territoire au moment de son annexion. » Pothier, Des Personnes, I, tit. II, § 1; Duranton, I, p. 133. Demolombe, I, p. 157, 178. Fœlix, Revue de droit français et étranger, 1845, II, p. 327 u. ff.; Merlin, v° Aubaine, § 10; Alauzet, De la qualité de Français et de la naturalisation, § 14.

Vgl. auch Halleck, International Law, p. 815; Westlake, A treatise on Privet International Law, § 27. Calvo a. a. O., II, p. 301; William Beech Lawrence, Commentaire sur les éléments du droit international de Wheaton (1873), III, p. 193 u. ff. — Auf einzelne abweichende Ansichten und gerichtliche Urtheile werden wir noch zurückkommen.

welchen das im Jahre 1681 mitten im Frieden geraubte Straßburg auch völkerrechtlich an Frankreich von dem deutschen Reiche abgetreten wurde. Der Artikel XVII bestimmte: „Es soll jedoch allen und jedem einzelnen der Einwohner jener Stadt und des zu ihr gehörigen Gebiets, welchen Standes sie auch seien, welche auswandern wollen, freistehen, von da ihr Domicil, wohin es auch sei, zu verlegen, zugleich mit ihren beweglichen Gütern ohne jedes Hinderniß, Abzug oder Auflage, innerhalb eines Jahres nach der Ratification des Friedensvertrages.... Ihre unbeweglichen Güter aber können sie verkaufen oder behalten und entweder selbst oder durch andere verwalten[1]." Aehnliche Bestimmungen finden sich, nur mit verschiedener Fristbestimmung, in dem Frieden von Utrecht von 1713 (Artikel XIV), in dem Frieden von Breslau von 1742 (Artikel IV), in dem Hubertsburger Frieden von 1763 (Artikel X), in dem Pariser Friede von 1763 (Artikel XX), und in dem Frieden von Versailles von 1783 (Artikel XIX). In den letztgenannten Friedensverträgen ist indessen den Auswandernden die Verpflichtung auferlegt worden, ihr Grundeigenthum zu verkaufen. Auch Frankreich gestand bei den in den Revolutionskriegen gemachten Ländererwerbungen meist eine Auswanderungsfreiheit innerhalb einer bestimmten Frist zu. So erklärte das Gesetz vom 11. Ventôse des Jahres VI, durch welches die Annexion von Mülhausen vollzogen wurde, in Artikel III: „Die Bürger und Einwohner

[1] «Liberum tamen maneat omnibus et singulis ejus Ubris et appertinentium incolis, cujuscumque conditionis sint, qui emigrare voluerint, inde domicilium alio quocumque libuerit, una cum mobilibus bonis sine ullo impedimento, detractione aut exactione intra annum a ratihabita pace..... immobilia vero aut vendere aut retinere et per se vel per alios administrare.»

von Mülhausen, Illzach und Modenheim, welche auswandern wollen, haben die Erlaubniß, ihre Personen und ihr Vermögen, nach einer genügenden Feststellung, nach der Schweiz oder sonst wohin zu verbringen. Ein Jahr von dem Austausch der Ratifikation des Vertrags an gerechnet, wird ihnen Zeit gewährt, um selbst auszuwandern und drei Jahre, um ihre Güter zu verkaufen und ihre Forderungen zu liquidiren[1]." In fast denselben Worten ist das Gesetz vom 28. Floreal des Jahres VI (Artikel II) abgefaßt, durch welches Genf mit Frankreich verbunden wurde. In wichtigen Punkten weichen dagegen hiervon die Bestimmungen des Friedens von Campo-Formio ab vom 17. Oktober 1797 (27 Vendemiaire des Jahres VI) in Artikel IX: „Diejenigen, welche in Zukunft aufhören wollen, die genannten abgetretenen Gebietstheile zu bewohnen, sind gehalten, innerhalb drei Monaten nach der Publication des definitiven Friedensvertrags hierüber eine Erklärung abzugeben. Sie haben eine Frist von drei Jahren, um ihre beweglichen und unbeweglichen Güter zu verkaufen oder darüber nach ihrem Belieben zu verfügen[2]." Auch bei den großen Territorial-

[1] «Les citoyens et habitants de Mulhouse, d'Illzach et de Modenheim, qui voudront quitter, auront la faculté de transporter en Suisse ou ailleurs leurs personnes et fortunes, dûment constatées; on leur accorde une année, à dater de l'échange de la ratification des présentes, pour sortir, et trois ans pour opérer la vente et la liquidation de leurs biens et créances.»

[2] «Ceux qui, à l'avenir, voudront cesser d'habiter lesdits pays cédés seront tenus d'en faire la déclaration trois ans après la publication du traité de paix définitif. Ils auront le terme de trois ans pour vendre leurs biens meubles et immeubles ou en disposer à leur volonté.» — Diese Bestimmung wurde bestätigt in dem Frieden von Luneville, vom 3. Februar 1801 (20 Pluviose IX, Art. 3).

veränderungen, welche durch den Pariser Frieden vom 30. Mai 1814 vorgenommen wurden, gewährte man den Einwohnern der Länder, welche ihren Herrn wechselten, eine Auswanderungsfreiheit. Artikel XVII bestimmte: „In allen Ländern, welche die Herren wechseln oder wechseln werden, sowohl in Kraft des gegenwärtigen Vertrags als der Vereinbarungen, welche in Folge davon gemacht werden sollen, wird den Eingebornen und den fremden Bewohnern, von welchem Stande und welcher Nation sie auch seien, ein Zeitraum von 6 Jahren gewährt, gerechnet von dem Tage der Auswechselung der Ratifikationen, um, wenn es ihnen gut dünkt, über ihr Eigenthum zu verfügen, das sie, sei es vor, sei es seit dem gegenwärtigen Kriege erworben haben, und um sich selbst in das Land zu begeben, welches ihnen gut dünken wird, zu wählen[1].

In allen diesen Verträgen war nur eine Auswanderungsfreiheit zugesichert; dagegen war von einem Rechte der Auswandernden, auch die Aufnahme in den Staatsverband des Landes, in welches sie sich begeben, zu verlangen, nichts gesagt.

---

[1] « Dans tous les pays qui doivent et devront changer de maîtres, tant en vertu du présent traité que des arrangements qui doivent être faits en conséquence, il sera accordé aux habitants naturels et étrangers, de quelque condition et nation qu'ils soient, un espace de six ans, à compter de l'échange des ratifications, pour disposer, s'ils le jugent convenable, de leurs propriétés acquises, soit avant, soit depuis la guerre actuelle, et se retirer dans le pays qu'il leur plaira de choisir. »

In den Separatverträgen finden sich dann diese Bestimmungen wiederholt, so in den Verträgen zwischen Oestreich und Bayern vom 3. Juni 1814, Art. 9, und zwischen Preußen und Schweden vom 7. Juni 1815, Art. 13. Mit einer geringen unwesentlichen Modification wurden sie in den zweiten Pariser Frieden vom 20. November 1815, Art. 7, aufgenommen.

Vor der französischen Revolution scheint es als selbstverständlich angenommen worden zu sein, daß diejenigen, welche in das Gebiet des abtretenden Staats auswandern, Angehörige des Staats bleiben. Nachdem aber in Frankreich durch die Verfassung vom 22. Frimaire des Jahres VIII, durch den Code civil und durch das Dekret vom 17. März 1809 genaue Bestimmungen über Erwerb und Verlust der Eigenschaft eines Franzosen und über die Naturalisation getroffen worden waren, erschien es nothwendig, durch besondere gesetzliche Bestimmungen denjenigen Personen, welche auf Grund des Artikels XVIII nach Frankreich ausgewandert waren, die Beibehaltung des französischen Staatsbürgerrechts zu ermöglichen[1]. Dies geschah durch das Gesetz vom 14. Oktober 1814. Das Gesetzte setzte die Bestimmungen fest, unter denen die aus den abgetretenen Provinzen herstammenden Personen die französische Nationalität beibehalten konnten. Diesen Bestimmungen liegt aber nicht das oben aufgestellte Domicilprinzip zu Grunde, das davon ausgeht, daß die in den abgetretenen Provinzen domicilirten Personen Fremde werden, die in den nicht abgetretenen Gebieten domicilirten Staatsangehörige bleiben, sondern das Gesetz beruht auf der

[1] Allerdings sagte Napoleon bei der Berathung des Artikel 10 des Code civil im Senat, in der Sitzung vom 14. Thermidor des Jahres XI: « S'il arrivait un jour qu'une contrée envahie par l'ennemi lui fût cédée par un traité, on ne pourrait avec justice dire à ses habitants qui viendraient s'établir sur les terres de la République, qu'ils ont perdu la qualité de Français, parce qu'ils n'ont pas abandonné leur ancien pays au moment même où il a été cédé, parce que même ils ont prêté serment au nouveau souverain. La nécessité de conserver leur fortune, de la surveiller, de la transporter en France les a obligés de différer leur transmigration. » Doch sind dies offenbar nur politische Erwägungen, keine Darlegung des bestehenden Rechts.

Voraussetzung, daß Personen, die aus den abgetretenen Provinzen gebürtig sind, aber am Tage der Abtretung in den nicht abgetretenen Landestheilen ihr Domicil haben, trotzdem Fremde werden und nur durch die Erfüllung besonderer Bedingungen die französische Staatsangehörigkeit behalten können. Sie mußten um die Ertheilung von sogenannten Lettres de naturalité nachsuchen, die ihnen nur gegeben wurden, wenn sie einen zehnjährigen Aufenthalt in den nicht abgetretenen Provinzen nachweisen konnten, sei es, daß derselbe vor oder nach dem Frieden stattgefunden hatte[1]. Andererseits wurde dann von der französischen Jurisprudenz und Doktrin meist angenommen, daß diejenigen Personen, welche in den nicht abgetretenen Landestheilen geboren wurden, am Tage des Friedens aber in den abgetretenen Gebieten ihr Domicil hatten, Franzosen geblieben seien[2].

[1] Zur Feststellung ihrer französischen Nationalitat erhielten sie Lettres de déclaration de naturalité. Der Unterschied derselben von den Lettres de naturalisation wird erläutert in dem Gutachten des Staatsraths vom 17. Mai 1823: «Le caractère distinctif des lettres de naturalisation et des lettres déclaratives de naturalité consiste en ce que les premières confèrent à l'étranger qui les obtient la qualité de citoyen français et sont ainsi constitutives d'un droit nouveau, tandis que les secondes constatent que celui qui les obtient a conservé cette qualité, et ne sont en effet que déclaratives d'un droit acquis et subsistant.» — Vgl. auch Favard de Langlade, Répertoire, III, p. 670.

[2] Eine ausdrückliche Bestimmung ist in Bezug auf diese Personen in dem Gesetz vom 14. Oktober 1814 nicht enthalten. Die herrschende Ansicht wird von Aubry und Rau a. a. O., S. 259, folgendermaßen begründet: «La séparation ne peut enlever que ce que la réunion a conféré, et ainsi elle laisse subsister la nationalité d'origine.» Aber durch die Wiederabtretung eines eroberten Gebietes wird nicht der vor der ersten Eroberung

Frankreich hatte damit das Domicilprinzip aufgegeben, und ihm das Prinzip der Abstammung entgegengestellt, wonach nicht die Thatsache des Domicils, sondern die Abstammung aus dem einen oder dem andern Landestheil für den Wechsel der Nationalität entscheidend sein soll. Indessen ist es einleuchtend, daß dieses Prinzip sich in seinen Consequenzen gar nicht durchführen läßt. Es wäre gar kein Grund vorhanden, das Prinzip nur auf diejenigen Personen anzuwenden, die selbst in dem einen oder dem andern Gebiet geboren sind. Wenn di e Abstammung entscheidet, warum soll sie dann nicht auch für die Kinder und Enkel entscheidend sein? Auch läßt sich das Prinzip der Abstammung unter den modernen gesellschaftlichen

---

bestandene Rechtszustand wiederhergestellt. Ein Postliminium kann hier nicht zur Anwendung kommen; denn die erste Eroberung war ja durch die Friedensverträge sanktionirt worden. — Im Sinne der herrschenden Ansicht hat entschieden der Cassationshof zu Brüssel, 3. Januar 1822: « La réunion d'une commune à la Belgique, opérée par le traité de Paris du 20 novembre 1815, n'a pas imprimé la qualité de Belges à tous les habitants de cette commune indistinctement, mais bien à toutes les personnes nées dans cette commune, quel que fût d'ailleurs le lieu de leur domicile, par la raison que c'est la naissance et non le domicile qui fait qu'un individu appartient à une nation plutôt qu'à une autre. » — Vgl. die Antheile der Appelhöfe von Grenoble (23. Juli 1838) und von Paris (4. Februar 1840 und 8. Februar 1845.)

Von den französischen Schriftstellern ist es nur Demolombe, der auch in diesem Falle, wo die Anwendung des Domicilprinzips sich gegen das scheinbare Interesse Frankreichs wenden würde, an demselben festhält. (Cours de Code civil, I, § 178.) — Die vielfachen Streitfragen, die aus dem Gesetze vom 14. Oktober 1814 entstanden sind, werden ausführlich erörtert von Fölix a. a. O., § 20 u. ff.; Aubry und Rau a. a. O.; Dalloz, Répertoire, v° Droits civils, § 124 u. ff.

und Verkehrsverhältnissen aus der Natur der Sache nicht begründen. Mit der Abtretung eines Gebiets sollen diejenigen Personen ebenfalls abgetreten werden, welche diesem Gebiet angehören. Womit wird aber nach den Gesetzen fast aller civilisirten modernen Staaten die Angehörigkeit an einen bestimmten Ort innerhalb des Staatsgebiets begründet? Ausschließlich durch den Wohnsitz, nicht durch die Geburt. Die Ausübung der staatsbürgerlichen Rechte in Staat und Gemeinde, der Anspruch auf Unterstützung im Falle der Verarmung, der Anspruch auf Theilnahme an den Gemeindegütern u. s. w. werden nicht durch den zufälligen Ort der Geburt, sondern nur durch den Wohnsitz bestimmt. In allen privatrechtlichen Beziehungen entscheidet nicht der Geburtsort, sondern der Wohnsitz. Seitdem die Freiheit des Verkehrs und des Aufenthalts innerhalb des ganzen Staatsgebietes eingeführt ist, erscheint es als ein Widerspruch mit diesem Grundprinzip der bürgerlichen Freiheit, bei der Abtretung eines Gebiets an einen fremden Staat nicht den Wohnsitz, sondern den Ort der Geburt als für den Wechsel der Nationalität entscheidend anzunehmen [1].

Volle Anerkennung hat das Domicilprinzip in Nordamerika

---

[1] Halleck a. a. O., S. 819, sagt sehr richtig: «Domicil, as unterstood and defined in public law, determines the question of transfer of allegiance or rather is the rule of evidence by which the question is to be decided. This rule is the most just, reasonable and convenient, which could be adopted. The *status* of the inhabitants of the conquered and transferred territory is thus determined by their acts. We know of none better than that of domicil as laid down by the supreme court of the United States and approved by the best writers on public law.» — Vgl. auch William Beech Lawrence, Commentaire sur les éléments du droit international de Wheaton, III, p. 193 u. ff.

gefunden. Zwar hatte der Vertrag vom 22. Februar 1819, durch welchen Spanien Florida an die Vereinigten Staaten abtrat, in Artikel VI nur bestimmt: „Die Einwohner der Gebiete, welche Ihre Katholische Majestät den Vereinigten Staaten durch diesen Vertrag abtritt, werden der Union der Vereinigten Staaten einverleibt.“ Dagegen erklärte der Vertrag vom 2. Februar 1848, in welchem Mexiko Californien abtrat, in dem Artikel VII: „Diejenigen Mexikaner, welche vorziehen werden, in den abgetretenen Gebietstheilen zu bleiben, können entweder den Charakter und die Rechte mexikanischer Bürger behalten oder diejenigen von Bürger der Vereinigten Staaten erwerben. Aber die Verpflichtung liegt ihnen ob, diese Wahl binnen einem Jahre von dem Tage der Auswechselung der Ratifikationen des Vertrags an zu treffen, und diejenigen, welche in den genannten Gebietstheilen nach dem Ablauf dieses Jahres bleiben werden, ohne ihre Absicht erklärt zu haben, den Charakter von Mexikaner zu behalten, sollen betrachtet werden, als hätten sie gewählt, Bürger der Vereinigten Staaten zu werden[1].

Auch hier finden wir also das Prinzip, daß das Domicil entscheidet. Daß trotz dieser Thatsache des Wohnsitzes in den abgetretenen Gebietstheilen die mexikanische Staatsangehörig-

[1] «Those Mexicans who shall prefer to remain in the ceded territories may either retain the title of and rights of Mexican citizens, or aquire those of citizens of the United States. But they shall be under the obligation to make their election whithin one year from the date of the exchange of the ratification of this treaty; and those who shall remain in the territories after the expiration of that year without having declared their intention to retain the character of Mexicans, shall be considered to have elected to become citizens of the United States.»

keit beibehalten werden kann, ist eine besondere Vergünstigung die aber an die Erfüllung bestimmter Bedingungen geknüpft ist. Im Zweifel werden die Einwohner nordamerikanische Staatsangehörige.

In dem Pariser Friede von 1856 wurde den Einwohnern des von Rußland abgetretenen Gebiets nur eine Auswanderungsfreiheit während eines Zeitraums von 3 Jahren gewährt[1].

Der Grundsatz, daß bei Gebietsabtretungen alle diejenigen Angehörigen des abtretenden Staats, welche auf denselben ihren Wohnsitz haben, Angehörige des erwerbenden Staates werden, und daß nur sie es werden, ist aber nur die Regel. Damit ist wohl vereinbar, daß sowohl den Personen welche ihren Wohnsitz dort haben, gestattet wird, unter gewissen, Bedingungen ihre frühere Staatsangehörigkeit zu behalten, als auch, daß Personen, welche dort nicht ihren Wohnsitz haben, sondern in einer nicht abgetretenen Gemeinde oder gar in dem Auslande, ebenfalls unter gewissen Voraussetzungen das Schicksal der abgetretenen Gebietstheile theilen können. Solche Ausnahmen nach den beiden angegebenen Richtungen sind weniger eine Aufhebung des Domicilprinzips als eine Ergänzung desselben. Auch sie haben ihren Ursprung in dem höhern Prinzip, daß Niemand an die Scholle gebunden ist. Wird das Gebiet an einen andern Staat abgetreten, so soll jedem Einzelnen, der in einer Beziehung zu diesem Gebiete steht, die Wahl gelassen werden, der alten Staatsgenossenschaft treu zu bleiben oder aber mit dem Gebiete auch in den neuen Staatsverband einzutreten. Aber die Ausübung dieses Wahlrechts muß mit

[1] Art. 21. « Pendant trois ans, il sera permis aux habitants du territoire cédé de transporter ailleurs leur domicile, en disposant librement de leurs propriétés. »

dem Interesse der beiden Staaten in Einklang gebracht werden und deßhalb von bestimmten Voraussetzungen und der Erfüllung gewisser Bedingungen abhängig gemacht werden. Es wird gefordert werden müssen, daß das Wahlrecht innerhalb einer bestimmten Frist ausgeübt werde. Es wird ferner gefordert werden müssen, daß die Wahl für die Beibehaltung der alten Staatsangehörigkeit in der vorgeschriebenen Form stattfinde und es wird als Regel die Bedingung aufgestellt werden müssen, daß diejenigen, welche auch fernerhin dem alten Staatsverbande angehören wollen, in das nicht abgetretene Gebiet desselben auswandern. Nur unter Ausnahmeverhältnissen wird ein Staat, der ein neuerworbenes Gebiet sich zu assimiliren hat, es gestatten können, daß Einwohner des erworbenen Gebiets die alte Staatsangehörigkeit beibehalten, ohne ihren Wohnsitz zu verlegen, wie dies z. B. die Vereinigten Staaten bei dem Erwerb von Californien im Jahre 1848 gestatteten.

Auch zu Gunsten einer zweiten Klasse von Personen muß dem Domicilprinzip eine Ergänzung zur Seite treten. Als Regel hat der Wohnsitz über den Wechsel der Staatsangehörigkeit zu entscheiden. Aber wie es Personen gibt, die zwar in dem abgetretenen Gebiet ihren Wohnsitz haben, aber trotzdem ihm innerlich nicht angehören oder unter der neuen Herrschaft ihm nicht mehr angehören wollen, ebenso gibt es Personen, die, obgleich sie in dem abgetretenen Gebiet ihren Wohnsitz nicht haben, durch Familienbeziehungen, Vermögensverhältnisse oder auch nur Erziehung so enge mit ihm verbunden sind, daß sie dies Gebiet als ihre eigentliche Heimath betrachten und bereit sind, dahin zurück zu kehren und in dem neuen Staatsverband seine Schicksale zu theilen. Auch ihnen wird bei der

Abtretung des Gebiets hierzu die Möglichkeit gegeben werden müssen.

Diese, unseres Erachtens, allein richtigen Sätze, die sich aus der Natur der Sache ergeben, haben in einer Reihe von neuern Friedensverträgen Aufnahme gefunden. So bestimmte der Friedensvertrag von Zürich vom 27. November 1859 in dem Artikel VIII: „Die Personen, welche auf den durch gegenwärtigen Vertrag abgetretenen Gebieten ihren Wohnsitz haben, genießen während eines Zeitraums von einem Jahre, von dem Tage der Auswechselung der Ratifikationen an und vermittels einer vorherigen Erklärung bei der zuständigen Behörde, der vollen und unbeschränkten Erlaubniß ihre beweglichen Güter in Freiheit von Abgaben außer Landes zu bringen und mit ihren Familien in die Oestreichischen Staaten sich zurückzuziehen, in welchem Fall die Eigenschaft als östreichische Unterthanen ihnen erhalten bleiben wird. Es steht ihnen frei, ihre unbeweglichen Güter, welche auf den abgetretenen Gebieten gelegen sind, zu behalten. Dieselbe Erlaubniß ist gegenseitig den östreichischen Unterthanen und den Personen gewährt, welche aus den abgetretenen Gebieten stammen und in den Staaten Seiner Majestät des Kaisers von Oestreich ihren Wohnsitz haben. Die Personen, welche von den gegenwärtigen Bestimmungen Gebrauch machen werden, können wegen ihrer Option weder von der einen noch von der andern Seite in ihrer Person oder in ihrem Eigenthum, das in den betreffenden Staaten gelegen ist, beunruhigt werden.

„Der obenerwähnte Zeitraum von einem Jahr wird auf zwei Jahre ausgedehnt für diejenigen aus den abgetretenen Provinzen stammenden Personen, welche am Tage der Auswechselung der Ratifikationen des gegenwärtigen Vertrags sich außerhalb des Gebiets der östreichischen Monarchie befinden.

Ihre Erklärung wird von der nächsten östreichischen Gesandtschaft in Empfang genommen werden oder von der obern Behörde irgend einer Provinz der Monarchie [1]."

Diese klaren und bestimmten Vereinbarungen des Züriche Vertrags fanden mit unwesentlichen Abänderungen wörtlich Aufnahme in dem Wiener Friede vom 20. Oktober 1864 Artikel XIX, in welchem Dänemark die Herzogthümer Schleswig-Holstein und Lauenburg abtrat, und in dem Wiener Friede vom 3. Oktober 1866 (Artikel XIV) in Bezug auf die Abtretung von Venetien an das Königreich Italien.

Leider ist es diesen Bestimmungen nicht gelungen, sich überall diese Anerkennung zu verschaffen. Schon der Vertrag

[1] Art. 22. «Les sujets domiciliés sur les territoires cédés par le présent traité jouiront, pendant l'espace d'un an, à partir du jour de l'échange des ratifications et moyennant une déclaration préalable à l'autorité compétente, de la faculté pleine et entière d'exporter leurs biens-meubles en franchise de droits, et de se retirer avec leurs familles dans les États de Sa Majesté Impériale et Royale autrichienne, auquel cas la qualité de sujets autrichiens leur sera maintenue. — Ils seront libres de conserver leurs immeubles situés sur les territoires cédés. La même faculté est accordée réciproquement aux sujets autrichiens et aux individus originaires des territoires cédés et établis dans les États de Sa Majesté l'Empereur d'Autriche. Les sujets qui profiteront des présentes dispositions ne pourront être, du fait de leur option, inquiétés de part ni d'autre dans leurs personnes ou dans leurs propriétés situées dans les États respectifs. Le délai susdit d'un an est étendu à deux ans pour les sujets originaires du territoire cédé qui, à l'époque de l'échange des ratifications du présent traité, se trouveront hors du territoire de la monarchie autrichienne. Leur déclaration pourra être reçue par la mission autrichienne la plus voisine ou par l'autorité supérieure d'une province quelconque de la monarchie.»

vom 24. März 1860, in welchem der König von Sardinien Nizza und Savoyen an Frankreich abtrat, hat sich von ihnen entfernt. Die Abstammung aus den abgetretenen Provinzen und der Wohnsitz in denselben wurden in gleicher Weise als entscheidend für den Wechsel der Staatsangehörigkeit angenommen. Der Artikel VI des Vertrags bestimmte: „Den Sardinischen Staatsangehörigen, welche aus Savoyen und dem Arrondissement Nizza stammen oder welche gegenwärtig in diesen Provinzen wohnhaft sind, welche beabsichtigen, die sardinische Staatsangehörigkeit zu behalten, steht während eines Zeitraums von einem Jahre von der Auswechselung der Ratifikationen ab und vermöge einer vorgängigen Erklärung an die zuständige Behörde, die Befugniß zu, ihren Wohnsitz nach Italien zu verlegen und sich dort niederzulassen, in welchem Falle ihnen die Eigenschaft als sardinische Bürger erhalten bleiben wird. Es steht ihnen frei, ihre auf den mit Frankreich vereinigten Gebieten belegenen Grundstücke zu behalten [1]."

Frankreich hat in diesem Vertrage daran festgehalten, daß auch durch die Geburt allein eine dauernde Angehörigkeit an den Geburtsort erzeugt werde, die für das ganze Leben eine Wirksamkeit ausübe. Indessen waren die Bestimmungen des Vertrags wenigstens klar und konnten nicht leicht zu ver=

---

[1] Art. 6. « Les sujets sardes, *originaires* de la Savoie et de l'arrondissement de Nice ou *domiciliés* actuellement dans ces provinces, qui entendront conserver leur nationalité sarde, jouiront pendant l'espace d'un an, à partir de l'échange des ratifications et moyennant une déclaration préalable faite à l'autorité compétente, de la faculté de transporter leur domicile en Italie et de s'y fixer, auquel cas la qualité de citoyen sarde leur sera maintenue. Ils seront libres de conserver les immeubles situés sur les territoires réunis à la France. »

schiedener Auslegung Veranlassung geben. Auch sind in der Anwendung keine besondern Schwierigkeiten entstanden[1].

Mit einigen wenigen Veränderungen ging der Wortlaut dieses Artikels des Vertrags von 1860 in den Frankfurter Friedensvertrag vom 10. Mai 1871, Artikel II, über. Aber durch eine dieser Veränderungen sind die größten Schwierigkeiten in Bezug auf die Auslegung des Artikels erzeugt worden.

Der Präliminarfrieden vom 26. Februar hatte in Artikel V bestimmt: „Die deutsche Regierung wird der ungehinderten Auswanderung der Einwohner der abgetretenen Gebietstheile nichts in den Weg legen und keine Maßregel gegen dieselben ergreifen dürfen, welche deren Person oder Eigenthum antastet. In Ausführung dieser Abmachung traf nun der Friedensvertrag vom 10. Mai in dem Artikel II folgende Bestimmung: „Den aus den abgetretenen Gebieten herstammenden, gegenwärtig in diesem Gebiete wohnhaften französischen Unterthanen, welche beabsichtigen, die französische Nationalität zu behalten, steht bis zum 1. Oktober 1872 und vermöge einer vorgängigen Erklärung an die zuständige Behörde die Befugniß zu, ihren Wohnsitz nach Frankreich zu verlegen und sich dort nieder zu lassen, ohne daß dieser Befugniß durch die Gesetze über den Militärdienst Eintrag geschehen könnte, in welchem Falle ihnen die Eigenschaft als französische Bürger erhalten bleiben wird. Es steht ihnen frei, ihren auf den mit Deutschland vereinigten Gebieten belegenen Grundbesitz zu behalten[2]."

---

[1] Vgl. den Aufsatz von Rouquier in der Revue pratique de droit français, t. XIII, p. 273 u. ff. (1862).

[2] Der französische Text lautet: «Les sujets français *originaires des territoires cédés, domiciliés actuellement sur ce territoire*, qui entendront conserver la nationalité française, jouiront jusqu'au 1er octobre 1872 et moyennant une décla-

Wie man sieht, unterscheidet sich dieser Artikel nur an zwei Stellen von dem Artikel VI des Vertrags von 1860. Der Satz in Bezug auf den Militärdienst ist hinzugefügt worden — Schwierigkeiten sind hieraus nicht entstanden — und ferner ist im Anfang zwischen den Worten „Herstammenden" (Originaires) und „Wohnhaften" (Domiciliés) das Wörtchen „oder" ausgelassen. Der Vertrag von 1860 redet von zwei Klassen von Personen, von Herstammenden und von Wohnhaften. Der Vertrag von 1871, seinem Wortlaut nach, nur von einer Klasse, von Personen, die zugleich aus den abgetretenen Gebieten herstammen und dort wohnhaft sind. Welches der Grund dieser Auslassung war, ist bis jetzt nicht bekannt geworden.

Die Protokolle über die Verhandlungen, die zu dem Friedensvertrag geführt haben, sind bis jetzt nicht veröffentlicht worden und auch die spätern, veröffentlichten Aktenstücke, Erklärungen u. s. w. enthalten in dieser Beziehung nichts. Doch darf wohl die Annahme, daß hier ein unabsichtliches Auslassen, eine fehlerhafte Redaktion vorliege, und daß demnach der falsch redigirte Art. II des Friedensvertrags extensiv, im Sinne getroffener, aber nicht gehörig zum Ausdruck gebrachter Vereinbarung auszulegen sei — als ganz unhaltbar zurückgewiesen werden [1]. Wäre diese Vermuthung richtig, so unterliegt es doch

---

ration préalable faite à l'autorité compétente, de la faculté de transporter leur domicile en France et de s'y fixer, sans que ce droit puisse être altéré par les lois sur le service militaire, auquel cas la qualité de citoyen français leur sera maintenue. Ils seront libres de conserver leurs immeubles situés sur le territoire réuni à l'Allemagne.»

[1] Diese Ansicht wird in einem ausführlichen Aufsatz in der Augsburger Allgemeinen Zeitung (Zur Frage der elsaß-lothringischen Staatsangehörigkeit), vom 5. August 1873, aufgestellt.

wohl keinem Zweifel, daß bei den vielfachen spätern Verhandlungen über die Optionsfrage, nachdem es sich herausgestellt hatte, daß gerade die Fassung des Artikels II zu den größten Schwierigkeiten geführt hat, eine officielle Correktur des Textes nicht ausgeblieben wäre. Wir werden aber auch gleich sehen, daß keine der beiden Regierungen den Artikel in der Weise auslegt, als enthielte er das Wörtchen „oder". Auch die deutsche Regierung geht nicht, wie vielfach irriger Weise angenommen wird, von dieser Auffassung aus.

Der Wortlaut des Artikels II legt die Annahme nahe, daß überhaupt nur diejenigen Bewohner von Elsaß-Lothringen durch die Abtretung des Landes an Deutschland hätten die französische Staatsangehörigkeit verlieren sollen, welche in Elsaß-Lothringen geboren sind und am Tage der Abtretung dort ihren Wohnsitz hatten. Es wäre dies allerdings völlig abweichend von den Bestimmungen aller frühern Abtretungsverträge gewesen und hätte nicht nur einer richtigen Politik, sondern auch den bisherigen Theorien des Völkerrechts widersprochen. Aber nur für diese Klasse von Einwohnern war die Form bestimmt worden, in welcher sie von der in Artikel V des Präliminarfriedens ihnen gewährten Auswanderungsfreiheit Gebrauch machen, und durch welche sie die französische Nationalität beibehalten konnten.

Indessen war mit dieser Auslegung Artikel I der Zusatzkonvention vom 11. Dezember 1871 nicht vereinbar, der bestimmte: „Für diejenigen Personen, welche aus den abgetretenen Gebietstheilen herstammen und sich außerhalb Europas aufhalten, wird die durch den Artikel II des Friedensvertrags für die Wahl zwischen der deutschen und der französischen Nationalität festgesetzte Frist bis zum 1. Oktober 1873 verlängert. — Die Entscheidung für die französische Nationalität seitens der aus den abgetretenen Gebieten herstammenden Personen, welche sich außerhalb Deutschlands aufhalten, erfolgt durch eine, sei es vor der Mairie des Wohnorts in Frankreich, sei es vor einer französischen Gesandtschafts- oder Konsulatskanzlei abgegebenen Erklärung oder durch Immatriculation bei einer solchen Kanzlei. Die französische Regierung wird der deutschen vierteljährlich auf diplomatischem Wege namentliche Verzeichnisse über diese Erklärungen mittheilen."

Hierdurch war die Bestimmung des Friedensvertrags vom 10. Mai wesentlich ausgedehnt worden. Nach Artikel II des Frankfurter Friedens mußte angenommen werden, daß die in Elsaß-Lothringen geborenen, aber dort nicht wohnhaften Personen durch die Vereinigung des Landes mit dem deutschen Reich ihre französische Staatsangehörigkeit nicht verloren hätten. Die Zusatzkonvention vom 11. Dezember beruht dagegen auf der Voraussetzung, daß auch diese Klasse von Personen Deutsche geworden sind und ihnen nur das Recht vorbehalten ist, für die französische Staatsangehörigkeit zu optiren.

Die Protokolle der Konferenzen zu Frankfurt, welche vom 6. Juli bis 2. Dezember 1871 gehalten wurden und die zu dem Abschluß der Zusatzkonvention führten, geben über das Verhältniß dieser Bestimmungen zu dem Friedensvertrag keinen vollständigen Aufschluß [1]. Wie aus dem Protokoll der ersten Sitzung vom 6. Juli 1871 hervorgeht, war der Artikel 1 der Konvention in seiner jetzigen Fassung schon in dem von der

[1] Dieselben sind bisher nur von französischer Seite veröffentlicht worden und zwar in dem von der französischen Regierung herausgegebenen Sammelwerk: Recueil des Traités, Conventions, Lois, Décrets et autres Actes relatifs à la paix avec l'Allemagne. (2 Bde., Paris, im August 1872.) Bd. I, S. 130–190.

französischen Regierung vorgelegten Entwurf enthalten mit Ausnahme der Fristbestimmungen. Es müssen über seinen Inhalt schon vorher Unterhandlungen zwischen der deutschen und der französischen Regierung stattgefunden haben. In den Motiven, mit welchen die französische Regierung der Nationalversammlung die Zusatzkonvention vom 11. Dezember 1871 vorlegte, erklärte sie: „Wir haben uns angestrengt, zu Gunsten unserer Landsleute in den Departements, die wir verloren haben, diejenigen Erleichterungen, wenigstens so viel wie möglich, auszudehnen, die bestimmt sind, ihnen das individuelle Recht zu sichern, ihre künftige Nationalität zu wählen. .... Unsere erste Sorge mußte sein, eine genaue Bezeichnung derjenigen Personen festzustellen, welche in diese traurige Lage gekommen sind; wir haben in dieser Beziehung nur eine unvollkommene Befriedigung erlangt. In Uebereinstimmung mit den Präzedenzfällen hatten wir den Wohnsitz in den abgetretenen Gebieten, eine positive und leicht festzustellende Thatsache, angegeben als das Kriterium, welches in dem vorliegenden Falle angenommen werden könnte. Diese Meinung wurde von Deutschland zurückgewiesen, welches sich mit Vorliebe an den vagern Begriff der Abstammung hielt, und mit Entschiedenheit darauf bestanden hat, den schon in dem Vertrag vom 10. Mai 1871 gebrauchten Ausdruck, „aus den abgetretenen Gebietstheilen herstammend", beizubehalten"[1]. Man hatte sich, so scheint es, nur darüber geeinigt, daß die aus den abgetretenen Gebieten herstammenden Personen, auch wenn sie dort am 2. März nicht wohnhaft waren, Deutsche geworden sind und nur vermittels einer Erklärung die französische Staatsangehörigkeit beibehalten können. Durch direkte

[1] Recueil, t. II, p. 189.

Verhandlungen in Paris hatte man dann den Ausdruck „herstammend" (originaires) erklärt „als in den abgetretenen Gebieten geboren"[1].

Somit war eine Uebereinstimmung der beiden Regierungen erzielt: 1) über diejenigen Personen, welche in Elsaß-Lothringen geboren und dort am 2. März 1871 wohnhaft waren, und 2) über diejenigen Personen, welche in Elsaß-Lothringen zwar geboren, aber dort am 2. März nicht wohnhaft waren. Dagegen konnte eine Vereinigung nicht zu Stande kommen, und ist bis jetzt nicht zu Stande gekommen, über diejenigen Personen, welche in Elsaß zwar nicht geboren, aber am 2. März dort wohnhaft waren. Da die Zusatzkonvention vom 11. Dezember die Thatsache der Geburt als maßgebend angenommen hatte, so schien es zuerst, als habe man sich darüber verständigt, daß diese dritte Klasse von Personen ihre französische Staatsangehörigkeit beibehalten würde, auch wenn sie ihren Wohnsitz nicht verlegen und nicht nach Frankreich auswandern würden. In der That hatten in der Sitzung vom 6. Juli 1871 die deutschen Bevollmächtigten zu Frankfurt erklärt: „daß diejenigen Personen, welche dieser Klasse angehören, als Franzosen betrachtet werden würden, ohne daß sie gehalten seien, eine Optionserklärung abzugeben." Allerdings hatten sie hinzugefügt[2], daß dies nur ihre persönliche Ansicht sei, und daß sie der Auffassung der Regierung nicht

[1] Die deutschen Bevollmächtigten in Frankfurt hatten es abgelehnt, auf den dortigen Konferenzen diesen Ausdruck festzustellen. Es geschah dies durch die Depesche des Grafen Arnim vom 18. Dezember 1871, mit der sich der französische Minister der auswärtigen Angelegenheiten einverstanden erklärte. (Recueil, I, p. 185; II, p. 285.)

[2] Recueil, I, p. 133, 135.

vorgreifen könnten. Die französische Regierung übersah diesen Vorbehalt und glaubte umsomehr sich in Uebereinstimmung mit der deutschen Regierung zu befinden, als sie in der vorhin erwähnten Beantwortung der Arnimischen Depesche vom 18. Dezember 1871 hinzugefügt hatte: „Es ergibt sich hieraus, daß die Personen, welche nicht in den abgetretenen Gebieten geboren sind, nicht gehalten sind, eine Optionserklärung abzugeben, um ihre französische Staatsangehörigkeit zu behalten, obgleich sie von Eltern abstammen, welche in Elsaß-Lothringen geboren sind, oder welche selbst in diesem Lande wohnen." Diese Bemerkung hatte von Seiten der deutschen Regierung keine Entgegnung hervorgerufen[1]. Indessen stellte sich nach einigen Monaten heraus, daß die deutsche Regierung keineswegs die Ansicht ihrer Bevollmächtigten bei den Frankfurter Konferenzen theilte und daß die französische Regierung aus dem Stillschweigen auf die Mittheilung des Ministers des Auswärtigen zu viel geschlossen hatte. Nachdem man die Bevölkerung von Elsaß-Lothringen fast ein Jahr lang im Ungewissen über die Auslegung des Artikels II des Friedensvertrags von Frankfurt gelassen hatte, erklärte der Oberpräsident von Elsaß-Lothringen in einer Bekanntmachung vom 7. März 1872, „daß diejenigen Personen, welche zwar in Elsaß-Lothringen nicht geboren seien, die aber am 1. März 1871 dort ihren Wohnsitz gehabt hätten, vor dem 1. Oktober 1872 ihren Wohnsitz nach Frankreich verlegen müßten, wenn sie die französische Nationalität beibehalten wollten, daß sie aber eine ausdrückliche Optionserklärung nicht abzugeben hätten." Diese Auffassung wurde der französischen Regierung gegenüber auf ihre Reklamationen hin in folgender Weise begründet: durch die Abtretung von

[1] Recueil, II, p. 286.

Elsaß-Lothringen an Deutschland sind alle Bewohner, die bisher französische Staatsangehörige gewesen waren, Deutsche geworden, ohne daß eine ausdrückliche Bestimmung hierüber nothwendig gewesen ist. Durch Art. II des Friedensvertrags sind nur die Bedingungen festgestellt worden, unter denen eine bestimmte Kategorie von Bewohnern sich dieser natürlichen Folgerung der Abtretung entziehen können. In Bezug auf die übrigen Bewohner des Reichslands sei es der deutschen Regierung überlassen, die Bedingungen anzugeben, durch deren Erfüllung sie es vermeiden könnten, Deutsche zu werden. Diese Bedingung besteht aber in der Verlegung des Wohnsitzes nach Frankreich. Indem während eines bestimmten Zeitraumes die Regierung diese Möglichkeit zulasse, sei sie der vertragsmäßigen Verpflichtung nachgekommen, „der ungehinderten Auswanderung der Bewohner von Elsaß-Lothringen nichts in den Weg zu legen." (Präliminarvertrag von Versailles, Artikel V.) [1]

Die französische Regierung hat dieser Auffassung nicht zu-

---

[1] Depesche des Grafen Arnim vom 1. September 1872: « Le gouvernement impérial a estimé dès le principe que, par le fait même de la cession de l'Alsace et de la Lorraine à l'Allemagne, ses habitants de nationalité française devenaient Allemands, sans que cet effet dût même être expressément constaté dans le traité de paix, et l'art. 2 n'a eu à ses yeux d'autre sens ni d'autre but que de fixer les conditions par l'observation desquelles une certaine catégorie d'habitants pourrait se soustraire à cette conséquence naturelle de la cession. En exigeant de ces derniers une déclaration formelle en faveur de la France et la translation de leur domicile effectif, il n'a cependant pas entendu dispenser de toute formalité une autre catégorie de personnes, qui, devenues elles aussi allemandes par suite de la cession du pays, désireraient revendiquer leur ancienne nationalité. »

gestimmt, vielmehr erklärt, daß sie diejenigen Bewohner von Elsaß-Lothringen, welche daselbst nicht geboren, sondern nur am 2. März 1871 daselbst wohnhaft gewesen sind, auch wenn sie ihren Wohnsitz nicht nach Frankreich verlegen, nach wie vor als Franzosen betrachte, auch wenn die deutsche Regierung auf ihrer Anschauung beharren sollte. Sie beruft sich darauf, daß in den Friedensverträgen nur für die beiden Kategorien derjenigen, welcher in Elsaß-Lothringen geboren und dort wohnhaft gewesen seien, und derjenigen, welche zwar dort geboren seien, aber am 2. März 1871 nicht mehr ihren Wohnsitz dort gehabt hätten, Bestimmungen enthalten seien, und daß demnach die dritte der in Betracht kommenden Kategorien von Personen nach dem Sinne der Verträge nicht die deutsche Nationalität durch die Abtretung des Landes erworben hätte. Es ergebe sich dies auch aus einer Vergleichung des Artikels II des Frankfurter Friedensvertrags vom 10. Mai 1871 mit dem Artikel VI des Vertrags vom 24. März 1860. Die Auslassung des Wörtchens „oder" sei keine zufällige, sondern beweise gerade, daß man andere Bestimmungen habe treffen wollen. Die Aeußerung der deutschen Bevollmächtigten auf den Frankfurter Konferenzen, sowie das Stillschweigen der deutschen Regierung auf die französische Note vom 29. Dezember 1871 müßten die Vermuthung erwecken, daß die deutsche Regierung bis in den März 1872 die Ansichten der französischen Regierung in Bezug auf diese dritte Kategorie von Personen getheilt habe, und erst dann nachträglich den Verträgen diese erweiternde Auslegung gegeben habe.

Soviel wird zugegeben werden müssen, daß der Wortlaut der Verträge eine Entscheidung dieser wichtigen streitigen Frage nicht enthält. Sie könnte allenfalls nur gefunden werden in den Vorverhandlungen, die zu dem Abschluß des Artikels II des Frankfurter Friedens führten. Dieselben sind aber bis jetzt noch nicht veröffentlicht. Daß die deutsche Auffassung sich mit den Verträgen vereinbaren läßt, kann nicht zweifelhaft sein, wenn sie auch auf einer sehr gezwungenen Auslegung beruht. Auch die französische Ansicht steht nicht in Widerspruch mit dem Wortlaut der Verträge, aber es muß betont werden, daß die deutsche Regierung sie niemals officiell anerkannt hat. Da nach dem in Elsaß-Lothringen noch geltenden französischen Rechte unbestritten die Gerichte die Fragen über die Staatsangehörigkeit zu entscheiden haben (im Gegensatz zu dem Rechtszustande in den meisten deutschen Staaten, in welchen die Verwaltungsbehörden in Bezug hierauf allein zuständig sind), so wird ihnen zunächst die Aufgabe zufallen, in den praktisch wichtigen Fällen die Auslegung der Friedensverträge zu geben. Derartige Fälle aber werden im Civil- und Strafprozeß, bei der Anwendung des deutschen Strafgesetzbuchs (z. B. Art. 4), bei der Ausübung des Wahlrechts und der Militärdienstpflicht zahlreich genug vorkommen. Die Bekanntmachung des Oberpräsidenten vom 7. März 1872 hat selbstverständlich nicht die Kraft eines Gesetzes oder einer authentischen Interpretation, sie kann vielmehr nur betrachtet werden als eine Belehrung der Bevölkerung und eine Instruktion an die Verwaltungsbeamten. Für die Gerichte hat sie nur den Werth einer Darlegung der Ansichten der Regierung. Trotzdem müssen unseres Erachtens die deutschen Gerichte in Uebereinstimmung mit diesen Ansichten der Regierung entscheiden. Denn da in den Verträgen selbst eine Lösung der Frage nicht gefunden werden kann, eine authentische Interpretation nicht vorliegt, sondern beide Regierungen einer verschiedenen Auffassung huldigen, so müssen die Gerichte in Bezug auf die Interpretation des Vertrags der einheimischen Regierung eine größere Autorität beilegen, als der fremden.

Sehr wünschenswerth aber wäre es, daß noch nachträglich ein Uebereinkommen der beiden Regierungen über diese Frage stattfände. Gegenwärtig werden die Personen, welche nicht in Elsaß-Lothringen geboren sind, aber am 2. März 1871 dort wohnhaft waren und vor dem 1. Oktober 1872 ihren Wohnsitz nicht nach Frankreich verlegt haben, von der deutschen Regierung und den deutschen Gerichten als deutsche Staatsangehörige und von der französischen Regierung und den französischen Gerichten als französische Staatsangehörige in Anspruch genommen. Dieser Zustand ist nicht nur für die Betheiligten mit schweren Nachtheilen verbunden, er kann auch in Zukunft zu äußerst unangenehmen Verwicklungen zwischen den beiden Regierungen führen.

Eine weitere Streitigkeit entstand in Bezug auf die Auslegung der Worte: „Es steht ihnen die Befugniß zu, ihren Wohnsitz nach Frankreich zu verlegen und sich dort niederzulassen," in dem Artikel II des Frankfurter Friedensvertrags. Von französischer Seite wurde behauptet, eine Verlegung des Wohnsitzes habe nach Artikel 104 des Code civil schon stattgefunden, wenn die betreffende Person sowohl der Municipalität des Orts, den sie verlassen will, als auch der Municipalität des Orts, an welchem sie ihren neuen Wohnsitz nehmen will, eine ausdrückliche Erklärung hierüber abgegeben habe [1]. Eine thatsächliche Auswanderung wäre demnach nicht erforderlich gewesen, um die französische Staatsangehörigkeit zu behalten. Die einfache Abgabe der Erklärungen hätte genügt. Da jedoch der Artikel II nicht blos die Verlegung des

[1] Artikel 104 lautet: « La preuve de l'intention (de changer le domicile) résultera d'une déclaration expresse faite tant à la municipalité du lieu qu'on quittera qu'à celle du lieu où on aura transféré son domicile. »

Wohnsitzes fordert, sondern auch die thatsächliche Niederlassung in Frankreich, so konnte die französische Regierung auf die Dauer ihre Auffassung nicht aufrecht erhalten [1].

Zahlreiche Streitfragen sind in Bezug auf das Optionsrecht der Minderjährigen entstanden. Die französische Regierung hatte anfänglich versucht, den Minderjährigen das Recht zu verschaffen, in dem Jahre nach erlangter Volljährigkeit die Wahl für die französische Staatsangehörigkeit noch vornehmen zu können, ohne durch die Gesetze über die Heerespflicht behindert zu sein. Die deutsche Regierung konnte natürlich auf diese Forderung nicht eingehen, die Optionsfrist würde hierdurch für die heranwachsende Generation auf 20 Jahre ausgedehnt worden sein. Die deutschen Bevollmächtigten gaben vielmehr auf den Frankfurter Konferenzen die Erklärung ab, daß weder zwischen den Minderjährigen und Großjährigen in Bezug auf die Optionsfrist, noch zwischen den emancipirten Minderjährigen und den nicht emancipirten ein Unterschied zu machen sei. Die Entscheidung der Minderjährigen für die französische Staatsangehörigkeit habe unter Mitwirkung ihrer gesetzlichen Vertreter zu geschehen [2]. Die deutsche Regierung

[1] Schreiben des Justizministers Dufaure an Hrn. Scheurer-Kestner, vom 30. Juli 1872: «La déclaration écrite ne pourrait les affranchir de l'obligation de «transférer leur domicile en France et de s'y fixer», ainsi que l'exige l'article 2 du traité du 10 mai 1871. Cette déclaration d'élection de domicile serait donc inutile, et elle pourrait être considérée par les autoritées allemandes comme contraire au texte formel de nos conventions.» (Recueil, II, p. 600.)

[2] Recueil, I, p. 133, 142; II, p. 190. Die deutschen Bevollmächtigten erklärten in der Sitzung vom 16. Juli 1871: «Il n'y a pas lieu de faire de distinction entre les mineurs émancipés et les mineurs non émancipés, et que le concours de leurs représentants légaux sera nécessaire pour la déclaration d'option des mineurs.»

ging dabei von der Voraussetzung aus, daß, wie nach dem deutschen Gesetz über Erwerb und Verlust der Staatsangehörigkeit vom 1. Juni 1870, so auch nach französischem Rechte minderjährige Kinder in Bezug auf die Staatsangehörigkeit den Eltern folgen und durch deren Nationalitätswechsel getroffen werden. Es ist von vielen Seiten dagegen bemerkt worden, daß diese Voraussetzung falsch sei, daß nach französischem Rechte weder der Nationalitätswechsel des Vaters auf seine minderjährigen Kinder wirke, noch diese selbstständig ihre Nationalität wechseln könnten[1]. Es ist allerdings richtig, daß nach dem französischen Gesetze vom 7. Februar 1851 Minderjährige weder dem Vater folgen, der durch Naturalisation seine Staatsangehörigkeit gewechselt hat, noch selbst die Naturalisation vornehmen können, sondern daß ihnen im ersten Falle das Recht zusteht nach erreichter Großjährigkeit sich bezüglich ihrer Staatsangehörigkeit zu entscheiden. Man hat aber übersehen, daß sich diese Bestimmungen nur beziehen auf einen durch Naturalisation hervorgebrachten Wechsel der Staatsangehörigkeit. Die beinahe ausnahmslose Rechtsprechung der französischen Gerichte, wie die übereinstimmende Ansicht der Schriftsteller gehen vielmehr von dem Grundsatze aus, daß die Option derjenigen Personen, welche durch die Abtretung eines Gebiets Angehörige eines fremden Staats geworden sind, für die bisherige Staatsangehörigkeit nicht dem Wechsel der Staatsangehörigkeit gleichzustellen sei, sondern als Beibehaltung der alten Staatsangehörigkeit; nicht als Naturalisation, sondern als Naturalité zu betrachten sei. Wenn die Bedingungen, unter welchen die alte Staatsangehörigkeit beibehalten werden kann, erfüllt sind, so besteht die einzige

[1] So z. B. in dem angeführten Aufsatz der Allg. Zeitung.

Wirkung dieser Erfüllung darin, daß die vor der Abtrennung des Gebiets erworbene Staatsangehörigkeit beibehalten wird. Werden sie nicht erfüllt, so geht die Staatsangehörigkeit verloren, nicht sowohl, weil diese Bedingungen nicht erfüllt worden sind, als wegen der Thatsache der Abtrennung des Gebiets selbst. In Folge dessen müsse die Wahl des Vaters, beziehungsweise des Gatten über die Staatsangehörigkeit der Kinder, bezüglich der Ehefrau entscheiden. Wenn nun auch die Logik dieser Beweisführung nicht ganz stichhaltig erscheinen sollte, so muß doch, da die Frage durch den Text eines Gesetzes nicht entschieden wird, angenommen werden, daß die Uebereinstimmung der gerichtlichen Praxis und der literarischen Autoritäten[1]

[1] Diese Ansicht ist insbesondere ausgebildet worden in Folge des Gesetzes vom 14. Oktober 1814. Vgl. insbes. Aubry et Rau a. a. O., S. 262 u. ff.; Fœlix a. a. O., § 31; Massé, Droit commercial, III, p. 51; die Urtheile des Cassationshofs vom 11. Januar 1845 (Sirey, 1845, I, p. 50), der Appellhöfe von Paris, Lyon, Douai, Grenoble, Metz u. s. w., die von Aubry et Rau und von Fœlix angeführt werden. Auch bei Gelegenheit der Vereinigung von Savoyen und Nizza mit Frankreich haben diese Ansichten Anerkennung und Anwendung gefunden. Siehe das Urtheil des Appellhofs von Chambery, vom 22. Dezember 1862 (Sirey, 1863, II, p. 113). In neuester Zeit hat man allerdings im vermeintlichen Interesse Frankreichs die Ansicht zu vertheidigen gesucht, daß eine nicht in Elsaß-Lothringen geborene Frau, die mit einem Elsaß-Lothringer verheirathet ist, der nicht optirt hat, also Deutscher geworden ist, Französin geblieben sei. So ein Aufsatz von Robinet de Clery in der Revue critique de législation et de jurisprudence, 1873, p. 397-412 (Questions concernant la nationalité des habitants de l'Alsace-Lorraine). Als Hauptgrund für seine Ansicht führt der Verfasser an, daß die Frau sagen könnte: «Au moment où je contractais cette union, rien ne me laissait pressentir qu'elle mît ma nationalité en péril. Comment aurais-je prévu une guerre désastreuse et ses funestes suites?« Folglich: «A la femme fran-

genügendes Zeugniß für das bestehende Recht abgeben. Die deutsche Regierung befand sich demnach durchaus auf der Grundlage des französischen Rechts, als sie in der Bekanntmachung des Oberpräsidenten von Elsaß-Lothringen vom 16. März 1872 bestimmte, daß die Minderjährigen weder durch sich selbst, noch durch ihre gesetzlichen Vertreter, gesondert von diesen, für die französische Nationalität optiren können, sondern daß sie der Wahl der Nationalität des Vaters folgen, wenn ihre Eltern noch am Leben sind. Dabei macht es keinen Unterschied, ob die Kinder emancipirt worden sind oder nicht. Indessen beschränkte sich die Regierung nicht hierauf. Die Frage über die Option der Minderjährigen hatte die Bevölkerung von Elsaß-Lothringen in hohem Grade erregt. In sehr vielen Familien waren diejenigen, welche das militärpflichtige Alter überschritten hatten, völlig bereit, im Lande zu bleiben und Deutsche zu werden. Aber ein großer Theil der heranwachsenden männlichen Jugend konnte es nicht über sich gewinnen, in den deutschen Militärdienst zu treten und war entschlossen, dies unter keiner Bedingung zu thun. Die Eltern, welche ihre Heimath nicht verlassen wollten oder konnten, empfanden es als eine schwere Härte, daß den minderjährigen, militärpflichtigen Söhnen nicht gestattet wurde, für sich selbst zu optiren. Während sie die Söhne nicht zwingen konnten, in das deutsche Heer einzutreten, wollten sie andererseits auch nicht deren heimliche Entfernung und Fahnenflucht gestatten. Die Regierung wurde deßhalb von allen Seiten bestürmt, die Bestimmungen über die Option der Minderjährigen in der Weise

çaise est maintenue cette qualité avec tous les avantages qui lui sont inhérents» (p. 404, 410). Es würde überflüssig sein, hiergegen Gründe anzuführen.

zu mildern, daß sie die Option der emancipirten Minderjährigen zulasse. Wenn die Regierung nicht soweit gehen wollte und konnte, so suchte sie doch, soweit sie es mit dem bestehenden Rechte irgendwie verträglich glaubte, den Wünschen der Bevölkerung entgegen zu kommen. Es geschah dies durch die weitern Bestimmungen der Bekanntmachung vom 16. März 1871. Darnach sollen: 1) emancipirte Minderjährige, welche nicht in Elsaß-Lothringen geboren sind, den Großjährigen in Bezug auf das Optionsrecht gleich stehen, und demnach durch eine einfache Verlegung ihres Wohnsitzes nach Frankreich die französische Staatsangehörigkeit erwerben. Die deutsche Regierung ging davon aus, daß nach französischem Rechte die emancipirten Minderjährigen befugt sind, selbstständig ein Domicil zu erwerben. Da nun nach der oben dargestellten Ansicht der deutschen Regierung, Personen, die zwar in Elsaß-Lothringen nicht geboren sind, dort aber am 2. März 1871 ihren Wohnsitz hatten, durch einfache Verlegung des Domicils nach Frankreich die französische Staatsangehörigkeit beibehalten können, so müsse auch diese letztere Befugniß allen denjenigen zustehen, welche in giltiger Weise selbstständig ihren Wohnsitz wählen können, d. h. also auch den emancipirten Minderjährigen. Mit Recht wird sich aber gegen diese Schlußfolgerung einwenden lassen, daß emancipirte Minderjährige zwar zur selbstständigen Wahl des Domicils befugt sind, aber doch nur zur Wahl des Domicils im Sinne des Privatrechts und des Prozesses. Bei der Option handelt es sich aber nicht um dieses privatrechtliche Domicil, sondern um Erwerb und Verlust der Staatsangehörigkeit, und wenn dieselben auch an die Wahl des Domicils geknüpft werden, so ist damit nicht gesagt, daß jeder, der seinen Wohnsitz verlegen kann, auch zum Wechsel der

Staatsangehörigkeit berechtigt ist. Die Voraussetzungen dieser Befugniß sind selbstständig [1].

2) Diejenigen Minderjährigen, deren Vater nicht mehr am Leben ist, folgen der Wahl des Vormunds für die französische Staatsangehörigkeit, wenn der Familienrath seine Zustimmung ertheilt. — Nach der Erklärung der deutschen Bevollmächtigten auf den Conferenzen zu Frankfurt kann die Option der Minderjährigen erfolgen, jedoch nur « avec le concours de leurs représentants légaux. » Es ist in der That nicht einzusehen, wie diese Bestimmung mit dem bestehenden Rechte in Einklang gebracht werden kann. Durch die Mitwirkung des Vormunds und Familienraths kann eine Handlung, die ein Minderjähriger an sich nicht vornehmen kann, nicht rechtsgiltig werden, wenn nicht durch ein Gesetz der Mitwirkung des Vormunds und des Familienraths diese Kraft beigelegt worden ist. Weder der Erklärung der deutschen Bevollmächtigten auf einer internationalen Conferenz noch der Bekanntmachung des Oberpräsidenten kann aber selbstredend die Bedeutung eines Gesetzes gegeben werden. Die Gerichte dürfen bei ihren Entscheidungen weder die eine noch die andere zur Norm nehmen, sie sind viel-

[1] Die offizielle Erläuterung zu dieser Bestimmung findet sich in dem Schreiben des Grafen Arnim an die französische Regierung vom 15. Juli 1872: «Les mineurs émancipés auxquels sont conférés par le fait même de l'émancipation certains droits limités, parmi lesquels se trouve celui d'élire domicile, conserveront la nationalité française, dans le cas où la seule translation du domicile suffit à cet effet, c'est-à-dire lorsqu'ils ne sont pas nés en Alsace-Lorraine; mais le gouvernement impérial ne saurait admettre qu'aux droits limités que la loi accorde par suite de l'émancipation, et qui tous concernent l'administration de la fortune, vienne se joindre dans le cas présent le droit de changer de nationalité.»

mehr gehalten, die Option von Minderjährigen, auch wenn sie in der von der Regierung vorgeschriebenen Weise erfolgt ist, für nichtig und die betreffenden Personen für Angehörige des deutschen Reichs zu erklären. Dabei ist es völlig bedeutungslos, daß die französische Regierung unter „Mitwirkung der gesetzlichen Vertreter“ etwas anderes wie die deutsche Regierung versteht.

Während die deutsche Regierung nur in der Option des Vormunds selbst und in der Zustimmung des Familienraths eine „Mitwirkung“ sieht, hält die französische Regierung die Ausdrücke «concours, assistance und autorisation» für gleichbedeutend und ist der Ansicht, daß eine schriftliche Ermächtigung des Vormunds zur Vornahme der Option durch den Minderjährigen genüge, um die Option rechtskräftig zu machen[1]. Da die Bestimmung über die Option der Minderjährigen nicht auf einem völkerrechtlichen Vertrag zwischen dem deutschen Reich und Frankreich beruht, sondern nur auf einer einseitigen Erklärung der deutschen Regierung, so ist es offenbar Sache der letzteren, die Auslegung dieser Erklärung zu geben und die Formen festzusetzen, in welchen jene Bestimmung zur Ausführung gebracht werden kann. Wenn also nachträglich durch ein

[1] Vgl. die Circulare des französischen Justizministers vom 30. März 1872, des französischen Ministers des Auswärtigen vom 4. April 1872 und des Kriegsministers vom 18. April 1872, sowie das Schreiben des Justizministers an den Präfekten der Murte und der Mosel vom 10. Juli 1872 (Recueil, II, p. 286, 290, 296, 599). In den angeführten Circularen geben die französischen Minister zu, daß nach dem bestehenden französischen Rechte die Minderjährigen auch unter Mitwirkung ihrer gesetzlichen Vertreter eine giltige Optionserklärung nicht abgeben können. « Leur situation sera réglée ultérieurement, s'il y a lieu, par une disposition législative. » (Recueil, II, p. 286, 296.)

Gesetz die „unter Mitwirkung der gesetzlichen Vertreter" vorgenommenen Optionen Minderjähriger für rechtsbeständig erklärt werden, wird sich dies nur auf diejenigen Optionen erstrecken, bei welchen die Bedingungen der Bekanntmachung des Oberpräsidenten vom 16. März 1872 erfüllt worden sind. Die nur mit schriftlicher Ermächtigung des Vormunds abgegebenen Erklärungen haben für die deutsche Regierung und die deutschen Gerichte keinen Werth.

Durch den Inhalt der Bekanntmachungen vom 7. und 16. März 1872 glaubte die deutsche Regierung bis zur äußersten Grenze, innerhalb deren nach dem französischen Rechte eine Option der Minderjährigen möglich sei, vorgegangen zu sein; wir glauben sogar, daß sie damit schon jene Grenzen überschritten hat. Die Regierung war aber damit keineswegs allen Wünschen der Bevölkerung gerecht geworden. Sie erkannte die schwierige Lage, in der sich viele ehrenwerthe Familien befanden, an und, um sie aus ihrer traurigen Lage zu befreien, ertheilte sie allen minderjährigen Söhnen, welche glaubhaft nachwiesen, daß sie wirklich auszuwandern beabsichtigten, Auswanderungsscheine. Sie konnte diese jungen Leute damit nicht aus dem deutschen Staatsverbande entlassen, aber sie gab ihnen damit die Zusicherung, daß sie nicht späterhin bei einem vorübergehenden Aufenthalt im Lande bestraft und zu einem nachträglichen Eintritt in den Heerdienst genöthigt werden.

Uebrigens sind für die Zukunft viele Schwierigkeiten aus dem Wege geräumt worden durch die inzwischen erfolgte Einführung des deutschen Reichsgesetzes über Erwerbung und Verlust der Reichs- und Staatsangehörigkeit vom 1. Juni 1870 (Einführungsgesetz vom 8. Januar 1873). Nach diesem Gesetz können Minderjährige auch für sich allein die Staatsangehörigkeit wechseln. Wenn diese Bestimmung auch keine rückwirkende Kraft hat und nur für die Zukunft Hindernisse beseitigt, so werden doch auch nach § 21 des Gesetzes diejenigen Personen, welche in einer nicht giltigen Weise für die französische Staatsangehörigkeit optirt haben, nach einem zehnjährigen Aufenthalt im Ausland ihrer deutschen Staatsangehörigkeit verlustig.

Bis zum 1. Oktober 1873 sind in Elsaß-Lothringen Optionserklärungen abgegeben worden für 159,740 Personen bei einer Gesammtbevölkerung von 1,517,494 Einwohnern und zwar im Unter-Elsaß für 39,139 Personen bei einer Bevölkerung von 600,395 Einwohnern; im Ober-Elsaß für 91,962 Personen bei einer Bevölkerung von 459,779 Einwohnern; in Deutsch-Lothringen für 28,639 Personen bei einer Bevölkerung von 489,385 Einwohnern. In Frankreich und dem übrigen Auslande wurden Optionserklärungen abgegeben bis zum 1. Oktober 1872 für 378,777 Personen.

Von den in dem Reichsland abgegebenen Optionserklärungen wurden von den Verwaltungsbehörden (Kreis- und Polizeidirektionen) diejenigen für 110,240 Personen für ungiltig erklärt und zwar im Unter-Elsaß für 28,080 Personen, im Ober-Elsaß für 75,260 Personen, in Deutsch-Lothringen für 6,900 Personen.

Der Grund der Ungiltigkeit bestand in weitaus den meisten Fällen darin, daß die betreffenden Personen ihren Wohnsitz nicht nach Frankreich verlegt haben. Durch das Gesetz vom 24. Januar 1873 wurde bestimmt, daß denjenigen Personen, welche eine Optionserklärung abgegeben haben, ohne ihren Wohnsitz nach Frankreich zu verlegen, bei den Wahlen zu den Kreis- und Bezirkstagen das aktive und passive Wahlrecht so lange entzogen sei, bis sie diese Erklärung zurückgenommen haben. Es darf aber nicht übersehen werden, daß die Ungiltigkeitserklärungen der Verwaltungsbehörden rechtlich keine Bedeutung haben; daß vielmehr über die Ungiltigkeit der abgegebenen Optionserklärungen wie über die Staatsangehörigkeit derjenigen, die in Elsaß-Lothringen nur wohnhaft sind, dort aber nicht geboren sind, ausschließlich die Gerichte eine endgiltige Entscheidung zu treffen haben.

Die Bestimmungen über den Wechsel der Staatsangehörigkeit, die gewöhnlich unter dem allgemeinen Ausdrucke der „Optionsfrage" zusammengefaßt wurden, erregten bei der Bevölkerung weitaus das größte Interesse; die Streitfragen, die sich daran knüpften, wurden am lebhaftesten erörtert; die Entscheidung der zweifelhaften Punkte griff in die wichtigsten Verhältnisse zahlreicher Familien in allen Theilen des Landes ein. Indessen bot doch auch die Regelung vieler anderen Verhältnisse, die sich aus der Loslösung Elsaß-Lothringens von Frankreich und seiner Vereinigung mit dem deutschen Reiche ergaben, große, unvorhergesehene Schwierigkeiten dar. Die enge Verbindung, in welcher in einem Staate, dessen Verwaltung eine so stark centralisirte wie die Frankreichs ist, alle einzelnen Theile des Gebietes und alle öffentlichen Angelegenheiten mit dem Mittelpunkte stehen, und die außerordentliche Abhängigkeit von dem Mittelpunkt, in der sie sich befinden, lassen sich nicht ohne große Umsicht und ohne ausführliche Bestimmungen über die einzelnen Verhältnisse lösen. Es bedarf langer und mühevoller Arbeit, um diese Trennung zu vollziehen, wenn nicht mancherlei Privatrechte und Privatinteressen der Einzelnen, die in der einen oder der andern Verbindung mit dem Staate gestanden hatten, verletzt werden sollten. Vor allem waren es die finanziellen Verpflichtungen und Ansprüche des Staats, soweit sie sich direkt oder indirekt auf Elsaß-Lothringen bezogen, welche zu langwierigen Verhandlungen Veranlassung gaben und die zahlreiche Bestimmungen erheischten. Hier war in der Regel nicht nur ein fiskalisches Interesse zu wahren, sondern es waren auch in gerechter und billiger Weise die Rechte von Privatpersonen zu schonen.

Wird ein Landestheil an einen andern Staat abgetreten, so geht dadurch der Natur der Sache nach die Staatsgewalt über dieses abgetretene Gebiet auf den Inhaber der Staatsgewalt in dem erwerbenden Staate über; die höchste Gewalt über das Land hat ihren Träger verändert. Damit ist aber an sich noch nicht die Frage entschieden, ob und in wie weit die schon vor der Abtretung begründeten Ansprüche und Verpflichtungen, welche der abtretende Staat gegenüber einzelnen Bewohnern des abgetretenen Gebiets hat, auf diesen neuen Träger der Staatsgewalt übergehen. Es fragt sich, ob der erwerbende Staat in alle Rechte und Pflichten des abtretenden Staats eintritt. Die Verträge aus diesem Jahrhundert, durch welche Landestheile an anderen Staaten abgetreten wurden, enthalten über diese Frage verschiedene Bestimmungen.

In dem ersten Pariser Frieden vom 30. Mai 1814 wurde festgesetzt, daß diejenigen Staaten, an welche Frankreich Gebietstheile abtrat, nur solche Schulden Frankreichs zu übernehmen haben, welche in den abgetretenen Gebieten hypothekarisch oder für die innere Verwaltung aufgenommen worden waren. (Art. 21.)[1] In Bezug auf andere Verbindlichkeiten erklärte der Artikel 19 des Friedensvertrags, daß die französische Regierung verpflichtet sei, die Summen zu liquidiren und zu bezahlen, welche sie etwa in den Gebieten außerhalb ihres Territoriums noch

[1] Art. 21. « Les dettes spécialement hypothéquées dans leur origine sur les pays qui cessent d'appartenir à la France ou contractées pour leur administration intérieure resteront à la charge de ces mêmes pays. »

schuldig sein sollte, sei es in Folge von Verträgen oder andern formellen Verpflichtungen, welche von den französischen Behörden mit Privatpersonen oder Anstalten, sei es wegen Lieferungen, sei es in Folge einer gesetzlichen Verpflichtung, eingegangen seien [1].

Es waren also darnach nur die hypothekarischen und Verwaltungs-Schulden, welche der französische Staat in einem der abgetretenen Gebiete eingegangen war, auf den neuen Erwerber vermöge ihres dinglichen Charakters übertragen worden. Ein allgemeiner Eintritt des erwerbenden Staats in die Rechte und Pflichten des abtretenden wurde nicht angenommen. In den neuern Verträgen dagegen gelangte ein generelles Prinzip zur ausdrücklichen Anerkennung, das den Entscheidungen der einzelnen Fälle zu Grunde gelegt werden sollte, aber freilich in seiner Allgemeinheit für viele Zweifel und Streitigkeiten Raum läßt.

In dem Friedensvertrag von Zürich vom 27. November 1859, Art. VIII, wurde bestimmt: „Der König von Sardinien tritt in alle Rechte und Verpflichtungen, welche aus den von der österreichischen Verwaltung in regelmäßiger Weise eingegangenen Verträge herrühren, in so weit diese Verträge Gegenstände des öffentlichen Interesses zum Inhalt haben, die sich speziell auf das abgetretene Gebiet beziehen [2]." In wörtlicher

[1] « Le gouvernement français s'engage à faire liquider et payer les sommes qu'il se trouverait devoir d'ailleurs dans des pays hors de son territoire, en vertu de contrats ou d'autres engagements formels passés entre des individus ou établissements particuliers et les autorités françaises, tant pour fournitures qu'à raison d'obligations légales. »

[2] « Le gouvernement de Sa Majesté le roi de Sardaigne succède aux droits et obligations résultant des contrats régulièrement stipulés par l'administration autrichienne

Wiederholung (nur mit veränderter Bezeichnung der vertragschließenden Staaten) findet sich dieselbe Bestimmung in dem Wiener Frieden vom 30. Oktober 1864 zwischen Oesterreich, Preußen und Dänemark (Art. XVII) und in dem Wiener Frieden vom 3. Oktober 1866 zwischen Oesterreich und Italien (Art. VIII). In dem Wiener Frieden vom 30. Oktober 1864 wurde jedoch in demselben Artikel der für den Schutz der Rechte der Privatpersonen äußerst wichtige Zusatz gemacht: „Die neue Regierung wird jedes Recht, welches von Privatpersonen und juristischen Personen in den Herzogthümern in rechtmäßiger Weise erworben wurde, achten. Im Streitfall werden die bürgerlichen Gerichte über Sachen dieser Kategorie zu erkennen haben[1]."

Auch bei der vertragsmäßigen Anerkennung dieses Prinzips wird es nur bei den hypothekarischen Forderungen und Verpflichtungen keinem Zweifel unterliegen, daß sie auf den neuen Erwerber übergegangen sind. In den übrigen Fällen wird die Frage, ob der Vertrag, durch den die Obligation begründet wurde, einen Gegenstand zum Objekt hat, der sich speziell auf das abgetretene Gebiet bezieht, meist verschieden beantwortet werden können. Denn indem der Staat in einem bestimmten Landestheile eine Verpflichtung übernimmt, ein öffentliches Werk ausführt, eine Maßregel zur Förderung der Cultur oder der Industrie trifft, hat er zugleich das Interesse des ganzen Landes im Auge und es ist schwer zu entscheiden, ob seine

pour des objets d'intérêt public concernant spécialement le pays cédé. »

[1] « Le nouveau gouvernement respectera tout droit légalement acquis par les individus et les personnes civiles dans les duchés. En cas de contestation, les tribunaux civils connaîtront des affaires de cette catégorie.»

Thätigkeit mehr das allgemeine Interesse des ganzen Landes oder mehr das spezielle Interesse der einzelnen Provinz zum unmittelbaren Gegenstand hat. Man denke nur an Festungsbauten, Kanalanlagen, Staatsfabriken u. s. w. Dazu kommt denn noch, daß in dem von den Verträgen von 1859, 1864 und 1866 aufgenommenen Artikel überhaupt nur von den aus Verträgen herrührenden Verpflichtungen und Rechten die Rede ist, daß dagegen über die auf Gesetz ruhenden Verpflichtungen und Ansprüche keine Bestimmung getroffen worden ist. Durch den Vertrag von 1864 ist den Privatpersonen wenigstens Schutz dagegen gegeben, daß ihre anerkannten Forderungen deßhalb nicht zur Befriedigung gelangen können, weil jede der beiden friedenschließenden Parteien die Verpflichtung auf die andere Partei abzuwälzen sucht. Durch eine im Friedensvertrag besonders festgesetzte Ausdehnung der Zuständigkeit der bürgerlichen Gerichte sind diese für einen solchen internationalen Streitfall zu kompetenten Richtern bestellt worden.

Auch die Theorie des Völkerrechtes ist über die allgemeine und ungenügende Fassung des Prinzips, in der dasselbe in den angeführten Verträgen zum Ausdruck gelangt ist, nicht viel hinaus gekommen. Heffter sagt (Europäisches Völkerrecht der Gegenwart § 182): „Wird die Abtretung eines bestimmten Landes oder Landestheils im Friedensvertrag versprochen, so ist darunter regelmäßig der Mitübergang der darauf schon haftenden Verbindlichkeiten begriffen, desgleichen der darin befindlichen Staatsgüter und Rechte"; ferner (§ 72): „der Abtretung eines Landes ungeachtet bestehen regelmäßig alle auf dem abgetretenen Staatseigenthum haftenden Verbindlichkeiten unter dem neuen Erwerber fort." — Ganz ähnlich drücken sich Bluntschli, Calvo und andere aus[1]. Bei ihnen allen bleibt es

[1] Bluntschli, Das moderne Völkerrecht der civilisirten Staaten,

zweifelhaft, welches die Rechte und Verbindlichkeiten sind, die auf dem abgetretenen Gebiete haften, sofern wir von den hypothekarischen Forderungen, über welche kein Zweifel aufkommen kann, absehen.

In den Verträgen über die Abtretung von Elsaß-Lothringen an das deutsche Reich hat man eine allgemeine Bestimmung, wie sie sich in den früheren Verträgen vorfand, nicht aufgenommen. Man hat es vielmehr vorgezogen, in Bezug auf eine Anzahl von einzelnen, besonders wichtigen Verhältnissen ausdrücklich zu vereinbaren, welche Rechte und Verpflichtungen auf die deutsche Regierung überzugehen, welche bei Frankreich zu verbleiben haben. Indessen sind diese Vereinbarungen eines Theils keineswegs alle so klar und bestimmt gefaßt, daß sie nicht vielfach zu verschiedener Auslegung Veranlassung gegeben

§ 47: „Die Abtretung einer Provinz oder eines Theiles des Staatgebiets hat insofern auf die völkerrechtlichen Verhältnisse einen Einfluß, als diejenigen Rechte, welche ihm bezüglich des abgetretenen Gebietes gegen andere Staaten zustanden, und diejenigen Verpflichtungen, welche ihm bisher mit Rücksicht darauf oblagen, nun von ihm abgelöst werden, und mit der Abtretung auf den Staat übergehen, welcher dieselbe erwirbt. Von der Art sind Grenzregulirungen, Bestimmungen über den Uferbau und die Flußschifffahrt, offene Straßen, besondere Provinzialschulden." — § 50: (Bei der Abtretung einer Provinz) „gehen Rechte und Pflichten insoweit mit Volk und Land auf den Nachfolgestaat über, als ihre Fortdauer möglich und in den fortwirkenden Verhältnissen begründet erscheint." — Calvo berührt die Frage nur ganz oberflächlich und übersieht, daß die Eroberung einer Provinz und die Eroberung eines ganzen Staates zwei durchaus verschiedene Fälle sind, für die ganz verschiedene Grundsätze zur Anwendung zu bringen sind. In dem einen Fall besteht das ursprünglich berechtigte und verpflichtete Subjekt, der Staat, der die Provinz abtritt, noch fort; in dem andern Fall ist der Staat als besonderes Rechtssubjekt völlig in dem erobernden Staate aufgegangen. Calvo a. a. O., II, S. 307 u. ff.

hätten, und anderen Theils sind über wichtige Verhältnisse, deren Ordnung sich als unumgänglich herausstellte, gar keine Vereinbarungen getroffen worden. In beiden Arten von Fällen war es also nothwendig auf die Erörterung der allgemeinen Prinzipien zurückzugehen, um von hier aus die Entscheidung in dem einzelnen Streitfalle zu finden. Zur Ausführung der in den Verträgen getroffenen Vereinbarungen über den Eintritt Deutschlands in die Rechte und Pflichten Frankreichs wurde durch Art. 11 der Zusatzkonvention vom 11. Dezember 1871 eine gemischte Kommission von Spezialdelegirten, welche die deutsche und die französische Regierung je zur Hälfte zu ernennen hatten, eingesetzt, welche zu Straßburg ihren Sitz nahm und am 28. Mai 1872 ihre Sitzungen eröffnete[1].

Obgleich die Zuständigkeit dieser gemischten Kommission nur auf die ihr durch die Verträge ausdrücklich zugewiesenen Geschäfte beschränkt ist, so ergab es sich doch aus der Natur ihrer Aufgabe, daß in ihrem Schooße mehrfach die allgemeinen Grundsätze über den Eintritt der deutschen Regierung in die

[1] Diese Kommission, welche ihre Arbeiten gegenwärtig (Januar 1874) noch nicht beendet hat, besteht aus drei deutschen und drei französischen Mitgliedern. Vorsitzender derselben ist Regierungsrath A. v. Sybel. — Ueber die Arbeiten dieser gemischten Kommission ist bisher von deutscher Seite, mit Ausnahme einiger Notizen in der zweiten Jahresübersicht über die Gesetzgebung und Verwaltung in Elsaß-Lothringen, welche der Reichskanzler im April 1873 dem Reichstage vorgelegt hat (siehe Hirth's Annalen des deutschen Reichs 1873, S. 967—1003), nichts veröffentlicht worden. Dagegen enthält das soeben (Dezember 1873) vertheilte französische Gelbbuch zusammenfassende Berichte der französischen Delegirten über die bisherigen Verhandlungen, sowie den Wortlaut der bis jetzt gefaßten Beschlüsse. Hierauf gestützt, ist es uns möglich, einige der wichtigern Fragen, deren Regelung der Kommission oblag, hier eingehender zu erörtern.

Rechte und Pflichten Frankreichs zur Besprechung gelangen mußten. Insbesondere gab hierzu der Art. 13 der Zusatzconvention vom 11. Dezember 1871 in Verbindung mit dem § 8 des zu der Convention gehörigen Schlußprotokolls die Veranlassung. Der Art. 13 lautet: „Die deutsche Regierung erkennt an und bestätigt die Conzessionen, welche für Straßen, Kanäle und Bergwerke, sei es von der französischen Regierung, sei es von den Departements oder Gemeinden der abgetretenen Landestheile ertheilt worden sind. Dasselbe ist der Fall hinsichtlich der Kontrakte, welche die französische Regierung, die Departements oder die Gemeinden abgeschlossen haben behufs der Bewirthschaftung oder Verwaltung von Domanial-, Departemental- oder Gemeinde-Gütern, die in den abgetretenen Landestheilen liegen.

„Alle Rechte und Verbindlichkeiten, welche sich aus diesen Konzessionen und Kontrakten für die französische Regierung ergeben, gehen auf das deutsche Reich über.

„In Folge dessen werden die Subventionen an Geld und Naturalien, die Forderungen der Bauunternehmer, Pächter und Lieferanten, ebenso wie die Entschädigungen für Expropriation von Land und andere, die noch nicht bezahlt sein sollten, von der deutschen Regierung übernommen werden.

„Hinsichtlich der Zahlungs- oder anderen Verpflichtungen, welche diese Konzessionen oder Kontrakte den Departements oder Gemeinden der abgetretenen Landestheile auferlegen sollten, wird das deutsche Reich dafür Sorge tragen, daß dieselben zu Gunsten der Konzessionäre, Pächter oder Kontrahenten genau erfüllt werden".

Durch diese Bestimmungen hatte die deutsche Regierung die Rechte und Verbindlichkeiten übernommen, welche sich für die französische Regierung aus den Konzessionen und Kontrakten behufs der Bewirthschaftung oder Verwaltung der Domanialgüter (pour le fermage ou l'exploitation de propriétés domaniales) ergaben [1]. Vielfach wurde hieraus der Schluß gezogen, daß die deutsche Regierung in Betreff der auf die abgetretenen Landestheile bezüglichen vertragsmäßigen und privatrechtlichen Verpflichtungen an und für sich als Rechtsnachfolgerin der französischen Regierung zu betrachten sei.

So habe z. B. die deutsche Regierung die noch ausstehenden Forderungen der Unternehmer von Arbeiten und Lieferungen zu übernehmen. Nach den allgemein giltigen Grundsätzen des Völkerrechts habe eine absolute Substituirung der deutschen Regierung in alle Rechte und Verbindlichkeiten, welche auf dem Boden und den im Elsaß befindlichen Staatsgütern haften, stattgefunden. Auch in Ermangelung einer ausdrücklichen vertragsmäßigen Bestimmung liege deßhalb die Bezahlung derartiger Forderungen Deutschland ob. Uebrigens bestimme auch der Art. 13 der Zusatzconvention allgemein, daß die noch nicht bezahlten Forderungen der Bauunternehmer von der deutschen Regierung übernommen werden sollen.

Gegen diese Beweisführung läßt sich jedoch mit Recht anführen, daß unter den im Art. 13, Absatz 4, erwähnten Forderungen der Bauunternehmer nur solche Forderungen zu verstehen seien, die sich auf die nutzbaren Domanialgüter in den abgetretenen Landestheilen beziehen. In der That ergibt sich dies aus dem Zusammenhang, in welchem der Absatz 4 steht [2].

[1] Das Wort fermage ist in dem offiziellen deutschen Texte mit dem weitergehenden Ausdruck: „Verwaltung" wiedergegeben.

[2] Insbesondere geht aus der Verknüpfung des Absatzes 4 mit dem vorhergehenden durch: „In Folge dessen" klar hervor, daß der Ansatz 4 nur mit der angegebenen Beschränkung zu verstehen ist.

Liegt also eine vertragsmäßige Bestimmung, worauf die Rechtsnachfolge der deutschen Regierung in die Verpflichtung der französischen zu begründen wäre, nicht vor, so fragt es sich, durch welchen Rechtssatz ein derartiger Uebergang von Rechten und Pflichten von einem auf das andere Subjekt sich stützen kann. Das ursprünglich verpflichtete Rechtssubjekt war der französische Staat; der französische Staat ist nicht untergegangen, er besteht nach wie vor fort, die Forderungen können nach wie vor gegen den ursprünglichen Contrahenten geltend gemacht werden.

Mit der Abtretung der Landestheile an das deutsche Reich sind an sich nur folgende Wirkungen verbunden: 1) von dem Tage der Abtretung an wird die Staatsgewalt nicht mehr von Frankreich, sondern von dem deutschen Reiche ausgeübt; 2) die bisher an Grund und Boden dem französischen Staate zustehenden öffentlich rechtlichen und privatrechtlichen Befugnisse sind auf das deutsche Reich übergegangen. So sagt auch der Art. I des Präliminarfriedensvertrages vom 26. Februar 1871: „Frankreich verzichtet zu Gunsten des deutschen Reichs auf alle seine Rechte und Ansprüche auf diejenigen Gebiete, welche östlich von der nachstehend verzeichneten Grenze belegen sind." In Bezug auf das Gebiet sind die Gebietshoheit und die dinglichen Rechte an demselben ausdrücklich auf den neuen Souverän übertragen worden. In der Gebietshoheit ist das Recht, die höchste staatliche Gewalt über die Bewohner des Gebietes auszuüben, enthalten. Aber ein Rechtssatz, kraft dessen die früher begründeten Forderungen des französischen Staats an einzelne Bewohner des abgetretenen Landes und die Forderungen einzelner Bewohner des Landes an den französischen Staat auf das deutsche Reich ohne weitere vertragsmäßige Festsetzung übergegangen wären, existirt nicht. Der früher angeführte Satz der Völkerrechtswissenschaft: daß diejenigen Verbindlichkeiten, die auf dem Lande haften, auf den neuen Erwerber übergehen, ist, wenn man ihn nicht auf hypothekarische Verbindlichkeiten beschränkt, nicht zu erweisen, da eine scharfe Unterscheidung der Verbindlichkeiten, welche auf das abgetretene Land sich beziehen, und der Verbindlichkeiten, welche sich auf den ganzen frühern Staat beziehen, nicht zu geben ist.

So wenig wie im Privatrechte obligatorische Verpflichtungen, die in Bezug auf ein Grundstück von dem Eigenthümer eingegangen wurden, mit dem Eigenthum an dem Grundstück auf einen neuen Erwerber übergehen, so wenig gehen im Völkerrecht durch die Abtretung eines Landestheils auf den neuen Erwerber diejenigen Verpflichtungen über, welche nicht dinglicher Natur sind. Ob die Schuld, welche auf dem abtretenden Staate noch lastet, aus einem Vertrage entsprungen ist, dessen Objekt sich in dem abgetretenen Landestheil befindet, oder der zum Zwecke hatte, diesem Gebiet einen besonderen Vortheil zu verschaffen, ist rechtlich gleichgiltig. Es dürfte dies auch schon daraus hervorgehen, daß in weitaus den meisten Fällen es rein zufällig ist, ob derartige Forderungen aus der Zeit vor der Abtretung noch ausstehen oder nicht. Ebenso ist ganz unbegründet, wenn, wie vielfach geschieht, ein Uebergang der noch nicht bezahlten Verpflichtungen, die einen Bezug auf das abgetretene Gebiet haben, auf den neuen Erwerber damit gerechtfertigt werden soll, daß der Gesichtspunkt der Verwendung zum Nutzen des Landes herbeigezogen und demnach der Nichtübergang dieser Verpflichtungen auf den Erwerber als eine ungerechtfertigte Bereicherung dargestellt wird. Es liegt dabei unzweifelhaft eine falsche Analogie vor. Frankreich hat Elsaß-Lothringen mit dem darin befindlichen Staatseigenthum in dem Zustande abgetreten, in dem sich das Land und das Eigenthum am Tage der Abtretung befand. Einen Ersatz für die von Frankreich auf die Domanialgüter u. s. w. verwandten Kosten für Bauten, Meliorationen u. s. w. kann nicht gefordert werden. Diese Kosten hat Frankreich nicht im Interesse Deutschlands verausgabt, sondern in dem eignen Staatsinteresse und im Laufe einer regelmäßigen Staatsverwaltung. Ob die Rechnungen für derartige Verbesserungsarbeiten und Bauten nun aber schon bezahlt sind oder nicht, kann von keinem Einfluß für die vorliegende Frage sein. Wie sollte die deutsche Regierung in Verpflichtungen der französischen Regierung eintreten müssen, die nur deßhalb noch bestehen, weil die französische Regierung die Bezahlung ihrer Rechnungen verzögert hat? So wenig die deutsche Regierung verpflichtet ist, Frankreich die Summen zu ersetzen, welche das letztere in Elsaß-Lothringen zur Herstellung von Staatsbauten u. s. w. verwandt hat, so wenig sind die von der französischen Regierung zum Zwecke solcher Unternehmungen kontrahirten Schulden auf die deutsche Regierung übergegangen. Zweckmäßigkeitsgründe können allerdings die Veranlassung geben, daß in dem Abtretungsvertrag auch der Uebergang gewisser Forderungen und Verpflichtungen auf den neuen Erwerber festgesetzt wird. Hat dies aber nicht stattgefunden, so ist es nicht zuläßig, diesen Uebergang als in der Natur der Sache liegend anzunehmen. Der Eintritt des neuen Erwerbers in die Rechte und die Pflichten des bisherigen Staates bezieht sich nur auf die künftige Ausübung der Staatsgewalt und auf die dinglichen Rechte und Pflichten, die im eigentlichen Sinne des Worts an dem Boden haften. Es ist dies der Fall sowohl im Verhältniß zu Privatpersonen wie zu anderen Staaten. Was die völkerrechtlichen Rechte und Pflichten anderen Staaten gegenüber betrifft, so behalten die durch Verträge festgesetzten Bestimmungen über die Ausübung der

Staatsgewalt in dem abgetretenen Gebiete ihre Giltigkeit, in soweit als ihre Fortdauer möglich erscheint. Diese mit andern Staaten getroffenen Vereinbarungen müssen nach demselben Grundsatz beurtheilt werden, wie die innere Gesetzgebung. Unter denselben Voraussetzungen behalten und verlieren die völkerrechtlichen Verträge und die innere Gesetzgebung ihre Geltung, sofern sie sich auf die Ausübung der Staatsgewalt innerhalb des abgetretenen Gebietes beziehen. Soweit dagegen durch völkerrechtliche Verträge Rechte oder Verpflichtungen begründet worden sind, welche nicht auf die Ausübung der Staatsgewalt in dem Innern Bezug haben, sondern welche eine Leistung des einen Staates dem anderen Staate gegenüber festsetzen, sind dieselben nicht auf den neuen Erwerber der Staatsgewalt übergegangen, sondern der vertragschließende Staat bleibt nach wie vor das allein verpflichtete oder berechtigte Subjekt. So werden Verträge über Flußregulirungrn, über Eisenbahnanschlüsse, über die Verhältnisse bestimmter Kirchen u. s. w. nicht außer Kraft gesetzt durch die Abtretung eines Gebietstheils. In Bezug hierauf tritt der neue Erwerber in die Rechte und Verpflichtungen des ursprünglichen Contrahenten. Allianzverträge, Subsidienverträge u. s. w. gehen dagegen auf den neuen Erwerber nicht über, auch wenn sie vielleicht gerade mit Rücksicht auf den abgetretenen Landestheil abgeschlossen sein sollten.

Dies sind unserer Ansicht nach die aus der Natur der Sache sich ergebenden Folgerungen. Selbstverständlich können durch positive Vertragsbestimmungen anderweitige Verabredungen getroffen werden. Dahin gehört der Artikel XXX des Pariser Friedens von 1814 [1]. Dahin gehören die Festsetzungen der

[1] Friede von Paris vom 30. Mai 1814, Art. 30: «Les sommes qui seront dues pour tous les travaux d'utilité pu-

Verträge von Zürich und Wien, die oben angeführt worden sind.

Diese Vereinbarungen, die außerdem durch ihre Unbestimmtheit und Zweideutigkeit sich keineswegs empfehlen, dürfen aber nicht als bloße Formulirung eines völkerrechtlichen Grundsatzes gelten, der auch ohne ausdrückliche Aufnahme in den Vertrag maßgebend sein würde. Jeder rechtlichen Begründung entbehrend wäre auch ein etwaiger Versuch, eine Unterscheidung zwischen Verpflichtungen, die sich auf dauernde, und solchen, die sich auf temporäre Einrichtungen beziehen sollen, zu machen. Abgesehen davon, daß ein scharfes Unterscheidungsmerkmal, um diese beiden Klassen von Verpflichtungen zu trennen, nicht vorhanden ist, da immer nur die subjektive Ansicht hierfür maßgebend sein kann, fehlt es auch an jedem Rechtsgrund, welcher eine verschiedene Behandlung der einen und der andern Verpflichtungen rechtfertigen könnte. — Die Billigkeit oder die politische Zweckmäßigkeit können in einzelnen Fällen die Veranlassung sein, daß der neue Erwerber die Verpflichtungen und Rechte des abtretenden Staats theilweise übernehme. So geschieht es meistens, daß ein verhältnißmäßiger Theil der Staatsschuld übernommen wird. So ist in Folge positiver Bestimmung der Verträge das deutsche Reich in zahlreiche Rechte und Pflichten Frankreichs eingetreten. Aber soweit eine positive Bestimmung nicht getroffen worden ist, soweit hat dieser Eintritt nicht stattgefunden. Die deutsche Regierung ist

---

blique non encore terminés ou terminés postérieurement au 31 décembre 1812, sur le Rhin et dans les départements détachés de la France par le présent traité, passeront à la charge des futurs possesseurs du territoire et seront liquidées par la Commission chargée de la liquidation des dettes du pays.»

demnach nicht verpflichtet, die Bezahlung der rückständigen Forderungen an die französische Regierung zu leisten, die nicht einen dinglichen Charakter haben, auch wenn der Gegenstand, auf den sich der Inhalt des Vertragsverhältnisses bezieht, in Elsaß-Lothringen sich befindet und in das Eigenthum der deutschen Regierung übergegangen ist, oder, wenn die Forderung für eine Leistung besteht, die speziell im Interesse der abgetretenen Landestheile gemacht wurde. Daß die deutsche Regierung gegenwärtig den Nutzen von diesen Leistungen, Unternehmuugen oder Lieferungen hat, kann in diesem Zusammenhang von keiner rechtlichen Bedeutung sein. Denn um die Staatsgewalt in Elsaß-Lothringen auszuüben und um den Nutzen aus den darin befindlichen Gütern des Staats zu ziehen, hat sich das deutsche Reich beide Provinzen in dem Friedensvertrage abtreten lassen. Ebensowenig wie in die Verpflichtungen ist aber die deutsche Regierung auch in die Ansprüche eingetreten, welche Frankreich an einzelne in Elsaß-Lothringen wohnende Personen hat oder welche sich auf einen in Elsaß-Lothringen befindlichen Gegenstand beziehen, soweit dies nicht ausdrücklich durch die Friedensverträge festgesetzt ist oder soweit nicht diese Ansprüche dingliche Rechte sind, welche mit dem Eigenthum an Grund und Boden auf den neuen Erwerber übergehen. Diese Ansicht hat ausdrücklich Aufnahme gefunden in dem § 8 des Schlußprotokolls zu der Zusatzconvention vom 11. Dezember 1871, welcher bestimmt: „Das deutsche Reich wird dem französischen Fiskus alle Erleichterungen zukommen lassen, um von solchen Schuldnern, welche in den abgetretenen Landestheilen wohnen, den Betrag der ihm auf Grund von vor Abschluß des Friedensvertrags ausgestellten einfachen Schuldverschreibungen oder hypothekarischen Urkunden zustehenden Forderungen (créances actives chirographaires ou hypothécaires) einzutreiben, sofern letztere sich nicht auf die gewöhnlichen Steuern oder auf Abgaben (impôts ordinaires et contributions) beziehen."

Die Bestimmung dieses Artikels geht also offenbar von dem allgemeinen Prinzip aus, daß die deutsche Regierung nicht in die obligatorischen Forderungen und Verpflichtungen der französischen Regierung eingetreten ist; daß dieser Eintritt nur dann stattfindet, wenn er auf einer besondern vertragsmäßigen Bestimmung beruht [1]. Dies ist nach § 8 des Schlußprotokolls der Fall bei den rückständigen Steuerforderungen, nach Artikel 13 der Zusatzconvention bei allen Rechten und Verbindlichkeiten, welche sich aus Konzessionen und Kontrakten ergeben, sofern sie behufs der Bewirthschaftung und Verwaltung von Domanialgütern abgeschlossen wurden. Die Anwendung dieser Vertragsbestimmungen wurde insbesondere streitig in Bezug auf die noch nicht eingelösten sogenannten Holzwechsel, bei denen es sich um eine sehr bedeutende Summe im Betrage von 3,118,000 Franken handelte. Diese Forderungen rührten her von Verkäufen ganzer Holzschläge auf dem Stock, die im Herbste 1869 und in dem ersten halben Jahre 1870 in den Staatswäldern der abgetretenen Landestheile stattgefunden hatten. Um den Käufern dieser Holzschläge die Bezahlung ihrer Schuld zu erleichtern, wurde ihnen nach der französischen Verwaltungspraxis gestattet, neben genügender Bürgschaft, die in Kautionsbestellung durch Unterschrift eines Rückbürgen besteht,

[1] Die Bestimmung des § 8 ist in das Schlußprotokoll aufgenommen worden, zunächst im Hinblick auf die Darlehen, welche der französische Staatsschatz auf Grund des Gesetzes vom 1. August 1860 an einzelne Fabrikanten gewährt hatte, um die für sie nachtheiligen Wirkungen des Handelsvertrags zu mildern, und die zum Theil noch zurückzuzahlen sind. Da der § 8 selbst aber allgemein gefaßt ist, so ist er in seiner Wirksamkeit auch nicht auf diese Forderungen zu beschränken.

Wechsel auszustellen, welche in 4 Terminen, am 31. März, 30. Juni, 30. September und 31. Dezember 1870 fällig waren. Nur für die Verkäufe aus einer Forstinspektion war der letzte Termin auf den 31. März 1871 gesetzt worden. Die Frage konnte entstehen, und die Frage ist in der That entstanden, ob die am Tage des Präliminarfriedensschlusses noch nicht bezahlten Forderungen aus diesen Verkäufen auf die deutsche Regierung übergegangen sind, oder aber, ob Frankreich der Gläubiger geblieben ist[1]. In Folge der französischen Wechselmoratorien waren sämmtliche Wechsel, die seit dem 30. September 1870 fällig waren, nicht bezahlt worden. Die Wechselurkunden selbst waren allerdings bei dem Brande des Finanzministeriums zu Paris im Mai 1871 vernichtet worden; aber es bestand darüber kein Zweifel, daß die Forderungen als solche trotzdem fortbestanden, und durch die Ausstellung der Wechsel nicht vermöge Novation untergegangen waren. In dem Heft der Kaufbedingungen (Cahier des charges) war ausdrücklich bestimmt, daß die Ausstellung der Wechsel weder eine Novation noch sonst eine Veränderung der aus dem Versteigerungsprotokolle zu Gunsten des Staats sich ergebenden Rechte bewirke. Die Schuldner waren zum Theil Angehörige von Elsaß-Lothringen, zum Theil Franzosen. Die deutsche Regierung mußte der Ansicht sein, daß die Forderungen nach Art. 13 der Zusatzkonvention auf sie übergegangen seien. Dagegen konnte die französische sich darauf stützen, daß nach § 8 des Schlußprotokolls die deutsche Regierung ihr alle Erleichterungen zukommen lassen müsse, um diese der französischen Regierung zustehenden Forderungen von den elsässischen

[1] Vgl. das französische Gelbbuch, S. 147 und 163. — Ferner Zeitschrift für französisches Civilrecht, herausgegeben von Puchelt, Bd. IV, S. 189 u. ff. (1873).

und lothringischen Schuldnern einzutreiben. Beide Regierungen zogen, soweit es ihnen möglich war, die Forderungen ein; so setzte sich die deutsche Regierung in den Besitz von mehr als 1,500,000 Franken, die französische in den von 944,000 Franken. Erst im September 1872 wurde nach getroffener Vereinbarung von beiden Seiten die Einziehung der Forderungen suspendirt, bis zur Entscheidung der Frage über den Uebergang der Forderungen. Die französische Regierung stützte ihre Ansicht darauf, daß diese Forderungen privatrechtliche Forderungen des französischen Staates seien, die vor dem Kriege im Augenblick des Kaufabschlusses fällig gewesen seien, und deren Bezahlung nur aus Rücksicht auf die Schuldner von der französischen Regierung auf 4 spätere Termine verschoben worden sei. Diese Forderungen hätten durchaus den Charakter der im § 8 erwähnten Schuldtitel. Die Bestimmungen des Artikels 13 der Zusatzkonvention, die zunächst nur die an eine Privatgesellschaft verpachteten Salinen zu Dieuze im Auge gehabt hätten, könnten nur von denjenigen Rechten und Verpflichtungen verstanden werden, welche aus Konzessionen und Kontrakten herrühren, die auf die künftige Erhaltung und Verbesserung der Staatsdomänen von Einfluß sind. Von Seiten der deutschen Regierung wurde dagegen, nach unserer Ansicht mit vollem Rechte, daran festgehalten, daß der Artikel 13 seinem unzweideutigen Wortlaute nach den Eintritt des deutschen Reichs in alle Rechte festsetzt, die sich aus den behufs der Bewirthschaftung der Domanialgüter geschlossenen Kontrakten ergeben, ohne Unterschied, ob diese Kontrakte auf die künftige Verbesserung der Domanialgüter von Einfluß sind oder nicht. Uebrigens werden diese Holzversteigerungen von dem Forstgesetz vom 21. Mai 1827 (Artikel 29—46) selbst als Kontrakte über die Bewirthschaftung (contrats sur l'exploitation) bezeichnet, und ebenso nennt das Lastenheft (cahier des charges) in Artikel 12 die Versteigerung ausdrücklich einen Modus der Exploitation. Dazu kommt denn noch, daß die Käufer keineswegs nur zur Zahlung der Kaufsumme verpflichtet sind, sondern daß sie weiterhin die Verbindlichkeit haben, für die Wiederkultur der abgeholzten Waldparzelle und für andere Verbesserungen, wie Wegbauten, Sorge zu tragen, und gewisse Lieferungen von Wegebaumaterial, Sämereien u. s. w. zu machen. Nach langwierigen Erörterungen dieser schwierigen Frage[1] kam erst im

[1] Die in Elsaß-Lothringen wohnenden Schuldner haben sich vielfach geweigert, die Restsummen des Kaufpreises an die deutsche Regierung zu zahlen. Das Landgericht zu Mülhausen hat auf eine in Folge dessen von der Regierung erhobene Klage in seinem Urtheil vom 20. November 1872 ausgesprochen: „Man muß daran festhalten, daß in der That inhaltlich der Verträge Elsaß-Lothringen mit Landeshoheit, territorialen Rechten, staatlichem Eigenthum, sowie mit allen Befugnissen und Verpflichtungen, welche mit Bezug auf diese abgetretenen Lande der französischen Regierung bisher zustanden und oblagen, jetzt in gleichem vollem Umfange der Berechtigungen und Verpflichtungen dem deutschen Staat und seiner Regierung zufielen, ein Grundsatz, welcher in den Verträgen klar ausgesprochen ist und in vielen Detailbestimmungen derselben zum Ausdruck gelangte..... In Art. 13 wird als schlagende Analogie für den vorwärtigen Rechtsstreit speziell noch hervorgehoben, daß alle von der französischen Regierung in Bezug auf Domanialgüter abgeschlossenen Verträge anerkannt und bestätigt werden und die daraus entspringenden Rechte und Verbindlichkeiten nunmehr der letztern an Stelle der französischen Regierung anheimfallen:

„Das Gericht erkennt zu Recht, daß die Einspruchsbeklagte (die Regierung) als Eigenthumsgläubigerin der letzten Steigtermine zur Einziehung des noch rückständigen Kaufpreises befugt, aber anderer Seits auch verpflichtet ist, dem Opponenten die Wechsel zurückzugeben oder letztere im Fall der Verlustigung amortisiren zu lassen oder dem Opponenten genügende Sicherheit wegen Inspruchnahme aus diesen Wechseln zu leisten." (Zeitschrift für franz. Civilrecht (Band IV, S. 193—202).

Herbste 1873 ein Vergleich zwischen den beiden Regierungen zu Stande, durch welchen Frankreich auf die Geltendmachung seiner Ansprüche verzichtete und in welchem die von Frankreich seit dem Frieden eingezogenen Beträge aus diesen Holzverkäufen bei der Abrechnung zwischen der deutschen und französischen Regierung der letztern angerechnet wurden[1].

Eine ähnliche Frage, die jedoch von weit geringerer Bedeutung war, entspann sich in Bezug auf die Rückzahlung eines Anlehens, welches im Herbste 1870 drei Gemeinden des Kantons Molsheim bei dem Steuereinnehmer von Molsheim gemacht hatten. Bei Gelegenheit eines Streifzuges legten die Truppen diesen Gemeinden eine Requisition auf, und um diese Requisition zu befriedigen, nahmen die Gemeinden bei der französischen Steuerkasse von Molsheim, das damals von den deutschen Truppen noch nicht occupirt worden war, ein Anlehen von 75,000 Franken auf[2]. Die deutsche Regierung behauptete, Rechtsnachfolgerin Frankreichs in Bezug auf diese Forderung geworden zu sein, weil nach § 8 des Schlußprotokolls der Eintritt der deutschen Regierung in die Rechte und Pflichten der französischen Steuerverwaltung sanktionirt worden sei. Indessen wird sich diese Behauptung kaum rechtfertigen lassen. Der § 8 spricht nur von Forderungen der gewöhnlichen Steuern oder Abgaben, und hierunter kann die Forderung auf ein von einer Steuerkasse gemachtes Darlehen nicht gerechnet werden. Daß die geliehenen Gelder einer Steuerkasse entnommen waren und auf dem Wege der Steuererhebung in das Eigenthum des Staats

[1] Beschluß der gemischten Liquidationscommission zu Straßburg, vom 6. September 1873, der später die nach Art. 11 der Zusatzconvention erforderliche Genehmigung der beiden Regierungen erhalten hat. — Französisches Gelbbuch, S. 173.

[2] Siehe Französisches Gelbbuch, S. 163.

gelangt waren, kann nicht weiter in Betracht gezogen werden. Uebrigens wurde der Anspruch von Frankreich in dem Vergleich vom 6. September 1873 aufgegeben.

Die Zuständigkeit der gemischten Liquidationscommission war speciell in Bezug auf folgende Angelegenheiten bestimmt worden:

1) Nach Artikel 11 der Zusatzconvention vom 11. Dezember 1871 über die Ausführung der im Artikel 4 des Friedensvertrags getroffenen Verabredungen, wodurch sich Frankreich verpflichtet hatte, der deutschen Regierung zu übergeben:

a) Den Betrag der von den Departements, Gemeinden und öffentlichen Anstalten der abgetretenen Gebiete deponirten Summen;

b) Den Betrag der Anwerbungs- und Stellvertretungsprämien, welche den aus den abgetretenen Gebieten herstammenden Soldaten und Seeleuten gehören, die sich für die deutsche Nationalität entschieden haben;

c) Den Betrag der Kautionen der Rechnungsbeamten des Staats;

d) Den Betrag der für gerichtliche Konsignationen in Folge von Maßregeln der Verwaltungs- oder Justizbehörden in den abgetretenen Gebieten eingezahlten Geldsummen[1].

Die Ausführung dieser Bestimmungen erforderte zwar eine

[1] Nach der Bestimmung des Art. 4 sollen alle diese Beträge innerhalb einer Frist von 6 Monaten, von der Auswechselung der Ratificationen des Friedensvertrags an gerechnet, der deutschen Regierung übergeben werden. Es zeigte sich jedoch sehr bald, daß es unmöglich sei, diese Frist einzuhalten. Zur Ausführung des Art. 4 bedurfte man eines Zeitraums von fast drei Jahren. Durch die Zusatzconvention vom 11. Dezember 1871, Art. 11, war übrigens indirekt die Fristbestimmung des Art. 4 aufgehoben worden.

überaus langwierige und zeitraubende Arbeit, da für jeden einzelnen Fall alle erforderlichen Dokumente beizubringen und zu prüfen waren. Dagegen boten sie nur wenig Anlaß zu rechtlichen Erörterungen. Die gemischte Kommission verfuhr bei ihren Arbeiten durchaus in dem Geiste der vertragschließenden Staaten, und ohne sich in kleinlicher Weise an den Wortlaut des Artikels 4 zu halten, führte sie die Intentionen des Vertrags aus, auch wenn die buchstäbliche Fassung diese Intentionen nicht zum klaren Ausdruck gebracht hatte. Aus dem französischen Gelbbuch geht hervor, daß in anerkennenswerther Weise die französische Regierung einzelnen sachgemäßen Erweiterungen der Bestimmungen des Artikels 4 zugestimmt hat. Sie hatte zur Zeit allerdings ein großes Interesse daran, die Verhandlungen über die Räumung der noch besetzten Departements nicht zu stören durch Schwierigkeiten, die sie diesen Abmachungen von verhältnißmäßig geringer Bedeutung hätte entgegenstellen können. So wurde von ihr zugestanden, daß unter den öffentlichen Anstalten (établissements publics), die allein im Absatz a erwähnt werden, auch die als établissements d'utilité publique bezeichneten Sparkassen gerechnet werden[1]. Den Rechnungsbeamten des Staates, über deren Kautionen in Absatz c allein eine Bestimmung aufgenommen worden war, wurden die Sparkassenkassiere und die Rechnungsbeamten der Gemeinden, sowie die Inhaber der zur Justizverwaltung gehörigen, verkäuflichen Stellen, der sog. offices ministériels soweit sie im Dienste blieben, in Bezug auf die Rückgabe der Kautionen gleichgestellt. Die Herausgabe der Kautionen erfolgte demnach an die deutsche Regierung und nicht, wie der § 7 des Schlußprotokolls für die übrigen Kautionen bestimmt

[1] Vgl. Französisches Gelbbuch, S. 125 u. ff.

hatte, direkt an die Berechtigten auf deren Verlangen. In Bezug auf die Konsignationen faßte die gemischte Kommission am 24. September 1872 einen Beschluß, der nicht blos auf die in Artikel 4 erwähnten gerichtlichen Konsignationen, sondern auf alle, insbesondere auf die von Unternehmern öffentlicher Arbeiten und die von Lieferanten bestellten Konsignationen Bezug hatte.

Es war dies von einiger Bedeutung, weil diese letztere Klasse von Konsignationen etwa drei Viertheile aller Konsignationen umfaßte. Darnach sollen alle Konsignationen ohne Berücksichtigung des Grunds der Hinterlegung, die vor dem 1. Juli 1860 bestellt worden sind, von der französischen Konsignationskasse (caisse des dépôts et consignations) behalten werden; sie aber selbstverständlich den Betheiligten gegenüber Schuldnerin für Kapital und Zinsen bleiben. Die Konsignationskasse hatte dagegen alle seit diesem angegebenen Tage eingezahlten Konsignationen der deutschen Regierung mit Kapital und Zinsen herauszuzahlen, welche damit in die Rechte und Pflichten der Kasse den Betheiligten gegenüber eintrat [1].

2) Den in Artikel 4, Absatz a des Friedenvertrags angeführten Beträgen wurden durch das Schlußprotokoll zu der Zusatzconvention vom 11. Dezember 1871, § 5, ausdrücklich diejenigen Summen beigefügt, welche einzelne Gemeinden der abgetretenen Landestheile bei den Kassen der frühern Generaleinnehmer zu Colmar, Straßburg und Metz deponirt hatten und welche an die französische Staatskasse abgeführt worden waren.

3) Die Pensions- und Unterstützungskassen der Departe-

[1] Der Beschluß vom 24. September 1872 findet sich in dem Gelbbuche, S. 144.

ments- und Gemeindebediensteten, sowie die Altersversorgungskassen der Arbeiter der staatlichen Tabaksmanufakturen, deren Fonds bei der Caisse des dépôts et consignations in Paris angelegt waren, hatten zu liquidiren nach Bestimmung des § 3 des Schlußprotokolls, da die darin angegebene Bedingung, daß einzelne ihrer Mitglieder sich für die französische Nationalität entschieden, bei allen eingetroffen war. Die Liquidation dieser Kassen unterlag nach dem Schlußprotokoll der Genehmigung der gemischten Kommission. Durch Beschluß der Kommission wurden ferner die Bestimmungen des § 3 des Schlußprotokolls ausgedehnt auf die vielfachen Pensions- und Unterstützungskassen, welche für andere Kategorien von untern Beamten, insbesondere auch für die Volksschullehrer bestanden und deren Kapitalien sich in den Händen der Caisse des dépôts befanden. Bestand nicht eine besondere Kasse für diese Beamten in den einzelnen Departements, sondern nur eine gemeinsame Kasse für die gesammte Beamtenkategorie Frankreichs, so wurde der Betrag, der jedem einzelnen Mitglied zustand, zurückgezahlt. (Beschlüsse der gemischten Kommission vom 18. Juli 1872 und 24. Juni 1873.)

4) Nach Artikel 2 der Zusatzconvention vom 11. Dezember 1871 hatte die deutsche Regierung die Civilpensionen, welche vor dem 2. März 1871, und die Militärpensionen, welche vor dem 19. Juli 1870 Angehörigen der abgetretenen Gebiete oder ihren Wittwen und Waisen aus der französischen Staatskasse gesetzlich zukamen, übernommen. Die Prüfung der einzelnen, in Folge dessen erhobenen Ansprüche an die deutsche Regierung erforderte längere Zeit. Um die Pensionsberechtigten nicht in der Zwischenzeit der Noth Preis zu geben, hatte die französische Regierung auch nach dem Abschlusse des Präliminarfriedens diese Pensionen vorschußweise bezahlt. Die

definitive Ordnung dieser Pensionsverhältnisse, sowie die Abrechnung mit Frankreich wegen dieser Vorschüsse wurde durch Schlußprotokoll, § 2, der gemischten Kommission übertragen.

5) Durch Vermittlung der gemischten Kommission hatte die Liquidation der Anlehen stattzufinden, welche die Departements und die Gemeinden in den abgetretenen Gebietstheilen bei der Caisse des dépôts in Paris gemacht hatten. In den meisten dieser Fälle trat die zu Straßburg neugegründete Communal- und Bodenkreditgesellschaft an die Stelle der Caisse des dépôts (Zusatzconvention, Artikel 11).

6) Wie schon erwähnt worden, hat die deutsche Regierung nach Art. 13 der Zusatzconvention alle Rechte und Verbindlichkeiten übernommen, welche sich aus den behufs der Bewirthschaftung oder Verwaltung von Domanialgütern in Elsaß-Lothringen abgeschlossenen Konzessionen und Kontrakten für die französische Regierung ergeben. In den Fällen, wo diese Verpflichtungen und Verträge sich auf gemeinnützige Anlagen beziehen, die von der neuen Grenze durchschnitten werden, wurde die gemischte Kommission mit der allgemeinen Regulirung der Rechnungen und der Auseinandersetzung der Lasten beauftragt, welche in jedem der beiden Länder, sei es dem Staate, sei es den Verwaltungsbezirken zufielen. Diese Lasten sollten vertheilt werden nach dem Verhältnisse des Theils der Arbeiten, welcher auf jeder Seite der neuen Grenze lag (Zusatzconvention vom 11. Dezember 1871, Art. 13). Im Anschlusse hieran wurde durch Artikel 14 der Zusatzconvention die gemischte Kommission beauftragt mit der Liquidation und Regulirung der Rechnungen, welche sich auf den Saarkanal, den Salinenkanal von Dieuze, den Zweigkanal von Colmar nach dem Rhein und den Rhein-Rhonekanal, sowie auf die

Kanalisation der Mosel beziehen. Besondere Schwierigkeiten verursachten die Auseinandersetzungen über die Kosten der Moselkanalisation und der Vicinaleisenbahn von Nanzig über Chateau-Salins nach Vic.

Was die Moselkanalisation betrifft, so hatte das frühere Departement der Mosel zur Ausführung derselben auf der Strecke von Frouard bis Diedenhofen ein Anlehen von 11,500,000 Franken nach Maßgabe des französischen Gesetzes vom 31. Juli 1867 aufgenommen. Diese Summe sollte dem Staat zur Verfügung gestellt werden, der die Ausführung der Bauten übernommen hatte. Die Rückzahlung des Anlehens hatte der Staat übernommen. Sie sollte erfolgen in Jahresraten aus Staatsmittlen und mittels eines Zuschusses, zu welchem sich die großen Industriellen des Moselthales verpflichtet hatten, um die Differenz zwischen den vom Staate zugesicherten 4 Prozent Zinsen und den zur Realisation des Anlehens erforderlichen Zinsen von 5 Prozent auszugleichen. Das Anlehen war bei der Caisse des dépôts in Paris gemacht worden. Der Grund, weßhalb der Staat nicht unmittelbar das Anlehen aufgenommen hat und das Departement dazwischen geschoben wurde, ist allerdings nicht recht ersichtlich und muß in den innern Verhältnissen der französischen Finanzverwaltung liegen Von dem Anlehen waren vom 15. Oktober 1867 an bis zum 5. Juli 1870, 7,500,000 Franken ausgezahlt worden. Die Zinsen bis zum 1. Juli 1870, sowie die eine Hälfte der ersten Jahresrate hatte der Staat schon vor Ausbruch des Kriegs der Depositenkasse zurückgezahlt. An Kapital und Zinsen hatte am 1. Juli 1872 die Depositenkasse noch zu fordern 8,085,885 Franken und zwar 7,935,268 Franken von dem Staat, und 150,597 Franken von den Industriellen.

Der wahre Schuldner dieses Anlehens war also, abgesehen

von dem geringen Antheil der Industriellen, der Staat; das Departement der Mosel ist nur dazwischen getreten, um das Anlehen aufzunehmen. Trotz dieser Einschiebung des Departements und der Depositenkasse blieb die Schuld eine Verpflichtung, die, wie Artikel 13 der Zusatzconvention sagt, aus Verträgen, welche sich auf gemeinnützige Anlagen beziehen, entsprungen ist. Die deutsche Regierung erklärte sich demnach auch bereit, nach Maßgabe des Artikels 13 der Zusatzconvention den Theil des Anlehens zu übernehmen, welcher auf die in den abgetretenen Landestheilen gelegenen Bauten verwandt worden ist, soweit derselbe nicht bereits vor dem Krieg aus der französischen Staatskasse getilgt worden war. Die ausgeführten Arbeiten fallen aber zum größten Theil auf das bei Frankreich verbliebene Gebiet, während die kanalisirte Strecke mit 190 Kilometer auf französischem und mit 175 Kilometer auf deutschem Gebiete liegt. Die französische Regierung wollte deßhalb die Anwendbarkeit des im Artikel 13 vereinbarten Maßstabes in Bezug auf die Moselkanalisation nicht anerkennen. Sie berief sich nur darauf, daß die Verpflichtung zur Rückzahlung des Anlehens sich nicht unmittelbar auf eine gemeinnützige Anlage beziehe, die von der neuen Grenze durchschnitten sei, da ja die Baukosten selbst verausgabt und die Bauunternehmer bezahlt seien. Sie brachte deßhalb mehrere andere Maßstäbe der Vertheilung in Vorschlag, wie die Länge der Strecken, die Kopfzahl der Bevölkerung in dem deutschen und dem französischen Theil des frühern Departements oder das allerdings schwer zu schätzende Interesse, das jeder der beiden Landestheile an der Kanalisation habe, oder auch eine Vermischung aller dieser Maßstäbe. Mit Recht wies die deutsche Regierung alle diese Vorschläge als willkührlich zurück und berief sich auf den klaren Wortlaut des

Artikels 13, da das Anlehen der Depositenkasse den unbestrittenen Charakter einer Bauschuld trage. Während Frankreich das Begehren an die deutsche Regierung stellte, nach einem eigenthümlichen Vertheilungsmaßstabe einen höhern Prozentsatz der gesammten Schuld an die Caisse des dépôts zu übernehmen, kam schließlich über diese und mehrere andere streitige Fragen ein Vergleich zu Stande, in welchem der deutsche Antheil an dieser Schuld auf 5 Millionen veranschlagt wurde [1].

Aehnlicher Art scheinen auch die Verhandlungen, die sich in Bezug auf die Eisenbahn von Nanzig nach Chateau-Salins und Vic entspannen, gewesen zu sein. Die Konzession zu dieser Vicinaleisenbahn war von dem Departement der Murte unter staatlicher Genehmigung durch Vertrag vom 18. Januar 1868 einer belgischen Gesellschaft gegeben worden. Zuschüsse zu den Baukosten waren zugesagt worden von dem Departement der Murte, von den Gemeinden, von einzelnen dabei interessirten Privatleuten und von dem Staate. Letzterer hatte außer der Subvention aus allgemeinen Staatsmitteln noch einen besonderen Zuschuß bewilligt aus den Mitteln der Forstverwaltung, da durch die Eisenbahn in erster Linie den Staatswaldungen der dortigen Gegend ein großer Vortheil gesichert wird. Durch die Abtretung von Elsaß-Lothringen wurde das Departement der Murte zerschnitten. Das frühere Gebiet des Departements, sowie die Bahnstrecke befinden sich nun theils unter deutscher, theils unter französischer Herrschaft. Sie gehören theils zu dem deutschen Bezirk Lothringen, theils zu dem französischen Departement der Murte und Mosel. Die deutsche

---

[1] Französisches Gelbbuch. Bericht der französischen Kommissäre an ihre Regierung, vom 6. September 1873, S. 147.

Bahnstrecke hat eine Länge von 12 Kilometer, die französische eine Länge von 24 Kilometer. In Bezug auf die Vertheilunge der zugesicherten Subventionen konnte nicht ohne Weiteres der in Artikel 13 der Zusatzconvention angegebene Maßstab angenommen werden. Denn nach Artikel 16 der Konvention war das deutsche Reich rücksichtlich der Konzessionen von Eisenbahnen nur bei den in Absatz I namentlich aufgeführten Eisenbahnanlagen in alle Rechte und Verpflichtungen eingetreten. In Bezug auf die in Absatz II genannten Eisenbahnanlagen — unter denen sich die in Rede stehende Bahn von Nanzig nach Chateau-Salins und Vic befindet — hatte sich das deutsche Reich vorbehalten, über die Konzessionsbedingungen mit den Konzessionsinhabern sich zu verständigen. Die Bestimmungen des Artikels 13 waren also für diese Eisenbahnen ausdrücklich ausgeschlossen. Die gemischte Kommisssion gelangte nach längern Verhandlungen zu folgender Vereinbarung vom 6. September 1873: die Departementalsubvention, die sich auf die Summe von 479,000 Franken beläuft, wird nach dem Verhältniß der in Aussicht genommenen Konstruktionsbauten zwischen dem Departement Murte und Mosel und dem Bezirk Lothringen derart getheilt, daß von jenem 317,100 Franken und von diesem 161,900 Franken übernommen werden. Für die auf deutschem Gebiete liegende Eisenbahnstrecke tritt der Bezirk Lothringen in alle Rechte und Verbindlichkeiten ein, welche früher dem Departement der Murte gegenüber der Eisenbahngesellschaft zugestanden haben. Die allgemeine Staatssubvention beläuft sich auf 742,000 Franken. Davon werden 352,000 Franken von der deutschen Regierung bezahlt und 390,000 Franken bleiben der französischen Regierung zur Last. Die noch nicht bezahlten Raten der Staatssubvention, welche der Staat im speziellen Interesse der Forstverwaltung übernommen hatte, wurde bei einem Betrage von 228,000 Franken zur Hälfte von der deutschen, zur Hälfte von der französischen Regierung übernommen nach Maßgabe des Interesses [1].

7) Endlich war durch Artikel 13 der Zusatzconvention die gemischte Kommission beauftragt worden mit der Liquidation der Rechnungen, welche auf die gemeinschaftlichen Interessen der nunmehr getrennten Theile des Murte- und Moseldeparments Bezug haben.

Um den zahlreichen Privatinteressen, welche an einer möglichst raschen Erledigung der Aufgaben, welche der gemischten Kommission übertragen waren, in hohem Grade betheiligt waren, ein Genüge zu leisten, soweit dies thunlich war, beschloß die Kommission nicht in einer Generalliquidation sämmtliche Ansprüche und Verpflichtungen, die sie festzustellen hatte, aufzunehmen und auszugleichen, sondern je nachdem sie in ihren Arbeiten vorwärts schritt, durch theilweise Liquidationen die Befriedigung der klargestellten Forderungen zu ermöglichen. So wurde durch den Beschluß vom 22. Dezember 1872 eine erste Liquidation vereinbart, nach welcher Frankreich 17,159,821 Franken, die deutsche Regierung 6,659,821 Franken herauszuzahlen hatte [2]. Eine zweite Theilliquidation kam durch Beschluß vom 6. September 1873 zu Stande, durch welche die Verpflichtung Frankreichs auf 8,133,719 Franken, die Verpflichtung der deutschen Regierung auf 5,233,729 Franken

[1] Der Beschluß der gemischten Kommission über diese Angelegenheit vom 6. September 1873 findet sich in dem Gelbbuch, S. 166.

[2] Die französische Schuld setzte sich aus folgenden Posten zusammen:

festgestellt wurden [1]. Beide Beschlüsse der Kommission erhielten die nach Artikel 11 der Zusatzconvention erforderliche Genehmigung der beiden Regierungen.

Die anderweitigen Bestimmungen der Friedensverträge, welche die Abtretung von Elsaß-Lothringen an das deutsche Reich und die Auseinandersetzung hierüber mit der französischen

1) Zusammenabrechnung der Sparkassen an Kapital und Zinsen	13,801,563	Fr.
2) Einzelabrechnung der Consignationen an Kapital und Zinsen	2,037,368	"
3) Einzelabrechnung der centimes communaux	281,412	"
4) Erstattung der Kautionen der Kassirer der Sparkassen	71,192	"
5) Einzelabrechnung für eine Acontozahlung auf verzinsliche Guthaben der Gemeinden und öffentlichen Anstalten an die Sparkasse . . .	914,930	"
6) Einzelabrechnung der von Gemeinden in der Staatskasse unverzinslich hinterlegten Fonds	53,356	
Gesammtsumme	17,159,821	Fr.

Die Schuld der deutschen Regierung setzte sich aus folgenden Posten zusammen:

1) Vorschußleistung für eine Jahresrate des Saarkanals	1,313,868	Fr.
2) Betrag der Retrocession von 2208 Bons desselben Kanals	888,137	"
3) Einzelabrechnung für Bezahlung der Jahresraten des Rhein-Rhonekanals . . .	2,060,198	"
4) Retrocession der bei der Caisse des dépôts durch die Bezirke und Gemeinden gemachten Anlehen	2,397,618	"
Gesammtsumme	6,659,821	Fr.

[1] Bei der Liquidation vom 6. September 1873 gestaltete sich das französische Conto folgendermaßen:

Regierung zum Zwecke hatten, haben, soviel bekannt, zu keinen weitern Schwierigkeiten oder rechtlichen Erörterungen Veranlassung gegeben. Die Lösung der zahlreichen und engen Bande, durch welche die wieder deutsch gewordenen Provinzen seit Generationen mit dem französischen Staate verknüpft waren,

---

1) Betrag der bei dem französischen Staatsschatz angelegten Gelder der Gemeinden und öffentlichen Anstalten	6,966,370	Fr.
2) Verschiedene Bestände öffentlicher Anstalten in dem französischen Staatsschatz. . . .	29,235	"
3) Abschluß der Rechnung der Handelskammer zu Mülhausen	6,760	"
4) Guthaben der Strafanstalten zu Ensisheim und Hagenau für Verdienstantheile der Gefangenen	113,251	"
5—12) Kleinere Posten im Gesammtbetrage von	62,418	"
13) Ueberschuß der Rechnung des Departements Nieder-Rhein.	746,000	"
14) Ueberschuß der sog. Cotisations municipales et particulières	209,695	"
Gesammtsumme	8,133,729	Fr.

Die deutsche Regierung hatte sich zur Beseitigung einer Reihe von streitigen französischen Forderungen zu der Uebernahme einer Vergleichssumme verstanden, in welcher insbesondere der Antheil der deutschen Regierung an der Anleihe wegen der Moselkanalisation enthalten ist. Das deutsche Conto gestaltete sich darnach folgendermaßen:

1) Vergleichssumme zur Beseitigung von mehreren streitigen Forderungen	4,456,000	Fr.
3—6) Kleinere Posten im Gesammtbetrage von	5,475	"
7) Abschlagszahlung auf die vom französischen Staate vorgeschossenen Pensionszahlungen an deutsch gewordene Pensionäre . .	772,254	"
Gesammtsumme.	5,233,729	Fr.

konnte nur langsam und umsichtig geschehen, wenn die Interessen des Landes und der Gemeinden sowohl als die Interessen der Privaten, soviel wie möglich, geschont werden sollten. Dem Gerechtigkeits- und Billigkeitssinne der deutschen und der französischen Regierung ist es in den meisten Fällen gelungen, auch den rechtlichen Ansprüchen der Privaten, die aus der Vereinigung des Landes mit dem deutschen Reiche entstanden sind, oder die dadurch berührt worden sind, Befriedigung zu gewähren. In weitaus den meisten Fällen sind diese Rechtsansprüche ohne gerichtlichen Schutz und selbst wenn ihre Entscheidung in die Zuständigkeit der bürgerlichen Gerichte fiele, wäre keine der beiden Regierungen verpflichtet, das Urtheil des auswärtigen Gerichtes innerhalb ihres Gebietes anzuerkennen. Es ist dadurch allerdings die Möglichkeit nicht ausgeschlossen, daß ein Rechtsanspruch eines Privatmannes an die Regierung, der seinem Inhalte nach anerkannt und unbestritten ist, nicht zur Geltung gelangen kann, weil jede der beiden Regierungen die Verpflichtung, den Anspruch zu befriedigen, von sich ab und der andern Regierung zuwälzt. Ist nur die Frage streitig, welche der beiden Regierungen die Verpflichtung zu erfüllen hat, so erfordert es die Billigkeit, daß

Die Beschlüsse der gemischten Kommission über diese partiellen Liquidationen, nebst den dazu gehörigen Beilagen, sowie die Berichte der französischen Kommissäre an ihre Regierung sind in dem Gelbbuche veröffentlicht worden (S. 125–176). Nach dem Berichte vom 6. September 1873 hatte die Kommission nach Abschluß der zweiten Liquidation hauptsächlich noch zu erledigen: die Regulirung der Rechnungen der durch die neuen Grenzen durchschnittenen Departements, die Feststellung der für Pensionen gegebenen Vorschüsse und die Liquidation der Altersversorgungskassen der Departemental- und Gemeindebeamten. (Gelbbuch, S. 149.)

die Regierungen sich über diese Frage unter einander verständigen und dem Berechtigten eine Gewähr geben, daß er zu seinem Rechte gelangen kann. Im andern Falle würde ein Zustand der Rechtlosigkeit geschaffen, der für jeden der beiden Staaten unwürdig ist. Die beiden Staaten sind verpflichtet, die aus der Abtretung des Landes an das deutsche Reich entspringenden Rechtsfragen insoweit zu schlichten, daß die Privatrechte, welche durch diesen völkerrechtlichen Akt berührt werden, geschützt bleiben. Dem Privatmann, der eine Forderung an den Staat hat, muß die Möglichkeit gegeben sein, die Erfüllung seiner Forderungen zu erreichen.

Wir sind hiermit zum Schlusse der Aufgabe, die wir uns gestellt haben, gelangt. Es war unsere Absicht, eine unparteiische und ungefärbte Darstellung der völkerrechtlichen Fragen zu geben, welche aus der kriegerischen Besetzung und Verwaltung von Elsaß-Lothringen in den Jahren 1870 und 1871, sowie aus der Loslösung des Landes von Frankreich sich entwickelt hatten.

Es sollte damit ein Beitrag zur Geschichte des Völkerrechts geliefert werden, und gleichzeitig einige der wichtigsten Theile des Kriegsrechts zur Erörterung gelangen. Kein Zweig der Rechtswissenschaft hat so sehr wie das Völkerrecht, mit der Unsicherheit seiner Grundlagen, mit der Unbestimmtheit, mit den Schwankungen in der Anwendung und Auslegung seiner Sätze zu kämpfen. Nur allzuleicht kann das Völkerrecht dazu benutzt werden, den Aeußerungen der politischen und nationalen Leidenschaft, den Ausbrüchen eines unverständigen und blinden Rachegefühls und den Ansprüchen einer rechtlosen Interessenpolitik ein wissenschaftliches Kleid umzuwerfen. Diese Gefahren, welche das Ansehen des Völkerrechts als einer Wissenschaft und die Autorität, welche das Völkerrecht als der Inbegriff von wirklichen Rechtsnormen in Anspruch nehmen muß, zu untergraben drohen, können nur beseitigt werden, wenn die völkerrechtlichen Untersuchungen und Erörterungen die Grundbedingungen einer jeden wissenschaftlichen Forschung erfüllen, wenn sie auf gründlicher Kenntniß des thatsächlichen Stoffes beruhen und wenn sie von Unparteilichkeit und Wahrheitsliebe geleitet sind.

Straßburg, Druck von G. Fischbach. — 2887.

FSC
www.fsc.org
MIX
Papier | Fördert gute Waldnutzung
FSC® C083411

Kolibri 360 GmbH
Ferdinand-Jühlke-Straße 7
99095 Erfurt, Deutschland
produktsicherheit@kolibri360.de